Bildungstheorien zur Einführung

Markus Rieger-Ladich

Bildungstheorien zur Einführung

JUNIUS

Junius Verlag GmbH
Stresemannstraße 375
22761 Hamburg
www.junius-verlag.de

Umschlaggestaltung: Florian Zietz
Titelbild: © Greg Jacobson (Grey Jay)
Satz: Junius Verlag GmbH
Printed in the EU 2020
ISBN 978-3-96060-304-7
2., ergänzte Auflage 2020

Bibliografische Information der Deutschen Nationalbibliothek
Die Deutsche Nationalbibliothek verzeichnet diese Publikation in der Deutschen Nationalbibliografie; detaillierte bibliografische Daten sind im Internet über http://dnb.dnb.de abrufbar.

Zur Einführung ...

... hat diese Taschenbuchreihe seit ihrer Gründung 1977 gedient. Zunächst als sozialistische Initiative gestartet, die philosophisches Wissen allgemein zugänglich machen und so den Marsch durch die Institutionen theoretisch ausrüsten sollte, wurden die Bände in den achtziger Jahren zu einem verlässlichen Leitfaden durch das Labyrinth der neuen Unübersichtlichkeit. Mit der Kombination von Wissensvermittlung und kritischer Analyse haben die Junius-Bände stilbildend gewirkt.

Seit den neunziger Jahren reformierten sich Teile der Geisteswissenschaften als Kulturwissenschaften und brachten neue Fächer und Schwerpunkte wie Medienwissenschaften, Wissenschaftsgeschichte oder Bildwissenschaften hervor. Auch im Verhältnis zu den Naturwissenschaften sahen sich die traditionellen Kernfächer der Geisteswissenschaften neuen Herausforderungen ausgesetzt. Diesen Veränderungen trug eine Neuausrichtung der Junius-Reihe Rechnung, die seit 2003 von der verstorbenen Cornelia Vismann und zwei der Unterzeichnenden (M.H. und D.T.) verantwortet wurde.

Ein Jahrzehnt später erweisen sich die Kulturwissenschaften eher als notwendige Erweiterung denn als Neubegründung der Geisteswissenschaften. In den Fokus sind neue, nicht zuletzt politik- und sozialwissenschaftliche Fragen gerückt, die sich produktiv mit den geistes- und kulturwissenschaftlichen Problemstellungen vermengt haben. So scheint eine erneute Inventur der Reihe sinnvoll, deren Aufgabe unverändert darin besteht, kompetent und anschaulich zu vermitteln, was kritisches Denken und Forschen jenseits naturwissenschaftlicher Zugänge heute zu leisten vermag.

Zur Einführung ist für Leute geschrieben, denen daran gelegen ist, sich über bekannte und manchmal weniger bekannte Autor(inn)en und Themen zu orientieren. Sie wollen klassische Fragen in neuem Licht und neue Forschungsfelder in gültiger Form dargestellt sehen.

Zur Einführung ist von Leuten geschrieben, die nicht nur einen souveränen Überblick geben, sondern ihren eigenen Standpunkt markieren. Vermittlung heißt nicht Verwässerung, Repräsentativität nicht Vollständigkeit. Die Autorinnen und Autoren der Reihe haben eine eigene Perspektive auf ihren Gegenstand, und ihre Handschrift ist in den einzelnen Bänden deutlich erkennbar.

Zur Einführung ist in der Hinsicht traditionell, dass es den Stärken des gedruckten Buchs – die Darstellung baut auf Übersichtlichkeit, Sorgfalt und reflexive Distanz, das Medium auf Handhabbarkeit und Haltbarkeit – auch in Zeiten liquider Netzpublikationen vertraut.

Zur Einführung bleibt seinem ursprünglichen Konzept treu, indem es die Zirkulation von Ideen, Erkenntnissen und Wissen befördert.

Michael Hagner
Ina Kerner
Dieter Thomä

Inhalt

1. Einleitung

Ende der 1980er Jahre, die zweite Amtszeit Ronald Reagans neigt sich dem Ende zu, erscheint in den *Feminist Studies* ein Artikel mit dem Titel »Situated Knowledges«. Donna Haraway, die Autorin, ist ausgebildete Naturwissenschaftlerin und lehrt an der University of California in Santa Cruz Feministische Theorie. In ihrem Beitrag erinnert sie an unterschiedliche Traditionen der Wissenschaftskritik und spricht sich dafür aus, dieses Projekt nicht nur weiterzuführen, sondern es entschieden zu radikalisieren. Das Streben nach Erkenntnis gilt ihr als eine soziale Praxis, die gesellschaftlichen Auseinandersetzungen nicht gegenübersteht, sondern auf vielfältige Weise in diese verstrickt ist. Wissenschaft wird nicht jenseits von Machtverhältnissen praktiziert, sondern ist ein Element innerhalb von Machtzusammenhängen. »Jedes Wissen«, so Haraway, »ist ein verdichteter Knoten in einem agonistischen Machtfeld« (Haraway 1995: 75). Es ist daher nur folgerichtig, dass sie auch die Akteure des wissenschaftlichen Feldes als hochgradig involviert betrachtet: Sie sind keine neutralen, unbeteiligten Beobachter dessen, was sie in ihren Forschungen zum Gegenstand machen.

Dass die Ränder des wissenschaftlichen Feldes unscharf und umkämpft sind, dass dessen Akteure nicht den einsamen Meisterdenkern gleichen, als die sie sich in der Öffentlichkeit gerne inszenieren (vgl. Etzemüller 2019), gilt der feministischen Wissenschaftstheoretikerin nicht als Manko, sondern als Herausforderung – und als erkenntnistheoretische Chance. Verabschieden wir uns von der verführerischen Vorstellung, es gäbe eine »unmarkierte Position«, von der aus souverän beobachtet werden könnte, verzichten wir also auf den »göttlichen Trick, alles von nirgendwo aus sehen zu können« (Haraway 1995: 80 f.), eröffnen sich neue Möglichkeiten, die wissenschaftliche Reflexivität zu steigern. So gerät die wissenschaftliche Praxis nun erst tatsächlich als eine *Praxis* in den Blick, mithin als eine voraussetzungsvolle Tätigkeit, die Erkenntnisse produziert und zu diesem Zweck bestimmte Vorkehrungen trifft, entsprechende Methoden entwickelt und anderes mehr. Die Akteure des wissenschaftlichen Feldes sind dabei auf je spezifische Weise lokalisiert und positioniert. Aber diese Form der Situierung ist kein Makel, sondern die Bedingung der Möglichkeit von Erkenntnis. Haraway grenzt sich damit von einer machtvollen Tradition des westlichen Denkens ab; sie begreift das Erkenntnissubjekt nicht länger als heroische Figur, als unmarkierten, souveränen Beobachter, der weder Geschlecht noch Alter oder Herkunft zu kennen scheint, sondern als einen vielfältig markierten, stets situierten Akteur (vgl. Rieger-Ladich 2017b).[1]

Ohne ihn namentlich zu erwähnen, führt Haraway damit Überlegungen weiter, die der polnische Mikrobiologe Ludwik Fleck bereits in den 1930er Jahren angestellt hatte. Mit Blick auf die eigene Arbeit im Labor trat er allen Versuchen der Überhöhung des Forschungsprozesses entgegen und fasste das Denken als »eine soziale Tätigkeit katexochen«, als eine genuin soziale Praxis, »die keineswegs innerhalb der Grenzen des Individuums vollständig lokalisiert werden« könne (Fleck 1980: 129). Als Subjekte des wissenschaftlichen Fortschritts betrachtete er in seiner epochemachenden Studie zur Syphilis nicht länger Individuen, sondern »Denkkollektive«. Deren Mitglieder bilden in der alltäglichen Praxis des Labors unterschiedliche Routinen aus und verfeinern fortwährend die Praktiken des Beobachtens; sie prägen auf diese Weise einen gemeinsamen »Denkstil« aus, entwickeln einen charakteristischen Argumentationsstil und bringen daher die Erkenntnisse selbst aktiv hervor. Auch eine wissenschaftliche Tatsache – so ein Bonmot, das dem Wissenschaftshistoriker Gaston Bachelard zugeschrieben wird – ist somit eine *Tat*sache: »Un fait est fait« (vgl. Rheinberger 2006: 31).

Die Dekonstruktion des Erkenntnissubjekts entlässt dieses freilich nicht aus seiner Verantwortung. Vielmehr ist das Gegenteil der Fall: Weil nicht nur das Wissen situiert ist, sondern auch jene es sind, die es erzeugen, finden die Fragen, die um Verantwortung in den Wissenschaften kreisen, hier eine Adresse. Anders formuliert: Sobald Erkenntnisse nicht länger als vordiskursive Tatbestände betrachtet werden, die es lediglich zu erkennen, zu protokollieren und schließlich zu archivieren gilt, sondern als aktiv erzeugte Sachverhalte erscheinen, als gestiftete Sinnzusammenhänge, öffnet sich der Raum für eine Vielzahl drängender Fragen, die geeignet sind, die Wahrheitsspiele in ein neues Licht zu tauchen. Deutlich wird nun, wie eng verflochten wissenschaftliche Forschung, politische Praxis und soziale Bewegungen sind.

Mit Donna Haraway wäre etwa zu fragen: Wer beobachtet von wo aus? Und mit welchem Interesse? Was lässt sich von welcher Position aus in den Blick nehmen? Und was nicht? Lässt sich die Begrenztheit des eigenen Standpunktes noch einmal beobachten? Vielleicht sogar ein Sehen entwerfen, das mehr als nur einen Standpunkt kennt und das seine Positionen verändert? Welche Positionen können sich dabei Gehör verschaffen? Und welche nicht? Im Anschluss an Ludwik Fleck entstehen ähnliche Fragestellungen: Welche Denkkollektive konkurrieren in einem Wissensgebiet? Wie kommt es zur Dominanz von Denkstilen? Wer führt neue Unterscheidungen ein? Wer prägt neue Denkfiguren? Wer lässt welche Metaphern zirkulieren? Wie verhält sich die Logik des wissenschaftlichen Feldes zu jener des ökonomischen und des politischen Feldes? Wie müsste künftig Disziplingeschichte geschrieben, wie Wissenschaftsgeschichte betrieben werden, wenn bei der Beschreibung des wissenschaftlichen Feldes Abschied genommen wird vom Phantasma der Reinheit? Infrage steht also, welche Begriffe, Konzepte und Theorien geeignet sind, um dem »akademischen Unbewussten« (Bourdieu 1993a) auf die Spur zu kommen.

Wie beginnen?

Diese Fragen stellen sich auch dann, wenn man es unternimmt, in Bildungstheorien einzuführen. Sie betreffen nicht allein die Gegenstandsbereiche, die Fleck und Haraway seinerzeit untersuchten; sie entzünden sich auch an den zahllosen Versuchen, die in Vergangenheit und Gegenwart unternommen wurden (bzw. werden), das näher zu bestimmen, was wir Bildung nennen. Es spricht sogar vieles dafür, dass sich der Fragenkatalog hier mit besonderer Dringlichkeit stellt. Und dies auch deshalb, weil es sich bei der Rede von Bildung nicht um einen eng begrenzten Spezialdiskurs handelt, der nur von einer kleinen Gruppe von Expertinnen geführt wird. Bildung ist zwar Gegenstand anspruchsvoller wissenschaftlicher Fachdiskurse, aber sie wird immer auch öffentlich verhandelt – und dies häufig mit beträchtlicher Resonanz. Bildung wird in politischen Auseinandersetzungen zum Thema – und besonders häufig dann, wenn es gilt, einen Wahlkampf zu bestreiten; sie wird im Feld der Ökonomie verhandelt, von wo aus mit schöner Regelmäßigkeit der Rückgang elementarer Fertigkeiten bei den Absolventinnen von Schulen und Hochschulen beklagt wird; auch im wissenschaftlichen Feld wird Bildung derzeit häufig vermisst und ihr Begriff nicht zuletzt dann im Munde geführt, wenn die fortschreitende Ökonomisierung der *Academia* kritisiert wird; sie wird schließlich auch dann thematisch, wenn es um die Aufnahme von Geflüchteten geht und von manchen die Frage aufgeworfen wird, ob sich das Gebot der Humanität nicht vielleicht doch mit den Erfordernissen des Arbeitsmarkts verrechnen lasse. In allen diesen Fällen ist von Bildung die Rede.

Dabei fällt mindestens zweierlei auf: Zunächst sticht ins Auge, dass viele derer, die sich an Bildungsdebatten beteiligen, keine größeren Anstrengungen erkennen lassen, möglichst präzise zu bezeichnen, was sie meinen, wenn sie die fragliche Vokabel verwenden. Deren Bedeutung bleibt eigentümlich unbestimmt – und sie eignet sich womöglich auch deshalb so vortrefflich als Spielmarke in den unterschiedlichsten Diskursen (vgl. Rustemeyer 1997). In systematischer Hinsicht ungleich bedeutsamer ist die Beobachtung, dass die Rede von Bildung meist in besonderer Weise temperiert ist. Ihr eignet nicht jener Tonfall der kühlen Abgeklärtheit, der für viele Spezialdiskurse typisch ist: Wird von Bildung gesprochen, geschieht dies häufig in einem besonderen Tonfall – und nicht selten in einem Zustand der Erregung. Seine charakteristische Färbung verdankte der Bildungsdiskurs lange Zeit dem Zugleich von Krise und Hoffnung, von Mangel und Versprechen (vgl. Tenorth 1992). Es sind zumeist gesellschaftliche Krisendiskurse, die ihm seine besondere Aura verleihen: Indem er in Aussicht stellt, dass erst durch ein verstärktes Engagement im Bereich der Bildung Missstände überwunden werden können, dass erst eine Intensivierung der Bemühungen in den Bildungseinrichtungen hier dauerhafte Abhilfe verspricht, wird der Begriff zu einem Hoffnungsträger *par excellence* – und führt dabei doch die Diagnose gesellschaftlicher Verwerfungen wie einen Schatten mit sich. Der Bildungsdiskurs ähnelt daher den großen

Meta-Erzählungen, von denen Jean-François Lyotard (2005) in seiner Programmschrift zur Postmoderne gesprochen hatte. Ähnlich wie diese großen Narrative verdankt er seine verführerische Kraft dem Versprechen, die schlechte Gegenwart auf eine bessere Zukunft hin zu überschreiten und eine entzweite Gesellschaft zu versöhnen: »Mit der Vorstellung von Bildung war im Kern die Hoffnung verbunden, den historischen Prozeß insgesamt nicht mehr wie bisher nur als unbegriffenes Schicksal erleiden zu müssen, sondern ihn verstehen und selbstbestimmt gestalten und dazu die notwendigen Fähigkeiten erwerben zu können.« (Peukert 2000: 507)

In der Rede von Bildung artikulierte sich freilich nicht nur die Hoffnung auf einen gesellschaftlichen Emanzipationsprozess, der es erlaubt, alte Abhängigkeiten hinter sich zu lassen und die Kräfte der Fremdbestimmung zu überwinden; sie ist auch geeignet, den Einzelnen ins Zentrum zu rücken und dessen Bemühungen, der eigenen Person ein besonderes Gepräge zu verleihen. Bildung wird in diesem Fall weniger als Element eines kollektiven Befreiungsprozesses interpretiert, sondern als die individuelle Bestrebung, sich von den Zumutungen der Gesellschaft frei zu machen. Sie soll den »Blick öffnen für einen Raum jenseits sozialer Anforderungen, jenseits der Verpflichtungen auf die Ordnungen des Wissens« und »erschien vor allem als Selbstbildung – nicht als Vergesellschaftung, nicht als funktionale Ressource« (Schäfer 2011: 9). Das Individuum entwirft sich in dieser Tradition der Selbstthematisierung, die weit zurückreicht, als ein souveränes Wesen, das weitgehend selbstbestimmt seine höchsten Kräfte entfaltet und, darin einem Bildhauer gleich, sich selbst zu gestalten unternimmt (vgl. Ruhloff 1993). Sozialtheoretische Studien legen allerdings den Verdacht nahe, dass diese populäre Fassung des Bildungsbegriffs geeignet ist, ein neues Kapitel in der langen Tradition der Selbstverkennung aufzuschlagen. So verführerisch das Bild dessen ist, der sich selbst gestaltet und das eigene Leben aus freien Stücken entwirft, so viel spricht doch dafür, dass damit einmal mehr die »Illusionen von Autonomie« (Meyer-Drawe 1990) bedient werden. Die Kritik an der Idee der Selbstmächtigkeit, die in unterschiedlichen Disziplinen entwickelt wurde, gilt daher auch für dieses Bildungsideal, das, allen Einwänden zum Trotz, immer wieder neu in Umlauf gebracht wird und von seiner Attraktivität auch gegenwärtig kaum etwas eingebüßt hat.

Überraschen muss dieser Sachverhalt insofern, wenn man einen nüchternen Blick auf die Funktionen wirft, die Bildungseinrichtungen in den kapitalistischen Gesellschaften westlicher Prägung zukommen. Hier erweist sich der begrenzte Spielraum der Selbstbildungsprozesse ein weiteres Mal. So bezeichnete Helmut Schelsky (1977) bereits Ende der 1950er Jahre Bildungseinrichtungen als »Agenturen sozialer Chancen«: Hier werden Zugangsberechtigungen erteilt, Möglichkeitsräume eröffnet und Berufsbiografien angebahnt; hier werden aber auch Hoffnungen zerstört, Zugänge versperrt und Aufstiegsambitionen systematisch ausgekühlt (vgl. Rieger-Ladich 2018a). Dabei zeigt sich, dass die Einrichtungen des Bildungssystems den sich verschärfenden gesellschaftlichen Verteilungskämpfen nicht neutral gegenüberstehen. Und so ist das pädagogische Feld längst ein heftig umkämpftes Terrain. Hier, in den unterschiedlichen Einrichtungen, kommen nicht nur Schülerinnen und Schüler, Studentinnen und Studenten zusammen, hier treffen auch Angehörige unterschiedlicher sozialer Klassen aufeinander: Während jene Familien, die mit Privilegien und Kapital reich gesegnet sind, versuchen, diese möglichst geräuschlos an die nächste Generation weiterzugeben, knüpfen die weniger Begüterten große Hoffnungen an den Erwerb von Zertifikaten und Zeugnissen, vertrauen auf einen fairen Wettbewerb und streben nach einer Verbesserung der eigenen gesellschaftlichen Position. Der Morgenkreis in einem Kindergarten, das Klassenzimmer einer Gesamtschule wie auch der Hörsaal einer Universität sind daher nicht nur Stätten, an denen Wissensbestände vermittelt und Bildungsprozesse angestoßen werden, sie sind auch Orte des Ringens um kulturelles Kapital und gesellschaftlicher Verdrängungskämpfe. Bildung wird hier auch zu einem Mittel, um sich von anderen abzugrenzen und um Abstände zu sichern; sie wird in den Verteilungskämpfen zu einem machtvollen Instrument. Und so erweisen sich jene Einrichtungen, die sich doch ausdrücklich der Bildung und Kultur verschrieben haben – also Schulen und Hochschulen, aber auch Museen und Konzertsäle, Theater und Opernhäuser –, bisweilen auch als Orte der Beschämung und Herabsetzung (vgl. Pennac 2009; Eribon 2016; Rieger-Ladich 2020a).

Abschied vom Feldherrenhügel

Diese knappen Stichworte mögen genügen, um deutlich zu machen, dass im Bildungsdiskurs sehr viel auf dem Spiel steht und dass er entsprechend umkämpft ist. Er speist sich aus einer Vielzahl von Quellen – begrifflichen Erörterungen, systematischen Reflexionen, historischen Abhandlungen, empirischen Studien und vergleichenden Untersuchungen –, die aus unterschiedlichen Disziplinen stammen. Dabei treffen Philosophinnen auf Historiker, Erziehungswissenschaftlerinnen auf Soziologen, Germanistinnen auf Psychologen, um nur einige der beteiligten Disziplinen zu nennen. Allen Beiträgen ist gemein, dass sie weniger einer Logik der Akkumulation gehorchen, sondern eher jener des argumentativen Wettstreits. Die Beiträge zur Rede von Bildung sind daher nicht einfach Elemente im kollektiven Streben nach Erkenntnis, die geeignet sind, das Wissen um Bildungsprozesse sukzessive zu erhöhen; häufig gleichen sie Interventionen. Sie können daher auch als strategische Spielzüge im fortwährenden Ringen um die Deutungshoheit eines disziplinübergreifenden Diskurses gelesen werden. Ob Friedrich Schleiermacher Bildung an eine besondere Form der Geselligkeit zurückbindet oder Wilhelm von Humboldt sie als Geschehen der individuellen Selbstvervollkommnung beschreibt, ob Theodor W. Adorno auf ihre Verstrickung in Schuldzusammenhänge hinweist oder Pierre Bourdieu die Instrumentalisierung des Bildungswesens durch gesellschaftliche Eliten freilegt – in allen Fällen wird deutlich, dass die Beiträge zur Rede von Bildung den herrschenden Verhältnissen gegenüber nie indifferent sind. In ihnen geht es auch um die Verantwortung des Staates und um gesellschaftliche Leitbilder; hier werden immer auch Fragen der Gerechtigkeit und der Gleichheit verhandelt, Partizipation und Gleichberechtigung thematisch. Aus diesem Grund trägt die Debatte darum, wie sich Bildung begrifflich fassen lässt, unweigerlich agonale Züge: Es treffen nicht nur differente Fachkulturen, Denkkollektive und Semantiken aufeinander, sondern auch die widerstreitenden Interessen sozialer Klassen. Daher mag es kaum verwundern, dass dieser Konflikt nicht nur in den Grenzen des wissenschaftlichen Feldes ausgetragen wird, sondern auch öffentlich – mit Beiträgen von Vertreterinnen der Politik und der Ökonomie, der Arbeitgeberverbände und der Gewerkschaften, aber auch der Kunst und Kultur.

Damit wird nun die Dringlichkeit jener Fragen deutlich, die ich zu Beginn aufgeworfen habe. Wählt man markante Stimmen aus dem Bildungsdiskurs aus und skizziert bedeutsame Theorietraditionen, um einige Einblicke in dessen Logik, seine Verläufe und Eigentümlichkeiten zu verschaffen – sehr viel mehr vermag eine Einführung wohl kaum zu leisten –, ist der agonale Charakter der Rede von Bildung in Rechnung zu stellen wie auch die hohen Einsätze, um die hier gespielt wird. Im Rückgriff auf die wissenschaftstheoretischen Beobachtungen von Donna Haraway und Ludwik Fleck, aber etwa auch auf jene von Pierre Bourdieu und Gayatri Chakravorty Spivak, ist zu fragen, wessen Interessen in der Rede von Bildung zum Ausdruck kommen – und wessen Belange nicht. Von welchen sozialen Gruppen ist – explizit wie implizit – die Rede, wenn von Bildung gesprochen wird? Wessen Aspirationen werden geschätzt und gefördert? Wessen nicht? Wer definiert die Ziele von Bildungsprozessen? Welche Gruppen werden in den Curricula der Bildungseinrichtungen repräsentiert und adressiert? Wessen Traditionen und Zeugnisse werden für wert befunden, Eingang in die Archive zu erhalten? Rückt die Rede von Bildung nur Einzelpersonen ins Zentrum? Oder auch soziale Klassen? Oder bedient sie die Logik der Ökonomie? Nach welchen Prinzipien werden die Archive des Wissens organisiert? Und welche Wissensbestände werden dabei dethematisiert, marginalisiert und ausgegrenzt?

Fragen dieser Art sind freilich nicht allein an die Akteure des Bildungsdiskurses zu richten, sondern auch an jene, die ihn lediglich zu beobachten vorgeben. In beiden Fällen haben wir es mit »situiertem Wissen« (Haraway) und mit situierten Subjekten zu tun. Die »Hermeneutik des Verdachts« (Ricoeur) sollte daher nicht nur denjenigen gegenüber praktiziert werden, die sich innerhalb der Debatte um Bildung mit eigenen Beiträgen positionieren – sie sollte sich auch auf jene richten, die Anthologien herausgeben, Lehrmaterialien zusammenstellen, Lexikonartikel verfassen, Studienbriefe schreiben – oder eben Einführungen wie die vorliegende. Die Positionierung kehrt damit wieder; so wenig es neutrale Statements in der Debatte um Bildung gibt, so wenig gibt es sie im Bereich der Bildungstheorien.

Besonders leicht lässt sich dieser Sachverhalt am Beispiel der Historiografie erläutern: Auch wenn die Geschichten des Bildungsbegriffs, die im deutschsprachigen Raum vorliegen, zumeist eine stupende Gelehrsamkeit ihrer Verfasser verraten, verdanken sie sich doch stets einer Auswahl: Es können eben nur bestimmte Stimmen präsentiert und ausgesuchte Denkströmungen dargestellt werden; nie kann alles, was hier von Interesse wäre, zum Gegenstand gemacht werden. Es kommt hinzu, dass jede Geschichte einen Anfangspunkt benötigt, weil (sie) anders nicht erzählt werden kann. Auch dieser Einsatz kann nicht einfach aus der Logik der Sache abgeleitet werden; er verdankt sich ebenfalls einer Entscheidung – und diese gibt der Geschichte, die erzählt wird, unweigerlich eine gewisse Richtung und Färbung. Sollte man sich zu diesem Zweck der griechischen Antike zuwenden und dem Bedeutungsgehalt von *paideia* nachspüren, den Einsatz bei dem Dominikanermönch Meister Eckhart suchen, dem wir die deutsche Wortprägung Bildung wohl verdanken, dem englischen Earl of Shaftesbury den Vorzug geben, der dem Begriff der *Politeness* eine neue Prägung gab, oder den Vertretern des Deutschen Idealismus, die programmatische Schriften zum Bildungsbegriff verfasst haben?[2]

Keine dieser Entscheidungen ist unangreifbar, jede Geschichte des Bildungsbegriffs ist in gewisser Hinsicht anstößig. Und eben dies gilt auch für eine Einführung in das weite Feld der Bildungstheorien. Auch hier kann es weder um Vollständigkeit noch um Ausgewogenheit gehen. Entscheidungen sind unumgänglich, Akzentuierungen bleiben möglich. Der Gegenstand dieser Einführung ist daher kein klar umgrenztes Wissensgebiet, das sich leicht kartieren lässt; eher schon gleicht er einer stark frequentierten Theoriebaustelle. Ähnlich wie auch die Geschichte des Bildungsbegriffs nicht abgeschlossen ist und immer wieder umgeschrieben wird, kann es auch keine Bildungstheorie geben, die, von einem Feldherrenhügel aus, souverän die Wissensbestände sichtet und dann eine letztgültige, autorisierte Fassung liefert. Wenn wir die Lektionen der feministischen Wissenschaftskritik und der *Postcolonial Studies* beherzigen, scheint es ratsam, sich von solchen Allmachtsfantasien zu verabschieden; Positionierung und Objektivierung sollten daher nicht länger gegeneinander ausgespielt werden. Anders formuliert: Auch die Kommentierungen der Positionierungen anderer sind wiederum Positionierungen. Dazu gibt es schlicht keine Alternative. Statt also noch länger das Phantasma des souveränen Erkenntnissubjekts zu bemühen, ist es ungleich produktiver, die eigenen Entscheidungen transparent zu machen und Gründe dafür anzugeben, weshalb man sie getroffen hat. Zugleich, das soll hier nicht verschwiegen werden, kann die Einsicht in die grundsätzliche Begrenztheit jeder – und damit eben auch der eigenen – Perspektive durchaus entlastend sein.[3]

Ein vielstimmiger Diskurs

Die vorliegende Einführung orientiert sich nicht an den Grenzen disziplinären Wissens. So bedeutsam Studien zum Bildungsbegriff sind, die das Gepräge einer wissenschaftlichen Disziplin erkennen lassen, ist es doch notwendig, auf Beiträge unterschiedlicher Provenienz zurückzugreifen. Es sind eben nicht allein Vertreterinnen der Erziehungswissenschaft, die hierzu wichtige Arbeiten vorgelegt haben. Auch wenn der Bildungsbegriff hier immer wieder einmal als einer der »einheimischen Begriffe« (Herbart) reklamiert wird, ist doch unstrittig, dass auch aus der Philosophie, der Geschichtswissenschaft, den Theologien wie auch aus der Soziologie und der Germanistik wichtige Beiträge zu dessen Bestimmung vorliegen. Der Bildungsdiskurs ist daher nicht nur vielstimmig, sondern auch überaus heterogen. Er lässt nicht jene Kombination aus methodischer Purifizierung, semantischer Vereinheitlichung und personeller Schließung erkennen, die für viele Spezialdiskurse charakteristisch ist (vgl. Stichweh 1994). Hier stehen stattdessen philosophische Studien zum Höhlengleichnis neben historischen Arbeiten zur Entstehung des Bildungsbürgertums; hier werden Reflexionen zu einer materialistischen Bildungstheorie um bildungssoziologische Untersuchungen zur Erzeugung gesellschaftlicher Eliten ergänzt; schließlich sind feministische Kritiken traditioneller Bildungstheorien nicht weniger wichtig als literaturwissenschaftliche Studien zum Bildungsroman.

Die Etappen, die ich zum Zweck der Darstellung ausgewählt habe, sollen etwas von dem Facettenreichtum des Bildungsdiskurses einfangen und solche Positionen vorstellen, die auch gegenwärtig besonders intensiv diskutiert werden. Ich stelle daher als »klassisch« geltende Vertreter der Bildungstheorie vor, aber durchaus auch solche, die auf den ersten Blick vielleicht überraschen mögen. Wenn neben Friedrich Schleiermacher, Wilhelm von Humboldt und Heinz-Joachim Heydorn auch Platon und Michel de Montaigne sowie Vertreter der *Cultural Studies* und Vertreterinnen der *Postcolonial Studies* diskutiert werden, kommt darin die Überlegung zum Ausdruck, dass nicht nur die Vorgeschichte der »kanonischen« Texte erzählt werden muss; die Diskussionen, die sich am Bildungsbegriff noch immer entzünden, müssen bis in die Gegenwart hinein verfolgt und nachgezeichnet werden. In beiden Fällen gilt überdies, dass nicht in jedem Fall der Begriff Bildung verwendet wird, wenn der Gegenstand verhandelt wird, den wir mit dieser deutschen Wortprägung bezeichnen. Notwendig ist daher nicht allein, die Grenzen wissenschaftlicher Disziplinen zu überwinden, sondern auch jene der Nationalsprachen: Auch wenn Platon der deutsche Terminus nicht zur Verfügung stand, macht er in seinem Höhlengleichnis gleichwohl die Struktur von Bildungsprozessen zum Gegenstand.

Ähnlich gilt dies für John Dewey, einen Vertreter des US-amerikanischen Pragmatismus, oder für den französischen Philosophen Jacques Rancière: Beide stellen grundlagentheoretische Reflexionen zu Bildung an, ohne dies *expressis verbis* als Beitrag zum Bildungsdiskurs kenntlich zu machen.

Ich schildere daher zunächst einige Stimmen, die als Bildungstheoretiker *avant la lettre* gelten können: Nach einer kurzen Erinnerung an Platons Höhlengleichnis lenke ich den Blick auf Traktate Meister Eckharts, die an der Wende des 13. zum 14. Jahrhunderts entstanden, bevor ich mich mit Giovanni Pico della Mirandola und Michel de Montaigne zwei Vertretern der Renaissance zuwende. Alle verhandeln die Frage nach dem Menschen und loten den Zusammenhang von Selbsterkenntnis und Selbstmächtigkeit aus. Im Anschluss erläutere ich einschlägige Texte von Wilhelm von Humboldt und Friedrich Schleiermacher und wende mich dann John Deweys bildungstheoretischen Reflexionen zu, die eine hierzulande lange unterschätzte Alternative zur weithin dominanten idealistischen Tradition darstellen. Nach Ende des Zweiten Weltkrieges werden die Bemühungen intensiviert, eine Kritische Bildungstheorie zu entwickeln, die Emanzipation und Mündigkeit zu befördern sucht. Mit Max Horkheimer, Theodor W. Adorno und Heinz-Joachim Heydorn stelle ich hier prominente Vertreter vor. Klingt bei diesen schon die Verstrickung der Bildungseinrichtungen in gesellschaftliche Machtverhältnisse an, wird dieser Zusammenhang von dem französischen Soziologen Pierre Bourdieu wie auch den Vertretern der *Cultural Studies* noch stärker herausgearbeitet. Sie klären über die Folgen auf, wenn Bildung als knappe Ressource gehandelt und zu einem Mittel sozialer Abgrenzung wird. Mit Gayatri Chakravorty Spivak und Jacques Rancière wird im Anschluss der Zusammenhang von Repräsentation und Privilegien thematisch. Michel Foucault und Judith Butler, die Gegenstand des daran anschließenden Kapitels sind, argumentieren ebenfalls poststrukturalistisch. Sie können als Wegbereiter der Subjektivierungsforschung gelten – und damit jenes jungen Forschungszweiges, der Bildungsprozesse empirisch zu erforschen unternimmt. Im Schlusskapitel identifiziere ich drei Herausforderungen zeitgenössischer Bildungstheorien und stelle einige Unternehmungen vor, die neue Forschungsstile erproben.

Gerade weil meine Darstellung weitgehend chronologisch ausfällt, sei hier ausdrücklich erwähnt, dass der Bildungsdiskurs nicht nur eine Richtung kennt, dass er sich vielmehr in eine Vielzahl von Binnendiskursen verzweigt, dass manche theoretischen Optionen nie ernsthaft geprüft wurden, dass sich andere wiederum als Sackgassen erwiesen. Um es nüchtern zu formulieren: Es gibt kein Telos in der Rede von Bildung. Weder ist Einigkeit in der Bestimmung des Begriffs zu erzielen, noch eine solche bei der Identifikation der entscheidenden theoretischen Referenzmodelle herzustellen. Das ist durchaus kein Mangel – und auch vor diesem Hintergrund mag verständlich werden, dass ich hier nicht nur erwartbare Positionen vorstelle, sondern eben auch an verpasste Chancen erinnere, auf interessante Alternativen hinweise sowie auf Themen, die bislang eher vernachlässigt wurden.

Dass auch in dieser Einführung zumeist Einzelpersonen im Zentrum stehen und weniger Arbeitskontexte, Denkkollektive und intellektuelle Netzwerke, ist ein echtes Manko. Ungleich stärker wären die Beziehungsgeflechte freizulegen, aus denen Ideen geboren werden und Texte hervorgehen. Um hier nur ein prominentes Beispiel zu nennen: Theodor W. Adorno, der mit der »Halbbildung« ein wichtiges Stichwort lieferte und häufig als singulärer Meisterdenker wahrgenommen wird, verdankte nicht nur seinem Mentor Siegfried Kracauer, mit dem er ungezählte Samstage auf die gemeinsame Lektüre der Werke Kants und Kierkegaards verwandte, sehr viel, sondern auch Walter Benjamin. Gemeinsam mit Ernst Bloch bildeten sie ein höchst produktives »Denkkollektiv« (Später 2016). Hier wanderten Ideen hin und her, hier zirkulierten Thesen und Einfälle in einem Tempo, dass sich die Frage der »Autorschaft« bisweilen nicht mehr verlässlich klären ließ. In einer Einführung, die prägnant und lesbar bleiben muss, lassen sich solche Feinheiten leider nicht immer einfangen; sie muss mit einem etwas gröberen Pinselstrich arbeiten.[4]

2. Höhlen, Klöster, Pyramiden

So richtig es ist, dass es eine Vielzahl möglicher Einsatzpunkte gibt, um eine Geschichte der Bildungstheorien zu erzählen, so gewichtig sind doch die Argumente dafür, mit Platon zu beginnen. Dessen Höhlengleichnis zählt fraglos zu den am intensivsten diskutierten Texten der europäischen Philosophie. Hans Blumenberg galt es als das »Kernstück« (1989: 601) des größten seiner Dialoge. Dieses berühmte Gleichnis, das die *paideia* ins Zentrum rückt, wurde schon früh auch als eminenter Beitrag zur Reflexion dessen betrachtet, was wir heute als Bildung bezeichnen. Daher wurde das Höhlengleichnis nicht allein innerhalb der Philosophie eingehenden Lektüren unterzogen, sondern auch in der Erziehungswissenschaft intensiv erörtert: Deren Vertreterinnen lasen Platons gleichnishafte Erzählung von dem Verlassen einer Höhle – und der Rückkehr in sie – auch als eine Antwort auf die Frage nach der *conditio humana.* Diese elementare Frage wird in der italienischen und französischen Renaissance erneut aufgeworfen und rege diskutiert. So etwa von dem italienischen Grafen Giovanni Pico della Mirandola in einer berühmten Rede und dem französischen Edelmann Michel de Montaigne in seinen *Essais.* Diesen beiden Denkern wende ich mich im Anschluss zu. Eine Gelenkstelle bilden dabei Texte Meister Eckharts, jenes Dominikanermönchs des Spätmittelalters, dem wir die deutsche Wortprägung Bildung verdanken.

Auch wenn in diesem Kapitel auf knappem Raum große historische Räume durchmessen werden, hoffe ich doch, auf diese Weise einen Einblick in den Reichtum jener Theorietraditionen geben zu können, die bereits existierten, als es im Deutschen Idealismus und der Klassik zu überaus einflussreichen Prägungen des Bildungsbegriffs kommt. Anders formuliert: Lange bevor Wilhelm von Humboldt, Friedrich Schleiermacher und Friedrich Georg Wilhelm Hegel von Bildung sprachen und sie zur Leitsemantik veredelten, war sie in anderen, weiter zurückliegenden historisch-kulturellen Konstellationen schon zum Gegenstand gemacht worden.

Platon schildert einen schmerzhaften Aufstieg

Wie eng bisweilen pädagogische Fragestellungen mit gesellschaftlichen Krisenphänomenen verknüpft sind, zeigt sich schon in der *Politeia*. Platon (427–347 v. Chr.) lebte im 5. Jahrhundert v. Chr. – und dies zu unruhigen Zeiten (vgl. Böhme 1981). Athen war zu jener Zeit, insbesondere in der zweiten Hälfte des Jahrhunderts, in einer instabilen Verfassung. Die Stadt beherrschte andere, kleinere Städte sowie Inseln und traf hierbei auf beträchtliche Widerstände; die Regierungsformen wechselten, und wiederholt kam es zum Konflikt zwischen gesellschaftlichen Gruppen, welche die Demokratie begrüßten, und solchen, welche ihr ablehnend gegenüberstanden. In dieser Epoche kultureller Umbrüche und politischer Verwerfungen wurden pädagogische Fragen mit besonderer Intensität diskutiert (vgl. Rehn 2005; Bühler 2012).

Dies ist die Konstellation, in der Platon seine Staatsschrift vorlegt. Er reagierte damit nicht zuletzt auf die Bewegung der Sophisten, die großen Zulauf erhielten, die Schulen gründeten, rhetorische Fähigkeiten vermittelten und das Wissen ihrer Zeit breiteren Bevölkerungsschichten zugänglich machten. Obwohl nun Platons Höhlengleichnis mit guten Gründen als »eine Art Gegenmodell zur sophistischen Erziehungsauffassung« (Rehn 2005: 204) interpretiert werden kann, gilt es doch als unstrittig, dass Platon und die Sophisten durchaus eine Reihe gemeinsamer Anliegen vertraten: Beiden ging es darum, Fragen von Bildung und Erziehung deutlich aufzuwerten und diese in strikter Absehung von der Abstammung zu diskutieren, mithin die individuelle Anstrengung und das Talent in den Vordergrund zu rücken (ebd.: 197 ff.). Sie sprachen sich überdies dafür aus, dass pädagogische Einrichtungen von fachlich qualifiziertem Personal geleitet werden sollten. Während die Sophisten dabei die Ausbildung in Rhetorik akzentuierten, legte Platon ein besonderes Gewicht auf die Schulung in Dialektik. Bei allen Gemeinsamkeiten waren die Differenzen doch beträchtlich – und eben diese treten im Höhlengleichnis deutlich hervor.

Pädagogischen Fragestellungen wendet sich Platon nun deshalb zu, weil es Vorkehrungen dafür zu treffen gilt, dass die Leitung des Staates nur solchen anvertraut wird, die hierfür hinreichend qualifiziert sind. Im selben Maße, wie die Anforderungen an diese Tätigkeit steigen, müssen auch die pädagogischen Bemühungen intensiviert und gleichsam professionalisiert werden. Konzediert man, dass die Regierung eines komplexen sozialen Gefüges als eine anspruchsvolle Praxis gelten muss, die auch eine entsprechende charakterliche Eignung voraussetzt, stellt sich mit besonderer Dringlichkeit die Frage danach, wie die Kandidaten hierfür angemessen erzogen und gebildet werden können. Genau dies sucht Platon in seinem Höhlengleichnis zu zeigen. Im Buch VII seiner *Politeia* lässt er Sokrates auf Glaukon treffen. Ihm schildert er den Bildungsweg, der von jenen zu absolvieren ist, welche die Leitung eines Gemeinwesens zu übernehmen gedenken. Zu diesem Zweck greift er auf das Höhlengleichnis zurück. Platon, der große Dialogiker, wechselt dabei ersichtlich das Register: Glaukon erhält zwar immer wieder einmal das Wort – aber über knappe, bestätigende Kommentare gehen seine Einlassungen kaum einmal hinaus. Die Schilderung des Gleichnisses wie auch dessen Erläuterung, die Sokrates im Anschluss vornimmt, gleicht daher eher einem Monolog. Die Ausgangssituation schildert Sokrates wie folgt:

»Denke dir Menschen in einer unterirdischen höhlenartigen Wohnstätte, die zum Licht hin einen über die gesamte Breite der Höhle offenen Zugang besitzt. In dieser Höhle leben die Menschen von Kindheit auf an Schenkeln und Hals gefesselt, sodass sie auf derselben Stelle verharren und nur nach vorne blicken, da sie aufgrund der Fesseln den Kopf nicht umwenden können. Licht spendet ihnen ein Feuer, das oberhalb von ihnen und weit entfernt hinter ihrem Rücken brennt. Zwischen Feuer und Gefesselten aber existiert ein oberer Weg. Entlang dieses Weges denke dir eine niedrige Mauer aufgerichtet [...]. Stelle dir nun vor, dass Menschen an dieser Mauer entlang verschiedenartige Dinge tragen, die über die Mauer ragen, Statuen (von Menschen) und andere Lebewesen aus Stein und Holz und vielerlei (anderes) künstlich Geschaffenes.« (Rehn 2005: 37, 39)

Allein diese sehr plastische Eröffnung hat eine Vielzahl von Lektüren und Kommentare provoziert, die hier nicht weiter erörtert werden können. Stattdessen will ich den Blick auf einige Details lenken. Zunächst ist wichtig festzuhalten, dass die Menschen, die hier geschildert werden, *unfrei* sind: An Hals und Schenkeln gefesselt, und dies von Kindesbeinen an, sind sie nicht in der Lage, ihre Positionen zu verändern, den Kopf zu wenden und eine neue Perspektive einzunehmen. Starr ist ihr Blick auf die Rückwand der Höhle gerichtet, wo sich ein Schattenspiel abzeichnet. Unfähig, die Quelle des Lichts zu erkennen, sehen sie nur die Schatten der Objekte, die sie freilich nicht *als* Schatten erkennen können. Weder können sie Original und Abbild voneinander unterscheiden, noch Freiheit von Unfreiheit abgrenzen. Sie werden zwar mit sich bewegenden Schatten konfrontiert, die in ihr Blickfeld (und aus diesem heraus) treten, und sie werden diese von den unbeweglichen Schatten, die sie selbst werfen, unterscheiden können, aber Einsicht in den wahren Charakter der Objekte, die auf dem weiter höher gelegenen Weg transportiert werden, lässt sich auf diese Weise nicht erlangen. Wenn man nun noch berücksichtigt, dass die Menschen aufgrund ihrer organischen Ausstattung auf eine schützende Behausung angewiesen sind – nach Blumenberg (2001) sind wir Menschen das Wesen, das »trotzdem« lebt –, legt dies nahe, dass die hier geschilderten Höhlenbewohner ihre Situation nicht als misslich oder gar als unerträglich erleben. Ungleich wahrscheinlicher ist es, hier mit einem Zustand der Indifferenz zu rechnen, mit dem Aufgehen in einer vertrauten Situation, die nicht einmal als Situation erlebt wird. Der griechische Begriff der *doxa* ist sehr gut geeignet, diese Form der Erfahrung zu erschließen: Mit *doxa* wird eben nicht nur die Meinung bezeichnet, sondern auch ein Mangel an Widerstreit und Kontrast, der die Möglichkeit, etwas als etwas zu betrachten und es kritisch und distanziert in den Blick zu nehmen, erheblich einschränkt (vgl. Bourdieu 1993b: 125).

Es muss daher auch nicht überraschen, dass bei der Befreiung eines Höhlenbewohners, die Sokrates im weiteren Verlauf des Gesprächs Glaukon sich vorzustellen auffordert, kaum mit dessen Unterstützung gerechnet werden kann. Schlimmer noch – die Befreiung muss mit Zwang vollzogen werden: »Wenn ein Gefangener entfesselt würde und gezwungen, augenblicklich aufzustehen, den Kopf umzuwenden, zu gehen und zum Licht hinaufzublicken, und wenn er das alles nur unter Schmerzen tun könnte und wegen der gleißenden Helligkeit nicht in der Lage wäre, jene Dinge, deren Schatten er einst sah, klar zu erkennen, was glaubst du, würde er antworten« (Rehn 2005: 41)?

In eindringlichen Wendungen führt Sokrates aus, dass hierbei weder auf Unterstützung von Seiten des Befreiten zu hoffen sei, noch mit dessen Dankbarkeit gerechnet werden könne. Der Grund hierfür ist einfach: Der Befreite, von dem bis zum Ende völlig unklar bleibt, wer ihm die Fesseln abnimmt, vermag keine unmittelbare Verbesserung seiner Situation zu erkennen. Zunächst wird er von der »gleißenden Helligkeit« geblendet, und seine Augen schmerzen, sodann wird er unter Einsatz von physischer Gewalt dazu genötigt, seinen vertrauten Platz zu verlassen und sich auf einen steinigen Weg zu begeben, der nach oben führt – und damit genau der Quelle seiner Pein entgegen.

Und doch beginnt der Bildungsprozess, den Platon schildert, genau in jenem schmerzhaften Moment des Umwendens. In dieser Bewegung – Schleiermacher übersetzt das griechische *periagoge* mit »Umkehrung« – erkennt er den Auslöser einer Bewegung, die seither (auch) als Bildungsprozess interpretiert wird.[5] Zunächst ist es wichtig festzuhalten, dass Bildung nicht als etwas Statisches gedacht wird, sondern dynamisch – eben als eine Bewegung, die von einer Geste der Umwendung ausgelöst wird. Kaum weniger wichtig ist der Befund, dass diese Umwendung nicht aus freien Stücken vollzogen wird; das Lösen der Fesseln bleibt zunächst – so scheint es – folgenlos. Von einer Eigenaktivität dessen, der hier befreit wird und seine Geschicke selbst in die Hand nimmt, kann nicht gesprochen werden. Bildung, die doch ersichtlich prozesshaft gedacht wird, verweist auf keine intrinsische Motivation des Betroffenen. Sie wird stattdessen von außen in Gang gesetzt. Verzichtet man nun auf Spekulationen über den Charakter des Befreiten, bleibt als Ursache für dessen Unwilligkeit nur die Vertrautheit mit den Bedingungen des Lebens innerhalb der Höhle: Von dem Gewohnten gehen augenscheinlich beträchtliche Beharrungskräfte aus. Eben diese gilt es zu überwinden, das vertraute Habitat hinter sich zu lassen und sich dem Fremden zuzuwenden, dem Unbekannten entgegenzuschreiten. Bildung, das zeigt die erste *periagoge*, ist ein schmerzhafter Prozess, der sich nur unter Einsatz von Zwang vollzieht; er nimmt seinen Anfang in einer Abwendung vom Vertrauten und einer Zuwendung zum Unbekannten. Bildung verdankt sich einem Bruch, einer schmerzhaften Zäsur.

Doch damit ist der Bildungsweg derer, die einmal politische Ämter bekleiden sollen, noch nicht abgeschlossen. Auf die erste *periagoge* folgt eine zweite. Nach einem Prozess der Gewöhnung, in dem der Befreite sein Augenlicht langsam auf die Helligkeit abstimmt, ist er in der Lage, seinen Blick auf den Himmel zu lenken: Er hat damit das Reich der Schatten hinter sich gelassen und ist nun in der Lage, die wahre Ursache der Dinge zu erkennen und die Idee des Guten zu schauen. Allerdings ist ihm hier kein längerer Aufenthalt beschieden; er wird schon bald dazu genötigt, ein weiteres Mal sein vertrautes Umfeld zu verlassen. Entsprechend wird auch sein »Gesichtssinn« ein zweites Mal gestört: Auf den »Wechsel vom Dunkel ins Licht«, der mit dem Verlassen der Höhle verbunden war, folgt nun, so Sokrates zu Glaukon, der »Übergang vom Licht ins Dunkel« (ebd.: 53), der mit der Rückkehr in die Höhle einhergeht. Der Aufenthalt im Licht ist daher nur vorübergehend; mit der Idee des Guten vertraut gemacht, gilt es hinabzusteigen in die Höhle und Verantwortung zu übernehmen. Dabei kommt es unweigerlich zu einem Déjà-vu. Mit dem Abstieg in die Höhle büßt der Zurückgekehrte (für kurze Zeit) erneut sein Sehvermögen ein: Aus der Helligkeit in die dunkle Höhle tretend, verliert er das Differenzierungsvermögen und vermag sich kaum zu orientieren. Mit »verdorbenen Augen« (ebd.: 49) wieder am alten Platz und seines Orientierungsvermögens weitgehend beraubt, steht er in der

Gefahr, nicht allein zum Gegenstand von Hohn und Spott zu werden; er muss auch mit beträchtlichem Widerstand rechnen, wenn er Anstalten macht, nun seinerseits zum Befreier der Zurückgebliebenen zu werden. Im schlimmsten Falle müsse er dies, so Sokrates, mit seinem Leben bezahlen.

Der Bildungsprozess weist somit eine eigentümliche Struktur auf: Er kennt drei unterschiedliche Stadien, deren Übergang jeweils von einer Umwendung ausgelöst wird. In keinem der beiden Fälle der *periagoge* wird mit der Freiwilligkeit des Betroffenen gerechnet, sondern auf Zwangsmittel zurückgegriffen. Gleichwohl muss festgehalten werden, dass der Bildungsprozess durchaus nicht als durchgängig fremdbestimmt geschildert wird. Das Losreißen aus der Höhle wie auch die Nötigung, den Weg zurück in die Höhle anzutreten, tragen gewaltsame Züge – aber auf eine Eigenbeteiligung des Befreiten kann gleichwohl nicht verzichtet werden. Dieser ist auf tatkräftige Unterstützung angewiesen, auf einen Begleiter. Bildung erscheint somit als ein Wagnis, als ein Widerfahrnis; sie ist mit »schmerzhaften Zumutungen« verknüpft (Meyer-Drawe 2008: 81) und kann nur im tätigen Zusammenspiel zwischen dem Befreiten und seinem Lehrer ins Werk gesetzt werden.

Nimmt man nun die Textform ernst, interpretiert das Höhlengleichnis eben als ein Gleichnis und lässt sich von den Imperativen – »Stelle Dir vor ...« heißt es häufig und »Betrachte nun ...« – auch selbst adressieren, so zeigt sich, dass in der Auseinandersetzung mit der antiken Geschichte von Aufstieg und Rückkehr auch die eigene Bildung thematisch werden kann (vgl. Waldenfels 2017: 84). Platon lädt uns gleichsam dazu ein, darüber nachzudenken, wovon wir gefesselt werden, was wir als schicksalhaft erleben, was wir unwidersprochen hinnehmen – und wovon abzuwenden sich lohnen könnte. Zugleich illustriert er auf eindringliche Weise, dass die Suche nach einer freieren Lebensform kein rein kognitives Geschehen ist; wir müssen uns riskieren, wir müssen mit Widerständen rechnen – und bleiben stets darauf angewiesen, dass uns dabei andere unterstützen. Die anspruchsvolle »Sorge um die Seele« (Hampe 2016: 87) lässt sich mit Aussicht auf Erfolg nicht allein betreiben; sie kann – auch das ist eine Lektion Platons – nicht gelingen ohne Akte wechselseitiger, fürsorglicher Zuwendung.

Meister Eckhart predigt Passivität

Wenden wir uns nun Meister Eckhart zu, ist es ratsam, zwei Empfehlungen des Philosophiehistorikers Kurt Flaschs zu folgen. In seiner Geschichte ausgewählter philosophischer Kontroversen warnt er nachdrücklich davor, Meister Eckhart in erster Linie als Mystiker zu betrachten (Flasch 2008: 211 f.). Wer dies tue, löse den Dominikanermönch unweigerlich aus den philosophischen und theologischen Diskursen seiner Zeit, isoliere ihn also von den religiösen Auseinandersetzungen des 14. Jahrhunderts und stilisiere ihn zu einem einsamen Denker, dessen (vermeintliche) Erleuchtungen sich auf argumentativem Wege kaum erschließen ließen. Ähnlich fatal wäre es – dies der zweite Rat –, sich bei der Spurensuche nach den Anfängen des Bildungsbegriffs an der geläufigen Gegenüberstellung von »dunklem« Mittelalter und »lichter« Neuzeit zu orientieren: Nicht allein war das mittelalterliche Denken ungleich facettenreicher und vielfältiger, als es die Historiker der Neuzeit bisweilen schildern, auch die Konturen sind durchaus nicht so scharf, wie sie häufig gezeichnet werden. Stattdessen ist mit Zwischentönen, Übergängen und Wahlverwandtschaften zwischen den Denkern des Mittelalters und jenen der Neuzeit zu rechnen. Das Mittelalter, so Flasch (1995: 17) mit erfrischender Schärfe, war ein »polemischer

Einfall der Humanisten«, die damit einen Zeitraum von etwa eintausend Jahren auf den Begriff zu bringen (und sich von diesem abzugrenzen) versuchten. Erst wenn man dieses simplifizierende Schema hinter sich lasse, werde es möglich zu erkennen, dass die Aufwertung des Menschen und dessen Feier, die etwa in der italienischen Renaissance betrieben wird, ihre Anfänge im mittelalterlichen Denken besitzt. Hier wurden – und dies nicht zuletzt von Vertretern des Dominikanerordens – die Grundlagen für die Rede von der Würde des Menschen gelegt. Dietrich von Freiberg und Meister Eckhart arbeiteten, wenn auch auf unterschiedliche Weise, beharrlich daran, theologische Überlegungen zur Gottesebenbildlichkeit in philosophische Aussagen zu überführen – und damit der Anthropologie einen neuen Weg zu weisen (vgl. Stallmann 1964). Und genau diesem Kontext verdankt sich die Rede von Bildung.[6]

Wie falsch das Bild Meister Eckharts als eines weltabgewandten Mystikers ist, wird deutlich, wenn man sich vergegenwärtigt, dass er einer der prominentesten und umstrittensten Gelehrten seiner Zeit war: Er lehrte dreimal in Paris, wurde hier, im Jahr 1311, auf dem Lehrstuhl für Theologie zum Nachfolger des befreundeten Dietrich von Freiberg ernannt und bekleidete darüber hinaus im Dominikanerorden wichtige Ämter. Und so wichtig ihm die frühmönchische Spiritualität war, so groß war doch auch sein Bedürfnis, dieser Tradition neue Impulse zu verleihen.

Zunächst fällt auf, dass Meister Eckhart davon abrückt, das Seelenheil von einem eremitischen Leben abhängig zu machen, von einer Praxis der Askese und der Weltabgeschiedenheit. Anders als die theologischen Schriften, die auf Latein erschienen, verfasste er seine Predigten und Traktate in deutscher Sprache. Er wollte, so der Mittelalterexperte Loris Sturlese, »jeden Menschen« erreichen (2008: 19) und wandte sich daher nicht nur an Kleriker, sondern ausdrücklich auch an Laien. Er adressierte insbesondere das städtische Bürgertum – und darunter auch die Frauen. Sie alle wollte er mit seiner von abendländischer Philosophie inspirierten Interpretation einschlägiger christlicher Texte vertraut machen und ihnen zu neuem Selbstbewusstsein verhelfen. Dies geschah in Form einer paradoxen Denkfigur, die, gegen Ende seines Lebens, im Klerus auf heftige Kritik stieß – und ihm im Jahr 1326 den Vorwurf der Häresie eintrug. Nach einer ersten Verhandlung vor dem Inquisitionsgericht in Köln verkündete Papst Johannes XXII. im Jahr 1329 die Veröffentlichung einer Bulle. Meister Eckhart, der nach Paris gereist war, um seine strittigen Thesen zu verteidigen, starb bald darauf – und dies wohl im Vertrauen darauf, dass sich Glaube und Wissen versöhnen ließen. Die Bulle, die siebzehn Sätze als häretisch und elf weitere als der Häresie verdächtig aufführte, erschien erst ein knappes Jahr nach seinem Tod (vgl. Sturlese 2007: 34).

Weil die Prägung des Bildungsbegriffs mit genau jenem Disput aufs Engste verknüpft ist, sollten wir diesen nun etwas näher in den Blick zu nehmen. Anders als Papst Innozenz III., der in einem populären Traktat das »Elend des menschlichen Daseins« (1195) facettenreich beschrieben hatte und immer neue Metaphern bemühte, um seiner Verachtung des Menschen Ausdruck zu verleihen (vgl. ebd.: 35 f.), stellte Meister Eckhart dessen Dignität heraus. Er nahm dabei Überlegungen vorweg, die bald darauf in der italienischen Renaissance entwickelt werden sollten. Die Herausforderung besteht nun darin, dabei einer paradoxen Denkbewegung zu folgen. Um es pointiert zu formulieren: Die Größe des Menschen besteht nach Meister Eckart darin, dass er ganz von sich abzusehen in der Lage ist. Indem er auf alle Ehrentitel verzichtet, sich von den Eitelkeiten der Welt abwendet und sich gleichsam erniedrigt, zeigt er seine besonderen Qualitäten – und wird schließlich erhöht. Er muss sich, metaphorisch gesprochen, reinigen, leer werden, um auf diese Weise frei zu werden für Gott. Erst wenn der Mensch sich entäußert, kann er seinem Gott zur Wohnstatt werden. Dieser bleibt ihm dann nicht mehr äußerlich; er tritt ihm nicht länger als fremde Autorität gegenüber, die ihn zu unterwerfen sucht und von ihm Gehorsam verlangt. Gott wird, so Meister Eckhart, gleichsam heimisch im Menschen. Er betreibt die Einebnung aller Hierarchien; er zieht alle Differenzen ein und wird auf diese Weise mit dem Menschen eins.

Diese gegenläufige Bewegung erläutert er im Rahmen seiner anspruchsvollen Bildlehre – und wird dadurch zum Begründer der Rede von Bildung. Meister Eckhart erinnert zu diesem Zweck zunächst an die alttestamentarische Rede, dass Gott den Menschen »nach seinem Bilde« geschaffen habe, und stellt dann heraus, dass dieser in seiner Seele bereits ein Bild seines Schöpfers besitze. »Das Bild Gottes liegt im Grunde der Seele wie ein lebendiger Brunnen« (Eckhart 2007: 101). Es sind also zwei korrespondierende Kräfte, welche die Rede von der Gottebenbildlichkeit des Menschen speisen. Bildung beschreibt dann jenen Prozess, in dem die Entgegensetzung von Gott und Mensch überwunden wird: »Die Seele bildet oder überbildet sich in Gott, indem sie mit ihm eins wird.« (Bechthold-Hengelhaupt 1990: 482f.)

Bildung erscheint damit gerade nicht als das Ergebnis intensiver Bemühungen des Menschen; im Unterschied zum neuzeitlichen Denken, das die individuelle Handlung und die persönliche Anstrengung auszeichnet, geht es Meister Eckhart um eine eigentümliche Form des Geschehenlassens. Da der Mensch bereits das Bild Gottes in sich trägt, muss er keine besonderen Energien darauf verwenden, sich ihm anzuähneln. Eher schon ist das Gegenteil der Fall: Gerade indem er davon absieht, sich in besonderer Weise auszuzeichnen, und auf das eigene Seelenheil verzichtet, gewinnt er es, öffnet er sich für seinen Schöpfergott und wird mit ihm eins.

Im deutschsprachigen Raum wird Bildung diesem Gedanken folgend zunächst gerade nicht als das Ergebnis eines intensiven Strebens gefasst; sie ist nicht die Frucht eines Ringens um das eigene Seelenheil und einer besonderen Form der Aktivität. Stattdessen verdankt sie sich einer charakteristischen Form der Passivität.[7] Bildung lässt sich nach Meister Eckhart nicht erringen. Für sie ist, so Egbert Witte (2010: 57), eine »Entzugsstruktur« charakteristisch: »Was ist unser Name und was ist unseres Vaters Name? Unser Name ist: daß wir geboren werden soll, und des Vaters Name ist, gebären [...]. Philippus sprach: ›Herr, zeige uns den Vater, so genügt es uns‹ (Joh. 14,8). Zum ersten ist damit gemeint, daß wir Vater sein sollen, zum zweiten sollen wir ›Gnade‹ sein, denn des Vaters Name ist: gebären; er gebiert in mich sein Ebenbild« (zit. nach: Witte 2010, 56 f.).

Und eben diese Vorstellung galt vielen Vertretern der Kurie als anstößig. Bildungstheoretisch kann das Einswerden mit Gott fraglos als »Rangerhöhung des Menschen« interpretiert werden; der Papst hingegen betrachtete diese Vorstellung als Frevel – er bescheinigte Meister Eckart in seiner Bulle, eine »Teufelssaat« ausgebracht zu haben (Flasch 2008: 214 f.). Doch, wie bereits erwähnt, der Dominikanermönch erlebte diesen Urteilsspruch nicht mehr. Er starb in der Zuversicht, dass sich christliche Frömmigkeit und philosophische Reflexion miteinander versöhnen lassen würden.

Giovanni Pico della Mirandola lädt zu einer Konferenz ein

Als etwa 150 Jahre später ein junger Adeliger in Florenz an einer Rede feilt, die er zur Eröffnung einer großen Zusammenkunft von Philosophen und Theologen zu halten gedenkt, ist auch dies von dem Wunsch nach Versöhnung motiviert. Pico della Mirandola, geboren 1463, hat sich in seinen Studien, die ihn u. a. nach Bologna, Ferrara und Paris führten, nicht allein mit dem Recht, sondern auch mit der griechischen und römischen Philosophie befasst; er hat intensiv arabische Schriften wie auch die Kabbala und den Talmud studiert. Dabei verfolgt er ein überaus ehrgeiziges Ziel: Er will die unterschiedlichsten Wissensgebiete aufeinander beziehen und diese als Teil eines großen Ganzen erweisen. So sollen Platon und Aristoteles wieder ins Gespräch miteinander gebracht werden, aber auch Denker der griechischen und römischen Antike mit Vertretern jüdischer Theologie und arabischer Philosophie (vgl. Kristeller 1986). Von der Prämisse ausgehend, dass beim Streben nach Erkenntnis unterschiedliche Wege beschritten werden können und alle Denkschulen und Religionen – aber sehr wohl auch spirituelle und okkulte Praktiken – einen wahren Kern besitzen, wendet er sich voller Elan zahllosen Wissensgebieten zu und eignet sich Kenntnisse noch der entlegensten Bereiche an. Der junge Fürst bringt für dieses ambitionierte Unternehmen einer umfassenden Synthese beste Voraussetzungen mit: Er ist nicht nur glänzend ausgebildet – er vermag die griechischen und lateinischen Philosophen im Original zu lesen, aber eben auch die Texte arabischer und jüdischer Denker –, er nennt eine der größten Privatbibliotheken jener Zeit sein Eigen und ist so vermögend, dass er die entstehenden Reisekosten zu der Konferenz begleichen kann, bei der er seine Thesen zur Einheit des Wissens vorzustellen beabsichtigt.

Mit Meister Eckhart teilt Pico della Mirandola freilich nicht nur das Interesse an der Aussöhnung unterschiedlicher Weltzugänge, sondern auch die schmerzhafte Erfahrung, dass dieses Anliegen von den kirchlichen Würdenträgern nicht geschätzt wird. Als man in Rom, wo die Disputation stattfinden soll, davon erfährt, wird es ihm bald untersagt, die 900 Thesen, die er hierfür vorbereitet hat, öffentlich zur Diskussion zu stellen. Kurz darauf verurteilt Papst Innozenz VIII. die Thesen. Pico flieht nach Frankreich, wo er in Vincennes aufgrund eines päpstlichen Haftbefehls gefangen genommen und eingekerkert wird. Erst als sich führende Theologen der Sorbonne und einflussreiche italienische Adelige für ihn verwenden, kommt er frei, kehrt nach Florenz zurück und steht hier fortan unter dem Schutz von Lorenzo de' Medici (vgl. Buck 1960).

Es ist nun jene Eröffnungsrede, die nie gehalten wurde und die zunächst unter dem schlichten Titel »oratio« publiziert wurde (Pico della Mirandola 1990), welcher der Bildungsdiskurs wichtige Impulse verdankt. Ungleich bedeutsamer als der zweite Teil, in dem Mirandola einen systematisierenden Überblick über jene Wissensgebiete gibt, die er in seinen Thesen zum Gegenstand macht, ist der erste Teil. Hier stellt er philosophische Überlegungen an, die um die Stellung des Menschen im Universum kreisen. Dieser Abschnitt, der manchen Gelehrten als eines der glanzvollsten Dokumente des italienischen Humanismus galt und der den späteren Titel »Von der Würde des Menschen« motivierte, begründete Picos Ruhm und wurde nicht nur in Italien lebhaft diskutiert, sondern in ganz Europa.

Der Mensch wird hier von Pico della Mirandola als ein »Geschöpf von unbestimmter Gestalt« gefasst (ebd.: 5). Seinen Grund hat dies darin, dass er von Gott erst dann erschaffen wurde, als dieser seine Schöpfung bereits abgeschlossen und alle Eigenschaften vergeben hatte. Dazu ausersehen, die Schöpfung zu würdigen – ihre Schönheit zu erkennen, ihre Struktur zu verstehen und ihre Gestalt zu preisen –, fand sich der Mensch ihr gegenübergestellt, und damit jenseits der Kreise, die von Pflanzen, Tieren und Engeln bewohnt werden. Pico erläutert dies näher, indem er den Schöpfungsbericht wiedergibt und ihm dabei eine eigentümliche Färbung verleiht:

»Wir haben dir keinen festen Wohnsitz gegeben, Adam, kein eigenes Aussehen noch irgendeine besondere Gabe, damit du den Wohnsitz, das Aussehen und die Gaben, die du selbst dir ausersiehst, entsprechend deinem Wunsch und Entschluss habest und besitztest. Die Natur der übrigen Geschöpfe ist fest bestimmt und wird innerhalb von uns vorgeschriebener Gesetze begrenzt. Du sollst dir deine ohne jede Einschränkung und Enge, nach deinem Ermessen, dem ich dich anvertraut habe, selber bestimmen. Ich habe dich in die Mitte der Welt gestellt, damit du dich von dort aus bequemer umsehen kannst, was es auf der Welt gibt. Weder haben wir dich himmlisch noch irdisch, weder sterblich noch unsterblich geschaffen, damit du wie dein eigener, in Ehre frei entscheidender schöpferischer Bildhauer dich selbst zu der Gestalt ausformst, die du bevorzugst. Du kannst zum Niedrigeren, zum Tierischen entarten; du kannst aber auch zum Höheren, zum Göttlichen wiedergeboren werden, wenn deine Seele es beschließt.« (Ebd.: 7)

Pico della Mirandola hebt nun hervor, dass sich der vermeintliche Mangel des Menschen – weder eine fixierte Gestalt zu besitzen, noch über besondere Gaben zu verfügen – als ein Vorzug erweist. Er ist auf keinen fest definierten Ausschnitt beschränkt, seine Handlungen folgen keinem rigiden Regelwerk. Dieses Defizit entpuppt sich als eine Auszeichnung; es unterscheidet den Menschen von den üblichen Kreaturen. Ohne über eine präzise Passung zu einem vorab festgelegten Milieu zu verfügen, obliegt es ihm, seinen Ort selbst zu bestimmen. Er muss sich daher die Maximen seines Handelns selbst geben – und gerade hierin liegt seine Würde begründet. Er steht der Schöpfung gegenüber; er ist frei in seinen Entscheidungen und trägt die Verantwortung für seine Handlungen. Genau hierin besteht seine Größe. Es liegt an ihm allein, ob er den Entwurf, den er von sich macht, ausarbeitet und sein Schicksal in die eigenen Hände nimmt.

Dies markiert auch den größten Unterschied zum Konzept Meister Eckharts: Hatte dieser in der Rede von Bildung das Moment des Gewährenlassens besonders akzentuiert und eine spezifische Form der Passivität herausgestellt, betont Pico della Mirandola das Moment der Aktivität: Von einem »heiligen Ehrgeiz« angetrieben, sollten wir uns mit »ganzer Kraft« (ebd.: 11) darum bemühen, dem Schöpfergott nachzustreben und unsere höchsten Möglichkeiten zu entfalten. Die Würde des Menschen ist demnach kein Geschenk; sie muss errungen werden. Sie gilt ihm als etwas, so Paul Oskar Kristeller (1981: 79), »was er mit eigenen Anstrengungen erwerben und verwirklichen muss«.

Damit kommt es zu einer bedeutsamen Verschiebung in der Rede von Bildung: Galt sie Meister Eckhart noch als eine metaphorische Beschreibung jener »Einbildung« Gottes in den Menschen, welche dieser nur sehr eingeschränkt befördern kann, so wird sie nun zu einem Objekt, das ganz dem individuellen Streben anheimgestellt wird. Es obliegt allein dem Menschen, auf seine ungesicherte Stellung innerhalb des Universums zu reagieren – und diese als Verpflichtung zu begreifen, alle Kräfte zu bündeln und seine Anstrengungen darauf zu konzentrieren, die Seelenkräfte zu stimulieren. Bildung erscheint somit in der italienischen Renaissance, und dies nicht allein bei Pico della Mirandola, sondern auch bei seinem Lehrer Marcello Ficino und seinem Freund Giovanni Manetti, als eine spezifische Form der »Selbstsorge«, deren Anfänge sich bis in die Antike zurückverfolgen lassen (vgl. Moser 2006). Charakteristisch für die genannten Vertreter ist, dass sie die ungesicherte Position als Chance begreifen, dass sie der Arbeit an sich zuversichtlich begegnen. Anders als Papst Innozenz III., der in seiner Schrift »De miseria humanae conditionis« den Menschen als erbärmliche, verächtliche Gestalt skizziert, lenken sie das Augenmerk auf die Potenziale, die dem Menschen innewohnen (vgl. Buck 1960: 71).

So sehr nun Pico della Mirandola die Kraft der Selbstgestaltung herausstellt, darf dies freilich nicht zu der Vorstellung verleiten, Bildung würde von ihm als Synonym allein für das aktive Eingreifen in die Welt interpretiert. Bei allem Engagement für eine *pax philosophica* und der Hoffnung auf die Aussöhnung widerstreitender Kräfte zum Trotz gewichtet er die *vita contemplativa* doch deutlich stärker als die *vita activa.* Seine berühmte Rede ist fraglos ein »Hymus auf die Selbstentfaltungskraft«; aber im Zentrum steht dabei die »individuelle Bildung« (Thumfahrt 2004: 445), die sich etwa im Studium der griechischen und lateinischen, der hebräischen und der arabischen Sprache niederschlägt wie auch in der Auseinandersetzung mit Glaubenssystemen, Denkschulen und Weltzugängen der unterschiedlichsten Art.

Michel de Montaigne entdeckt die Vielheit

Etwa einhundert Jahre später, als Michel de Montaigne seine *Essais* veröffentlicht, haben sich viele der Entwicklungen, die sich schon in der italienischen Renaissance ankündigten, zugespitzt und verstärkt. Hatten ein sich herausbildender Sinn für Differenz und die Zunahme von Pluralität schon in Pico della Mirandolas »Oratio« erste Spuren hinterlassen, so erreicht die damit verbundene Dynamik gegen Ende des 16. Jahrhunderts eine neue Qualität. Die Rede von der einen Ordnung büßt nun endgültig ihre Überzeugungskraft ein; es wächst das Bewusstsein um die Kontingenz der sozialen Verhältnisse, und die zentrifugalen Kräfte nehmen zu. »Es ist, als erschöpfe sich im europäischen Spätmittelalter die Kraft, die in den vorausgehenden Jahrhunderten des christlichen Mittelalters in allen Lebensbereichen das Vielfältige zur Figur einer einheitlichen, hierarchisch aufgebauten Welt zusammengeführt hatte.« (Stierle 1987: 417)

Die *Essais* können daher als ein Dokument jener sich beschleunigenden Bewegung der Dezentrierung gelesen werden: Dabei zeigt sich, dass der Ordnungsverlust nicht allein die Welt des Sozialen kennzeichnet; er erfasst auch den Protokollanten – Michel de Montaigne selbst. Wie sehr sich dessen Blick auf die Welt von den Vertretern der italienischen Renaissance unterscheidet, lässt sich an einem kleinen Detail illustrieren: Feierte etwa Gionnozzo Manetti die ägyptischen Pyramiden noch als Bauwerke, in welchen sich die große Schöpferkraft des Menschen niederschlägt, gelten sie Montaigne als Element einer Ordnung, die keine Stabilität mehr kennt: »Die Welt ist nichts als eine nimmer ruhende Schaukel. Alle Dinge in ihr schwanken fort und fort: die Erde, die Felsen des Kaukasus, die Pyramiden Ägyptens, im allgemeinen Schwanken der Dinge und in ihrem eigenen. Die Beständigkeit selbst ist nichts anderes als ein zauderndes Schwanken« (Montaigne 1991: 623). Sämtliche Ordnungsvorstellungen sind hier verflüssigt, temporalisiert und werden nur noch als vorübergehende anerkannt. Ordnungen gelten ihm lediglich als unzulängliche, ephemere und räumlich begrenzte Versuche der Kohärenzstiftung.

Montaigne (1533–1592) hält diesen elementaren »Ordnungsverlust« (Blumenberg) fest. Er spürt in seinen *Essais* den zahllosen Erschütterungen nach, die von der Erkundung bis dato unbekannter Kontinente ausgehen – vom Buchdruck und den Religionskriegen (vgl. Friedrich 1993). Mit der Unbestechlichkeit des Moralisten hält er fest, dass die Versuche der Kohärenzstiftung nun immer häufiger als das wahrgenommen werden, was sie sind – eben Versuche, eine Ordnung zu stiften. Und er zeigt, dass jene, die sich dabei in besonderer Weise exponieren, stets damit rechnen müssen, von anderen beobachtet zu werden: Akteure werden nun auf ihre Motive hin beobachtet und Beobachter auf die Muster ihrer Beobachtung; Narrative geraten dabei als Narrative in den Blick. Keine weltliche und keine religiöse Autorität geht aus diesem Strudel der Beobachtungen unbeschadet hervor. Moderne Gesellschaften westlicher Prägung, das wird gegen Ende der französischen Renaissance deutlich, kennen keinen »Abschlussgedanken« (Luhmann), der nicht selbst wiederum auf seine Voraussetzungen hin befragt werden könnte.

Dass diese Bewegung auch den Verfasser der *Essais* erfasst, mag kaum verwundern. Auch hier erhellt ein Vergleich die Wucht der Veränderungen. Pico della Mirandola hatte in seiner »Oratio« durchaus von einer »Zwietracht« gesprochen und davon, dass er »innere Kämpfe« austrage, die ihn in ihrer Heftigkeit an »Bürgerkriege« erinnerten (Pico della Mirandola 1990: 19). Montaigne kennt diese Erfahrung ebenfalls – und räumt freimütig ein, dass er längst alle Hoffnung aufgegeben habe, sein Ich so weit zu stabilisieren, dass er als Autor seines Lebens firmieren könne: Die widerstreitenden Kräfte sind viel zu stark, um von einem höchst wechselhaften, überdies sehr unzuverlässigen Ich gebändigt und in eine Form gebracht zu werden. So schreibt er in seinem Essay »Über die Unbeständigkeit des Tun«, der das zweite Buch eröffnet: »Wir sind alle aus lauter Flicken und Fetzen und so kunterbunt unförmlich zusammengesetzt, daß jeder Lappen jeden Augenblick sein eigenes Spiel treibt. Und es findet sich ebensoviel Verschiedenheit zwischen uns und uns selber wie zwischen uns und anderen« (Montaigne 1991: 325).

Die Metapher des Bildhauers, der darangeht, sich selbst zum Objekt zu machen, hat am Ausgang der Renaissance ihre Plausibilität eingebüßt. Bildung gilt Michel de Montaigne nicht länger als Synonym für einen Selbstentwurf; ungleich stärker als die hier erwähnten Vertreter der italienischen Renaissance akzentuiert er die eigenen Unzulänglichkeiten. Er fällt nicht zurück auf die Positionen der *miseria condordia*; aber er heftet den Blick auf sich selbst, hält alle Defizite fest – und nimmt dergestalt Abstand von den verführerischen Topoi der abendländischen Selbstthematisierung (vgl. Meyer-Drawe 1990).

3. Individualität und Mannigfaltigkeit

Wendet man sich nun dem Neuhumanismus zu, um zu rekonstruieren, wie in jener Epoche der Bildungsbegriff ausgearbeitet wird und eine besondere Kontur erhält, ist es von besonderer Dringlichkeit, sich an die Vorüberlegungen zu erinnern, die ich im einführenden Kapitel angestellt habe. Auf diese Weise lassen sich manche der Heroisierungen und Überzeichnungen vermeiden, die sich häufig dann einstellen, wenn von den (vermeintlichen) Begründern der Bildungstheorie die Rede ist. So prominent hierzulande Wilhelm von Humboldt in den öffentlichen Debatten zu Bildung ist, er ist nicht die Lichtgestalt, zu der er dabei immer wieder gemacht wird. Und so interessant die Studien Friedrich Schleiermachers sind, auch er war kein einsamer Meisterdenker. Humboldt und Schleiermacher, aber auch Schiller und Goethe, Fichte und Hegel zu Solitären zu erklären verrät mehr über das Bedürfnis der Verehrung auf der Seite der Bewunderer als über Arbeitsweisen und Schreibpraktiken der Genannten (vgl. Bosse 2012).

Für kaum eine Epoche ist dieser Befund stärker zu beachten als für den Zeitraum zwischen 1770 und 1830, innerhalb dessen eine ganze Fülle faszinierender und wegweisender Arbeiten entsteht. In Berlin und Weimar, in Jena und Halle, in Göttingen und Tübingen bildeten Philosophen und Theologen, Sprachwissenschaftler und Altphilologen Arbeitszusammenhänge, die sich als hoch produktiv erwiesen und zugleich die geläufigen Grenzen zwischen privaten und professionellen Beziehungen unterminierten. Vielleicht am stärksten war dies in den Berliner Salons ausgeprägt: Hier bildete sich mit der Geselligkeit eine neue Form der Sozialität heraus, die – glaubt man den historischen Zeugnissen – von den Beteiligten als überaus inspirierend und bereichernd erlebt wurde. Die beiden Gelehrten, die ich in diesem Kapitel vorstellen werde – Wilhelm von Humboldt und Friedrich Schleiermacher –, waren regelmäßige Besucher der Salons und Mitglieder eines dicht geknüpften Netzes von Freundschaften und Arbeitsbeziehungen. Organisiert wurden die Salons zumeist von hoch gebildeten jüdischen Frauen, in deren Häusern man sich traf, um ästhetische oder politische Fragen zu diskutieren, Texte zu rezitieren oder auch gemeinsam zu musizieren (vgl. Peter 1999). Diese Form der Sozialität wurde etwa von dem Romantiker Friedrich Schlegel so hoch geschätzt, dass er sie als Medium der Bildung selbst betrachtete. So hielt er in einem Brief an seine Lebensgefährtin Dorothea Veit, geb. Mendelssohn, fest: »Denn Geselligkeit ist das wahre Element für alle Bildung, die den ganzen Menschen zum Ziele hat« (Schlegel 2007: 87). Schleiermacher, dessen Skizze zu einer Theorie des geselligen Betragens ich im Folgenden vorstellen werde, war nicht nur mit der Adressatin des Briefes befreundet, sondern auch mit Rahel Levin-Varnhagen und Henriette Herz, deren Salons zu den bedeutendsten in jener Zeit zählten (vgl. Feilchenfeldt 1984). Er teilte sich eine Wohnung mit Friedrich Schlegel, mit dem er überdies die Übersetzung Platons ins Deutsche vereinbarte. Wie stark die Prägekräfte dieser intellektuellen Netzwerke waren, wird in einem Brief Humboldts deutlich: Obwohl dieser zur Hochzeit der Salonkultur, etwa zwischen 1795 und 1805, nur sehr kurz in Berlin lebte – nach einem vierjährigen Aufenthalt in Paris trat er 1802 die Stelle des Botschafters Preußen in Rom an, besuchte jedoch immer wieder das elterliche Schloss in Tegel –, schrieb er doch über die dicht geknüpften Beziehungen zu jener Zeit, »daß jeder alle Geheimnisse des anderen weiß, daß keiner etwas tun kann, ohne daß es der andere erführe, und daß – was noch mehr ist – Umgang, Handlungen, Art zu leben und zu denken eines jeden gewissermaßen von den andern abhängt« (zit. nach: Feilchenfeldt 1984: 85). Beide, Humboldt wie Schleiermacher, wussten also durchaus, was sie anderen schuldeten – dazu zählte bei dem Erstgenannten auch dessen Frau Caroline, geb. von Dacheröden –, und schätzten das dialogische Moment. Und auch wenn sie nicht von »Denkkollektiven« (Fleck) sprachen, war ihnen doch bewusst, dass sie Teil eines weitgespannten, polyphonen intellektuellen Netzwerkes waren, das auch intensive Korrespondenzen kannte. Nicht eben wenige Ideen wurden zunächst in Briefform entwickelt und erst im Anschluss systematisch ausgearbeitet. Oder aber die Briefform wurde direkt als Genre gewählt, wie dies Friedrich Schiller bei seinen Briefen *Über die ästhetische Erziehung des Menschen* praktizierte (Schiller 1984).

Bevor ich nun Humboldts Beiträge zur Bildungstheorie vorstelle und im Anschluss daran Schleiermachers Überlegungen zur Geselligkeit diskutiere, ist es notwendig, knapp den geistesgeschichtlichen Kontext zu skizzieren, innerhalb dessen sie ihre Entwürfe verfassen. Obwohl diese unterschiedlich ausfallen und sie ganz eigene Akzente setzen, reagieren sie doch auf dieselben Herausforderungen und sehen sich mit denselben Krisendiagnosen konfrontiert. Vielleicht am prägnantesten ist die Zeitkritik im sechsten von Schillers Briefen formuliert. Schiller entwickelt hier auf wenigen Seiten eine scharfe Kulturkritik, die als Hintergrundfolie der neuhumanistischen Bildungstheorie betrachtet werden muss. Als Keimzelle der beklagenswerten Zustände identifiziert Schiller die beträchtliche Zunahme zentrifugaler Kräfte. Was in der Vergangenheit noch eine Einheit bildete, wird nun getrennt; was ehedem ein Ganzes bildete, liegt nur noch in Teilen vor. Er konzediert zwar, dass dieser Prozess, den wir längst gesellschaftliche Differenzierung zu nennen gewohnt sind, in den unterschiedlichsten Bereichen zu einer beträchtlichen Leistungssteigerung geführt habe, aber sein eigentliches Anliegen besteht darin, das Augenmerk auf das Opfer dieser Umwälzungen zu lenken. Es ist das Individuum, das unter dem »Antagonism der Kräfte« (ebd.: 155) leide und an der Aufgabe scheitern müsse, nun entgegengesetzte – also: zentripetale – Kräfte zu mobilisieren. Sein Wesen ist »zerstückelt«, die Natur des Menschen »verstümmelt« (ebd.: 154, 156). In einer Welt, die keine Einheit mehr kennt, ist es niemandem vergönnt, mit sich identisch zu sein.

Kaum weniger wichtig als diese Variante der Kulturkritik, die den beiden *Diskursen* Jean-Jacques Rousseaus (1983) sehr viel verdankt, ist die Radikalisierung der anthropologischen Reflexion. Wie schon bei Montaigne deutlich wurde, ist für die Moderne das Zugleich von Telos-Abbau und der Freisetzung von Kontingenz typisch (vgl. Waldenfels 1991). Der Bruch mit der mittelalterlichen Ordo-Vorstellung verändert in der Folge auch den Blick auf den Menschen: Dieser wird nun ohne Rückgriff auf die Vorstellung einer inneren Bestimmung gedacht; er ist – im Unterschied zu Pflanze und Tier – nicht auf einen eng begrenzten Ausschnitt festgelegt, der ihn determiniert und mit einem Programm ausstattet. Es ist das Verdienst Günther Bucks, darauf aufmerksam gemacht zu haben, dass dieser Befund durchaus ambivalent zu bewerten ist. Der Pädagoge und Philosoph erinnert zu diesem Zweck an Immanuel Kants Vorlesung »Über Pädagogik« und weist auf eine Passage hin, in welcher der Aufklärer nüchtern festhält, dass noch völlig unklar sei, »wie weit es der Mensch etwa zu bringen vermöge« (zit. nach Buck 1984: 137). Diese Offenheit ist nun freilich unbestimmt – und es lassen sich nirgends Garantien dafür finden, dass sich die konstitutionelle

Unfertigkeit des Menschen in ein harmonisches Ganzes überführen lässt. Am Beginn der pädagogischen Theoriebildung steht daher nicht der grenzenlose Optimismus, sondern das »schwindelerregende Bewußtsein vom totalen Werden, dem alles Menschliche ausgesetzt ist« (Buck 1984: 136).

Wilhelm von Humboldt preist das Individuum

Vor diesem Hintergrund lässt sich verstehen, dass in Wilhelm von Humboldts Überlegungen zum Bildungsbegriff das Bemühen erkennbar wird, eine verlorene Einheit wiederherzustellen. Bildung ist, so eine treffende Bemerkung Reinhart Kosellecks, das »Wissen um die Selbstentfremdung und zugleich der Weg, ihr zu entkommen« (Koselleck 1990: 26). Dabei bewahrt die Idee der Bildung das Erbe der Aufklärung, indem sie das Augenmerk auf die Bemühungen lenkt, ein selbstbestimmtes Leben zu führen. Für Humboldt ist nun charakteristisch, dass er dabei das Individuum ins Zentrum rückt und dessen Versuche, sich zu einer unverwechselbaren Persönlichkeit auszuarbeiten. Bei den Texten, die hierfür heranzuziehen sind, fällt auf, dass durchaus nicht alle Bildungsfragen im engeren Sinne gewidmet sind. Obschon Humboldt 1793 einen Text verfasst, der später mit dem Titel »Entwurf einer Theorie der Bildung« versehen wurde, ist eine nur ein Jahr zuvor entstandene Abhandlung, die den Einflussbereich des Staates kritisch diskutiert, in systematischer Hinsicht kaum weniger bedeutsam. Andere Beiträge wie die Schulpläne für Litauen und Königsberg sind ganz konkreten Fragen des Bildungssystems gewidmet; wieder andere – wie die sprachphilosophischen Untersuchungen – wurden lange Zeit vernachlässigt und in ihrem bildungstheoretischen Gehalt unterschätzt.

Lange bevor Humboldt 1809 zum Geheimen Staatsrat und Direktor der Sektion des Kultus und öffentlichen Unterrichts berufen und mit der Verantwortung für die Reformen von Preußens Bildungseinrichtungen betraut wurde, hatte er sich folglich schon auf grundsätzliche Weise mit Fragen der Bildung auseinandergesetzt. Dieser bereits erwähnte Text, der zunächst keinen Titel besaß, blieb zwar – wie so viele Texte Humboldts – ein Fragment, lässt aber doch dessen theoretischen Zugriff in bemerkenswerter Prägnanz und begrifflicher Schärfe erkennen. Auf wenigen Seiten legt er hier einen Entwurf zu einer Theorie der Bildung vor, der noch heute diskutiert wird. Alle Merkmale, die seine frühe Bildungstheorie kennzeichnen, sind hier schon ausgeprägt. Bildung wird von Humboldt als ein Geschehen der Formbildung beschrieben, das zwar in Eigenregie betrieben werden muss, das aber nicht ohne ein Gegenüber auskommt. Dabei muss das Gegenüber nicht zwingend personaler Natur sein; es kann sich auch um kulturelle Artefakte oder ästhetische Zeugnisse handeln. Ego ist nun deshalb zwingend auf ein Alter angewiesen, weil es anders jene Kräfte, mit denen Humboldt rechnet, nicht ausbilden kann. Erst wenn die Kräfte, mit denen der Mensch ausgestattet ist, auf einen Widerstand treffen, können sie wachsen und Gestalt annehmen: »Da jedoch die bloße Kraft einen Gegenstand braucht, an dem sie sich üben, und die bloße Form, der reine Gedanke, einen Stoff, in dem sie, sich darin ausprägend, fortdauern könne, so bedarf auch der Mensch einer Welt außer sich.« (Humboldt 2017: 6) Bildung wird daher als ein Resonanzgeschehen beschrieben. Dieses kennt zwei Richtungen: Indem sich der Mensch mit den unterschiedlichsten Sachverhalten befasst und sich etwa dem Studium der Natur widmet, wie dies sein Bruder Alexander praktizierte, oder jenem der Sprachen, das er selbst intensiv betrieb, werden nicht nur seine Kräfte auf spezifische Weise ausgebildet; er hinterlässt auch Spuren in der

Welt, gibt ihr ein Gepräge. Dabei scheinen dem Ehrgeiz des Menschen keinerlei Grenzen gesetzt: In dieser »allgemeinsten, regesten und freiesten Wechselwirkung« sucht er »so viel Welt, als möglich zu ergreifen, und so eng, als er nur kann, mit sich zu verbinden« (ebd.: 7, 6). Obwohl Humboldt den Hinweis darauf, dass dieser Prozess in zweierlei Richtungen verläuft, durchaus nicht versäumt, ist doch unstrittig, dass ihn jene Effekte ungleich mehr interessieren, welche das Individuum betreffen. Seine frühe Bildungstheorie rückt zunächst den Einzelnen in das Zentrum, vernachlässigt dessen Sozialität und feiert ihn als jenes Wesen, das alle Anstrengungen unternimmt, die eigenen Kräfte immer weiter zu steigern und auf diese Weise seine Persönlichkeit möglichst facettenreich – in der Sprache jener Zeit: »mannigfaltig« – auszuprägen. Die Welt gerinnt bei diesem hypertrophen Unternehmen der Selbstgestaltung, so scheint es, zum bloßen Material. Sie wird zum Objekt eines Subjekts, das sich ausarbeitet.

In dem bereits erwähnten Text »Ideen zu einem Versuch, die Grenzen der Wirksamkeit des Staats zu bestimmen« (Humboldt 2015), der wohl im Frühjahr 1792 entstanden ist, formuliert Humboldt ein einprägsames Leitbild, das es erlauben soll, dieser Arbeit der Selbstgestaltung eine Orientierung zu verleihen. Als sich abzeichnete, dass dieser Text nicht ohne Auflagen würde publiziert werden können, zog ihn Humboldt zurück – und veröffentlichte daraus noch im selben Jahr in Schillers Zeitschrift *Thalia* einen Ausschnitt, der den Titel trug »Wie weit darf sich die Sorgfalt des Staats um das Wohl seiner Bürger erstrecken?« (Humboldt 2017). Hier wird, gleich zu Beginn, in einer dichten Formulierung beschrieben, worin das höchste Ziel des menschlichen Strebens bestehe: »Der wahre Zweck des Menschen, nicht der, welchen die wechselnden Neigungen, sondern welchen die ewig unveränderliche Vernunft ihm vorschreibt – ist die höchste und proportionierlichste Bildung seiner Kräfte zu einem Ganzen. Zu dieser ist Freiheit die erste, und unerlässliche Bedingung« (ebd.: 76). Es gilt also, die Kräfte, die auch in dem Bildungs-Fragment eine prominente Rolle spielen, nicht isoliert voneinander zu trainieren und sie nicht unkoordiniert auszubilden. Vielmehr muss der Bildungsprozess stets das Gesamt der Persönlichkeit im Blick behalten – und sich dabei von ästhetischen Vorstellungen leiten lassen. Die Kräfte sollen zwar jede für sich entwickelt werden, aber dies eben doch nur genau so weit, dass ihr Zusammenspiel höchsten ästhetischen Ansprüchen genügt: Sie sollen auf »proportionierliche« Weise ausgebildet werden, Einseitigkeiten und Disharmonien sind also zu vermeiden. Erst wenn dies berücksichtigt wird, wenn also jede Kraft möglichst stark entwickelt und eben dadurch zum Teil einer größeren Einheit wird, vermag sich die Persönlichkeit tatsächlich auf vollkommenste Weise zu entfalten, zeigt sie sich als differenziertes »Ganzes« – und erinnert, so Humboldts Hoffnung, an die Ausnahmegestalten der Antike.

So richtig Humboldts direkt im Anschluss an diese berühmte Textstelle erfolgender Verweis darauf ist, dass die Ausbildung der Kräfte nicht voraussetzungslos geschieht – die Subjekte des Bildungsprozesses sind eben auf Freiheit angewiesen, die der Staat gewährleisten muss –, und so sehr er an späterer Stelle die »Mannigfaltigkeit«, die aus dem Zusammenschluss Einzelner hervorgeht, als das »höchste Gut« feiert (ebd.: 85), ist doch auch deutlich, dass er der Sozialität nicht jene Aufmerksamkeit schenkt, die geboten erscheint. In seiner Begeisterung für das Projekt einer Selbstbildung, deren Subjekte sich immer weiter zu veredeln bemühen, verliert er bisweilen aus dem Blick, dass die Voraussetzungen für dieses ambitionierte Vorhaben auch in einer bürgerlichen Gesellschaft höchst ungleich verteilt sind. Die Bildung der eigenen Person zu einer Lebensaufgabe machen zu können, der man einen beträchtlichen Teil seiner Zeit widmet, ist ein Privileg, in dessen Genuss nur die Mitglieder einer sehr kleinen, hinreichend vermögenden sozialen Gruppe kommen (vgl. Kocka 2009).

Nun spricht manches dafür, dass die Erfahrung der Französischen Revolution, deren Augenzeuge Humboldt war, als er im Sommer 1789, zweiundzwanzigjährig, mit seinem ehemaligen Hauslehrer Joachim Heinrich Campe nach Paris reiste, eine nicht unwichtige Rolle dabei spielte, das Individuum in das Zentrum seiner Überlegungen zu stellen. Mit feinem Gespür für die Kollateralschäden der Revolution, mit präzisem Blick für die Differenz zwischen den Verlautbarungen und ihrer Verwirklichung spricht sich Humboldt für eine behutsame Reform der bestehenden Verhältnisse aus – und gegen die revolutionäre Neugestaltung. Zum Prüfstein dieser Reform, als deren Motor sich die Einrichtungen des Bildungswesens erweisen sollen, erklärt er die Unversehrtheit und die Freiheit des Einzelnen. Clemens Menze interpretiert die strikte Orientierung am Individuum denn auch nicht als Indiz für dessen mangelnde politische Sensibilität. Die »Bildung des Menschen« solle sich nach Humboldt »selbst als jene große Macht erweisen, die die Gebrechen und Einseitigkeiten der Zeiten heilen, Entfremdung aufheben, dem Menschen seine Menschheit zurückgeben kann. Sie ist die maßgebliche Voraussetzung, ohne die sich kein verbessernder Wandel zustandebringen läßt.« (Menze 1987: 177)

Für diese Lesart spricht, dass sich Humboldt, als er im Kontext der von den Napoleonischen Kriegen ausgelösten Reformbemühungen in die Verantwortung gerufen wird, durchaus als politischer Reformer begreift und auch als solcher erkennbar wird. Hatte er mit Blick auf die Französische Revolution vor jeder Form des Rigorismus und des Dogmatismus gewarnt – »Staatsverfassungen lassen sich nicht auf Menschen, wie Schösslinge auf Bäume pfropfen« (Humboldt 1960: 34) –, spricht er sich nun, beim Entwurf der Schulpläne für Königsberg und Litauen, dafür aus, die individuellen Voraussetzungen und die je spezifischen Bedingungen zu berücksichtigen. Aber diese durchgängige Orientierung am Individuum geschieht nicht mehr auf Kosten eines nüchternen Blicks für die eklatante Ungleichheit der Lebensverhältnisse und die Disparitäten einer Ständegesellschaft. Die systematische Übung der Kräfte dürfe, so Humboldt nun mit bemerkenswerter Entschiedenheit, nicht länger als ein Privileg der Vermögenden betrachtet werden; jeder – unabhängig von Herkunft und Stand – sei darauf angewiesen. Und so hält er in seinen Überlegungen zur Organisation des Litauischen Stadtschulwesens fest: »Denn der gemeinste Tagelöhner und der am feinsten Ausgebildete muss in seinem Gemüt ursprünglich gleich gestimmt werden, wenn jener nicht unter der Menschwürde roh, und dieser nicht unter der Menschenkraft sentimental, chimärisch, und verschroben werden soll« (Humboldt 2017: 135). Nicht einmal das Erlernen der Alten Sprachen dürfe als Vorrecht der Gelehrten betrachtet werden, auch ein Handwerker könne davon durchaus profitieren und dürfe daher davon nicht grundsätzlich ausgeschlossen werden (vgl. ebd: 136).

Das stärkste Gegengewicht zu Humboldts latenter Verklärung des Individuums bilden jedoch seine sprachwissenschaftlichen Studien. In diesen Arbeiten, denen er sich mit fortschreitendem Alter immer intensiver widmet, gelingt es ihm nicht nur, empirische Beobachtungen mit anspruchsvoller Theoriebildung zu verbinden, sondern auch das Verhältnis von Individuum und Gesellschaft auf sehr viel überzeugendere Weise als zuvor zu bestimmen. Und eben dies erweist sich insofern von bildungstheoretischem Interesse, als er dabei die Sprache als eine bildende Kraft ganz eigener Art erweist. Nachdem Humboldt schon in jungen Jahren, gemeinsam mit seinem Bruder, die Alten Sprachen gelernt und sich bald darauf weitere angeeignet hatte, kommt der Begegnung mit dem Baskischen nun eine besondere Bedeutung zu. Von Paris aus reist er wiederholt in das Baskenland, um diese nicht-indogermanische Sprache zu erforschen. Weil sie sich in ihrer Grammatik und Semantik von allen anderen Sprachen, mit denen er sich zuvor befasst hat, so stark unterscheidet, intensiviert er seine Bemühungen, um sich deren innere Logik zu erschließen (vgl. Trabant 2012). Auf diese Weise entwickelt Humboldt eine Sprachtheorie, die man als strikt anti-semiotisch bezeichnen könnte. Anders als jene Sprachwissenschaftler, die sich auf die Arbeiten des Genfer Linguisten Ferdinand de Saussure beziehen, behauptet Humboldt, dass jede Sprache einen je spezifischen Zugang zur Wirklichkeit bereithält. Das Zusammenspiel vom Klang der Worte, der Struktur der Grammatik und den Elementen der Semantik sei unverwechselbar und je individuell. Und eben diese Erfahrung macht Humboldt im Sommer 1800, als er das Baskische studiert. Später wird er über sein Interesse am vergleichenden Studium der Sprachen schreiben: »Ihre Verschiedenheit ist nicht eine von Schällen und Zeichen, sondern eine Verschiedenheit der Weltansichten selbst. Hierin ist der Grund und der letzte Zweck aller Sprachuntersuchungen enthalten.« (zit. nach: Trabant 2012: 61)

Das Studium der Sprachen besteht also nicht einfach im Freilegen grammatikalischer Besonderheiten oder im Erlernen neuer Vokabeln, sondern zuallererst in der Auseinandersetzung mit unterschiedlichen »Weltansichten«. Und dies erweist sich, in zweierlei Hinsicht, als eine bildende Erfahrung. Zunächst führt die intensive Befassung mit der *eigenen Sprache* dazu, dass die Wahrnehmung der Wirklichkeit immer feiner und immer differenzierter wird: Je reichhaltiger das Vokabular ist, auf das wir zurückgreifen können, um etwas als etwas zu bezeichnen, umso nuancierter ist das Erleben selbst und umso besser sind schließlich auch die Möglichkeiten, über dieses Erleben miteinander ins

Gespräch zu kommen. Das Studium der Muttersprache reichert daher die eigene Weltansicht mit Komplexität an. Und es befördert dadurch die Bildung der eigenen Person, die Ausprägung der Persönlichkeit.

Das Studium *fremder Sprachen* provoziert nun zwar ganz andere Erfahrungen, aber es hat gleichwohl ebenfalls einen bildenden Effekt: Dies geschieht, indem es das Eigene befremdet und den eigenen Weltzugang erst als solchen erkennbar werden lässt (vgl. Menze 1978: 841). Die Konfrontation mit einer fremden Sprache lässt sich daher als eine Erfahrung der Dezentrierung beschreiben: Das, was als »natürlich« und »vernünftig« galt, was lange Zeit unbefragt blieb, gerät nun auf den Prüfstand. In der Folge wird das Eigene erklärungsbedürftig, das Vertraute in ein neues Licht getaucht. Genau davon sprach auch der französische Zeichentheoretiker Roland Barthes, als er Ende der 1960er Jahre von seinem ersten längeren Aufenthalt in Japan zurückkehrte. Die Begegnung mit der japanischen Sprache erlebte er als eine »Erschütterung«, welche »unsere ›Wirklichkeit‹ unter dem Einfluss anderer Einteilungen, einer anderen Syntax« auflöst (Barthes 1981: 17, 21). Wird diese »Erschütterung« nicht einfach abgewehrt, sondern produktiv gewendet und das Studium auf weitere Sprachen ausgedehnt, weitet das Individuum – so Humboldt – unweigerlich seinen Horizont: Es überschreitet gleichsam die engen Grenzen seiner Herkunft, seines Standes und seiner Sprache – und entwickelt in sich jenen »Geist der Menschheit« (Humboldt 2017: 61 ff.), dem er 1797 einen kurzen Text gewidmet hat.[8] Der Sprachwissenschaftler Jürgen Trabant hat die politische Dimension des vergleichenden Sprachstudiums überzeugend ausbuchstabiert. Er betrachtet Humboldt als einen Kulturwissenschaftler *avant la lettre*:

»Wichtig ist aber, dass bei seiner anthropologischen Reise die besuchten Anderen gerade keine ›Wilden‹ mehr sind, sondern Brüder, Freunde, Weltmitbürger. In der synchronischen Erforschung der Sprachen und Völker löst sich also die Figur des Wilden auf, um der Figur des Mitbürgers Platz zu machen, der des Kantschen ›Weltbürgers‹, welcher mit mir gleichzeitig in diesem Raum lebt.« (Trabant 2012: 196)

Diese Perspektive wohnt – so Humboldt – freilich schon der Sprache selbst inne. In seinem Akademievortrag »Über den Dualis« erläutert er dies in knappen, stark verdichteten Formulierungen. Der Sprache wohnt insofern ein dialogisches Moment inne, als jede Äußerung auf eine Entgegnung verweist; selbst ein Gedanke, der nicht laut formuliert wird, entsteht im Gegenüber zu einem imaginierten Anderen, der auf diese Weise adressiert wird. Es ist erst dieses vorgestellte Gegenüber, das uns zur Artikulation nötigt. »Schon das Denken ist wesentlich von Neigung zu gesellschaftlichem Daseyn begleitet, und der Mensch sehnt sich, abgesehen von allen körperlichen und Empfindungsbeziehungen, auch zum Behuf seines bloßen Denkens, nach einem dem Ich entsprechenden Du« (zit. n. Trabant 2010: 184).

Friedrich Schleiermacher feiert die Geselligkeit

So interessant es zu beobachten ist, dass Humboldt, der sich über viele Jahre hinweg in das Sprachstudium vertieft, gerade hier das Moment des Dialogischen entdeckt, kann es doch als unstrittig gelten, dass dieses Motiv bei Friedrich Schleiermacher noch ungleich stärker ausgeprägt ist. Anders als Humboldt, der stets das Individuum ins Zentrum rückt und dabei für die sozialen, ökonomischen und politischen Voraussetzungen dieser Praxis nicht immer hinreichend sensibel ist, entwirft der fast gleichaltrige Theologe den Prozess der Individuierung von Beginn an als ein soziales Geschehen, an dem Akteure ganz unterschiedlicher Art beteiligt sind (vgl. Schleiermacher 2000b). Bevor ich nun dessen »Versuch einer Theorie des geselligen Betragens« näher betrachte und ihn als eine frühe bildungstheoretische Programmschrift interpretiere, sei knapp und stichwortartig an den sozialgeschichtlichen Kontext erinnert, innerhalb dessen dieser Text abgefasst wurde.

Dass es gegen Ende des 18. Jahrhunderts zur Ausprägung neuer Formen der Geselligkeit kommt, hat vielfältige Ursachen. Zunächst geht von der Französischen Revolution, dem prägenden Ereignis in jener Epoche, ein beträchtlicher »Modernisierungsdruck« (Peter 1999: 199) aus: Die Neuorganisation der gesellschaftlichen Verhältnisse jenseits des Rheins, die auch diesseits genauestens beobachtet und intensiv diskutiert wird, wirft eine Vielzahl von Fragen auf – nicht zuletzt jene nach der Legitimation einer ständischen Gesellschaft, die noch immer weiten Kreisen die politische Mitbestimmung vorenthält. Und obwohl die Lebensform des ganzen Hauses, das patriarchalisch organisiert ist und neben der Mehrgenerationenfamilie eben auch das Gesinde und weitere Angehörige umfasst (vgl. Brunner 1956), zu dieser Zeit durchaus noch existiert, schreitet die von Schiller beklagte Ausdifferenzierung gesellschaftlicher Teilbereiche immer weiter voran. So bilden sich in der von eklatanten Ungleichheiten geprägten Ständegesellschaft neue Interaktionsordnungen und soziale Gebilde heraus, die sich nicht länger an Titel und Rang orientieren, sondern an Interesse, Fähigkeit und Wissen. Es kommt auf diese Weise zur Ausdifferenzierung unterschiedlicher Formen von Öffentlichkeit, denen je spezifische Umgangsformen korrespondieren: In manchen dieser Teilöffentlichkeiten werden ökonomische Fragen diskutiert oder politische, wieder andere erörtern religiöse oder ästhetische Sachverhalte (vgl. Habermas 1990). Weil in diesen Kontexten, die sich über entsprechende Institutionen und Organisationen stabilisieren, der soziale Stand nicht länger das entscheidende Zulassungskriterium ist, sondern Kompetenz und Expertise gefragt sind, kommt es immer häufiger zur Begegnung von Personen, die einander unbekannt sind, die auf unterschiedliche Weise sozialisiert sind – und auch ein feines Gespür für diese habituellen Differenzen entwickeln.

Der sprunghaft angestiegene Abstimmungsbedarf kann daher auch als ein verlässliches Indiz dafür gelten, dass »das vertikal-hierarchische Prinzip der Ständeordnung durch ein potentiell horizontal-demokratisches Prinzip freier Assoziationsbildung ersetzt« wird (Peter 1999: 199). Und eben dies ist auch der Grund für die bemerkenswerte Konjunktur aufklärerischer Verhaltenslehren, deren bekannteste Adolph Knigges 1788 erstmals erschienene Schrift *Über den Umgang mit Menschen* ist: Die zunehmende gesellschaftliche Mobilität erzeugt beträchtliche Unsicherheit und einen erhöhten Abstimmungsbedarf; sie macht empfänglich für Handreichungen, welche Einblicke in die verfeinerten gesellschaftlichen Umgangsformen versprechen und mit der »Etikette« vertraut machen.

Parallel entstehen in dieser Zeit auch selbstorganisierte Formen der Geselligkeit: Sie verdanken sich der Initiative derer, die sich von repressiven gesellschaftlichen Strukturen emanzipieren und ihren Interessen möglichst frei und selbstbestimmt nachgehen wollen. Skeptisch gegenüber der Reformbereitschaft des absolutistischen Staates, entwickeln sie soziale Arrangements, welche die Unterscheidung privat/öffentlich unterlaufen und ihren Zweck in sich selbst zu tragen scheinen. Diese Formen von Geselligkeit, zu der die Stuttgarter Lesegesellschaft, die Berliner Salons zählen wie auch der Kreis der Jenenser Frühromantiker, sollen die freie Entfaltung der Persönlichkeit ermöglichen – und das in einer Sozialform, die weitgehend frei ist von den Asymmetrien und Regulierungen, welche die Ständegesellschaft um die Jahrhundertwende immer noch prägen. Hier treffen nun, meist auf Einladung gebildeter und vermögender jüdischer Frauen, Angehörige unterschiedlicher Gruppen aufeinander: Dazu zählen nicht nur Mitglieder zu dieser Zeit randständiger Gruppen wie Juden und Frauen, sondern auch Vertreter des Bürgertums genauso wie Akademiker, Künstler und manche jüngeren Vertreter des Adels. Indem hier das Individuum gefeiert, Originalität prämiert und Herkunft dethematisiert wird, kommt es, auch wenn dies nicht in jedem Fall intendiert gewesen sein mag, zum Vorschein einer neuen, freiheitlichen gesellschaftlichen Ordnung. Emanuel Peter hat die Hoffnungen, die damit verknüpft werden, in dem anschaulichen Bild einer »Geselligkeitsreform in konzentrischen Kreisen« festgehalten: »Ausgehend vom vertrauten Gespräch zwischen Freunden weitet sich das vorurteilsfreie und duldsame Miteinander und Denken über die Form der ›runden Tafel‹ schließlich bis zur herrschaftsfreien Gesamtgesellschaft aus.« (Peter 1999: 214)

Auch wenn die soziale Durchlässigkeit, die das Sozialleben in Berlin um 1800 prägte, nicht lange Bestand haben sollte (vgl. Wiedemann 2002: 72), wurde sie doch in einer Vielzahl von Texten jener Zeit zum Gegenstand gemacht. Was sich insbesondere in den Salons von Henriette Herz und Rahel Varnhagen ereignete, wurde von vielen Beteiligten augenscheinlich als so bedeutsam erlebt, dass es sie nach einer systematischen Durchdringung dieses Phänomens verlangte. Schleiermachers Entwurf, der 1799 in der Januarausgabe des *Berlinischen Archivs der Zeit und ihres Geschmacks* anonym erschien und zunächst auf keinerlei Resonanz traf, kann als eine solche Reflexion auf die neuen kommunikativen Praktiken interpretiert werden (vgl. Feilchenfeldt 1984: 80; Gaus 1998: 61 f.). Dabei ist es wichtig, sich die Position in Erinnerung zu rufen, von der aus er seine Überlegungen anstellt: Schleiermacher war ein regelmäßiger Besucher der Berliner Salons; er war mit Henriette Herz eng befreundet und verkehrte auch im Salon Rahel Varnhagens. Er betrachtet seinen Untersuchungsgegenstand daher nicht von außen, sondern unternimmt den Versuch, eine neue Form des Soziallebens, die ihm aus eigener Anschauung sehr vertraut ist, auf den Begriff zu bringen. Dabei kommt es zu einer wechselseitigen Durchdringung von empirischen Beobachtungen und begrifflicher Anstrengung. Diese zielt freilich nicht allein darauf, den Blick für ein zeitgenössisches Phänomen zu schärfen, sie soll in der Reflexion auf die Geselligkeit auch den Fluchtpunkt einer künftigen, freieren Gesellschaft herauspräparieren. Die Praxis der Geselligkeit ist somit ungleich mehr als eine bloß beobachtbare Form der Sozialität; sie kann auch als das betrachtet werden, was Immanuel Kant ein »Geschichtszeichen« nannte – eine Tendenz in der Entwicklung des Menschengeschlechts, die sich von geschulten Beobachterinnen erkennen lässt (vgl. Kittsteiner 2006: 59 ff.) Schleiermacher wendet sich einem empirisch beobachtbaren Phänomen zu, interpretiert dies aber in einer Weise, die seine politischen Hoffnungen immer wieder durchscheinen lässt.

Wie präzise sein Blick ist und wie groß das Interesse an sozialen Tatbeständen, wird deutlich, wenn er die Entstehungsbedingungen der Geselligkeit zum Gegenstand macht. Dass sich diese in ihrer freiesten Form in Häusern entwickelt, die von Frauen geprägt werden, gilt Schleiermacher durchaus nicht als Zufall: Frauen sind in einer Gesellschaft, deren Ausdifferenzierung in Funktionssysteme die Ausprägung von scharf konturierten Geschlechtscharakteren korrespondiert (vgl. Hausen 1978), noch stärker als Männer darauf angewiesen, Formen der Begegnung zu arrangieren, die geeignet sind, den engen Kreis der eigenen Erfahrungen zu überschreiten. Im Unterschied zu den Männern, die mit ihrer Berufswelt gleichsam über einen Gegenhorizont zum häuslichen Leben verfügen, müssen die Frauen gänzlich ohne diesen auskommen: Weil bei ihnen beides »zusammenfällt«, fühlen sie in der Konversation unweigerlich »ihre Fesseln« (Schleiermacher 2000a: 28). Ihr vitales Interesse daran, solche Konstellationen zu stiften, die Erfahrungen der Differenz ermöglichen und den geselligen Austausch befördern, ist daher nicht ihrer »Natur« geschuldet, sondern hat seine Ursache in ihrer spezifischen sozialen Situiertheit: An das Haus gebunden, müssen Frauen dieses gleichsam öffnen und zu einem Ort der Begegnung machen, wollen sie nicht in ihrer persönlichen Entwicklung dauerhaft blockiert werden.

Die Salons, die dem Ideal der Geselligkeit näherkommen als alle anderen vergleichbaren Formen der Sozialität, werden daher von Henriette Herz und Rahel Varnhagen ausdrücklich als Gegenwelt entworfen: Anders als in der Berufswelt sollen hier Rang und Titel keine Rolle spielen; und anders als in der Welt der Amtstuben, der Kanzleien und Kontore soll die Welt des Salons frei von Asymmetrien und Abhängigkeiten sein. In scharfem Kontrast zur häuslichen Welt gilt es, die Erfahrung von Differenz zu kultivieren. Der sozialen Schwerkraft auf eigentümliche Weise enthoben, soll es hier – so Schleiermacher – zu Begegnungen kommen, die geeignet sind, den eigenen Horizont zu durchkreuzen und sukzessive zu erweitern:

»Es muß also einen Zustand geben, der diese beiden [das berufliche und das häusliche Leben] ergänzt, der die Sphäre eines Individui in die Lage bringt, daß sie von den Sphären anderer so mannigfaltig als möglich durchschnitten werde, und jeder seiner eigenen Grenzpunkte ihm die Aussicht in eine andere und fremde Welt gewähre, so daß alle Erscheinungen der Menschheit ihm nach und nach bekannt, und auch die fremdesten Gemüter und Verhältnisse ihm befreundet und gleichsam nachbarlich werden können. Diese Aufgabe wird durch den freien Umgang vernünftiger sich untereinander bildender Menschen gelöst.« (Ebd.: 15)

Hier wird deutlich, dass Schleiermacher Bildung nicht länger als das Streben eines Einzelnen nach Vervollkommnung seiner Persönlichkeit interpretiert, wie das etwa für die frühen Texte Humboldts gilt, die nur wenige Jahre zuvor entstanden. Um es metaphorisch zu formulieren: Das an Bildung interessierte Individuum verlässt die Studierstube, es schließt die dicken Folianten – und begibt sich in den Salon, wo es auf andere, ähnlich gesonnene Individuen trifft. Diese Begegnungen erweisen sich freilich nur deshalb als anregend und inspirierend, weil sie sich in einer besonders gestimmten Atmosphäre ereignen. Der Salon etabliert eine Form der Sozialität, die zwischen Privatheit und Öffentlichkeit angesiedelt ist, die Nähe und Distanz ausbalanciert und dadurch neue Formen der Interaktion ermöglicht. Die besondere Kunst der Salonierès besteht mithin darin, einen Raum der Begegnung zu erzeugen, der weder von zu viel Intimität eingeschränkt, noch von zu viel Indifferenz entgrenzt wird. Sich in einem Salon zu bewegen verlangt daher von allen Beteiligten ein besonderes Taktgefühl: Stets gilt es zu prüfen, was von den eigenen Erfahrungen für die anderen von Interesse sein könnte, was den Austausch von Gedanken beleben und dem gemeinsamen Gespräch eine überraschende Wendung verleihen könnte. Der Salon wird so zu einem geschützten Ort, in dem es möglich wird, die eigenen Überzeugungen einzuklammern und sich für die Erfahrungen anderer zu öffnen; das Eigene büßt dabei etwas von seinem herrischen Zwang ein und wird durchlässig für die Erfahrungswelten anderer. Zugleich wird deutlich, dass sich das Individuum eben nicht selbst begründet, sondern seine Konturen und den besonderen Reiz gerade solchen Begegnungen verdankt. Georg Simmel hat dieses besondere Zusammenspiel, wohl in Unkenntnis von Schleiermachers Text, als ein »gegenseitiges Sich-Bestimmen« gefasst, das dann möglich wird, wenn es zur Etablierung eines »freischwebende[n], wechselwirkende[n] Zusammenhang[s]« kommt (Simmel 1910: 3).

Wie anspruchsvoll dieses Arrangement ist, erläutert Schleiermacher, indem er den Salon von der Vorlesung, einer Theateraufführung oder etwa einem Ball unterscheidet. In den genannten Fällen handelt es sich um unterschiedliche Spielarten »gebundener Geselligkeit« (Schleiermacher 2000a: 19): Für die Vorlesung wie für die Inszenierung eines Theaterstücks ist kennzeichnend, dass wir es mit einer einseitig gerichteten Kommunikation zu tun haben: Die Dozentin erhebt ihr Wort im Hörsaal, die Schauspieler bringen ein Stück zur Aufführung – und sie rechnen nicht damit, dass ihre Ausführungen direkt kommentiert, mit spontanen Gegenreden konfrontiert werden. Und selbst wenn Tanzveranstaltungen sich durch eine gewisse Beweglichkeit auszeichnen, sind auch hier die Möglichkeiten, einer Vielzahl unterschiedlicher Personen zu begegnen, stark eingeschränkt: Ein Ball ist eine stark reglementierte Veranstaltung, bei welcher der freie Wechsel eingeschränkt und die Formen der Begegnung hochgradig konventionalisiert sind. In keinem Fall lässt sich somit das beobachten, was nach Schleiermacher die »freie Geselligkeit« (ebd.) auszeichnet: die von mehreren, sich deutlich voneinander unterscheidenden Individuen praktizierte freie Reziprozität, die absichtslos betrieben wird – also ihren Zweck in sich selbst besitzt.

Blickt man daher aus bildungstheoretischer Perspektive auf den Salon, erweisen sich diejenigen Begegnungsorte als besonders anregungsreich, die von Heterogenität und Mannigfaltigkeit geprägt sind. Nur hier – im Aufeinandertreffen von Individuen, die differente Erfahrungswelten verkörpern – lässt sich das freie Spiel der bildenden Kräfte beobachten, nur hier entsteht jene Atmosphäre, welche von den Beteiligten als überaus inspirierend geschildert wird. Bildung wird daher von Schleiermacher als ein anspruchsvolles Resonanzgeschehen entworfen: Statt sie als Arbeit an der Vervollkommnung der eigenen Persönlichkeit zu betrachten, gilt sie ihm als ein komplexes soziales Geschehen, das nur begrenzt steuerbar ist und das viele beteiligte Akteure, aber keine souveränen Regisseure kennt. Bildung ist daher nicht nur auf ein Gegenüber angewiesen, sondern auch auf eine spezifische Form der Sozialität, auf eine bestimmte Haltung der Beteiligten sowie auf räumliche Arrangements, die eben dies erst ermöglichen.

Indem Salons ein Ort sind, an denen die freie Geselligkeit praktiziert wird, können sie als »Bildungseinrichtung« gelten. Hier, in dieser stimulierenden Atmosphäre, entsteht ein dichtes, gleichwohl ephemeres Netz kommunikativer Bezüge, das die Beteiligten in ihren Bann zieht. Die Kräfte, die von dieser Sozialform *sui generis* ausgehen, lassen sich über vertraute Oppositionen wie aktiv/passiv, Ich/Du, Eigenes/Fremdes nur begrenzt einfangen. Die Salons müssen eher als vibrierende Kraftfelder betrachtet werden, die jene verändern, die sie regelmäßig besuchen. Bildung verliert daher den Charakter eines individuellen Projekts, vielmehr wird sie als ein überindividuelles Geschehen gefasst, das keine Agenda kennt und keinen Kanon: Indem man einen Salon betritt, streift man den Gestus der Souveränität ab, riskiert sich, setzt sich den Blicken und Kommentaren anderer aus, reagiert auf deren Beiträge, überprüft die eigenen Überzeugungen – und sucht sich auf neue Weise zu positionieren. Und eben dies geschieht handlungsentlastet, in einem geschützten Raum. In der Folge gelten Schleiermacher nur jene Personen als gebildet, welche Individualität und Gemeinschaftlichkeit, Empfänglichkeit und Tätigkeit, Aktivität und Passivität nicht länger gegeneinander ausspielen (vgl. Mollenhauer 1985: 24), sondern mit deren Durchdringung rechnen. Die zweiwertigen Codes, auch das lässt sich von dem Prediger der Berliner Charité lernen, der eben auch ein virtuoser Dialektiker war, sind kaum geeignet, auf hinreichend komplexe Weise soziale Phänomene zu erfassen.

Es kann nun als unstrittig gelten, dass Schleiermacher ein feines Gespür dafür besaß, dass der Zugang zu jenen Orten, an denen die freie Geselligkeit praktiziert wurde, gesellschaftlich höchst ungleich verteilt war. Anders als Knigge, der die Ordnung der Ständegesellschaft nicht infrage stellte, sondern nur die Orientierung innerhalb dieser Verhältnisse erleichtern wollte, war es dem Verfasser vom »Versuch einer Theorie des geselligen Betragens« sehr wohl ein Anliegen, etwas zu deren Überwindung beizutragen (vgl. Peter 1999: 223). Die freie Geselligkeit galt ihm als Vorschein einer künftigen Gesellschaftsordnung, die von egalitären Prinzipien geprägt ist. Sie sollte aber eben nicht als bloße Utopie gelten, sondern schon im Hier und Jetzt einen Ort haben. Zur Keimzelle einer Gesellschaft, die Standesunterschiede überwindet und alle als freie, gleichberechtigte Bürger adressiert, kann die freie Geselligkeit aber nur dann werden, wenn sie bereits – und sei es nur in Anfängen – praktiziert wird, wenn sie »proto-demokratische Züge« aufweist (Wiedemann 2002: 64).

Mit Blick auf die weitere Entwicklung des 19. Jahrhunderts muss freilich festgehalten werden, dass die in den Salons praktizierte Geselligkeit nicht zu einem schichtübergreifenden Leitbild wurde. Sie erreichte nie den Status einer normativen Idee, die in unterschiedliche soziale Kreise ausstrahlte und hier eine Vielzahl von Mitstreitern fand. Es blieben privilegierte Kreise, die sich hier trafen – und die wenigsten ließen ein gesteigertes Interesse daran erkennen, diese Zusammenkünfte zu öffnen und sie zum Ausgangspunkt einer politischen Bewegung zu machen, welche die emanzipatorischen Kräfte stärkt und sich für die Demokratisierung der gesellschaftlichen Verhältnisse einsetzt. Trotz des Lobes der Pluralität bleibt letztlich auch Schleiermacher »in den Grenzen eines neuhumanistischen Bildungsprogramms befangen, das die gesellschaftliche und politische Freiheit durch die Konventikel freier Geselligkeit ersetzte, um in ihnen das

Ideal der Gesellschaft rein anschauen zu können« (Arndt 1997: 58). Wie viele andere seiner Zeitgenossen, die das hohe Lied auf die freie Geselligkeit anstimmten, scheint auch Schleiermacher vor der politischen Sprengkraft seiner Überlegungen zurückzuschrecken: Er »begibt sich nicht ins Gestrüpp der wirklichen Gegensätze, sondern verhält sich ihnen gegenüber kontrafaktisch, um die wirkliche Sittlichkeit auf einer anderen Ebene – etwa der des herrschaftsfreien Diskurses – behaupten zu können« (ebd.: 61).

Stellt man dies in Rechnung, muss auch die eigentümliche Entwicklung des Bildungsgedankens nicht überraschen, die dieser in den folgenden Jahrzehnten nimmt. Die Bildungsidee war in der Fassung, die sie von den Vertretern des Neuhumanismus – unter ihnen Wilhelm von Humboldt und Friedrich Schleiermacher – erhielt, »keineswegs so universalistisch, wie sie sich gab«; daran hat Aleida Assmann in ihrer *Kurzen Geschichte der deutschen Bildungsidee* erinnert (1993: 43). Auch wenn deren Protagonisten wortreich von »dem Menschen« sprachen, der weder Klasse noch Herkunft oder Geschlecht zu kennen schien, adressierten sie eben doch nicht alle sozialen Gruppen gleichermaßen. Der Rhetorik der Inklusion korrespondierte, so scheint es, von Anfang an eine Praxis der Exklusion.

Das zeigt sich, wenn man einen Blick auf die sich verschärfenden gesellschaftlichen Positionierungskämpfe wirft. Der Zugang zum Bürgertum wird nun über Bildung reguliert – und diese erweist sich damit als eine wertvolle Ressource, als ein Mittel der Abgrenzung. »Bildung war das Vehikel, sich abzusetzen: nach oben gegen den Adel, nach unten gegen Kleinbürgertum und Bauern. In dieser Absetzung konstituieren sich Bildungsbürger als gesellschaftlich relevante Gruppe, die zu einem sozialen ›Oben‹ gehört. Gegen die ererbten Privilegien des Adels setzen sie ihre erworbenen Verdienste; gegen adlige Conduite den Gestus bürgerlicher Bildung« – so Pia Schmid in einem einschlägigen Beitrag (1986: 203).[9] Bildung wird daher ihres emanzipatorischen Potenzials entkleidet, wird zum Mittel, um Privilegien zu vererben, den eigenen Status zu sichern und jene auf Distanz zu halten, die gesellschaftlich aufzusteigen sich bemühen. Sie wird ihres progressiven Erbes, das auf die Aufklärung zurückverweist, mehr und mehr beraubt und von jenen instrumentalisiert, die an der Aufrechterhaltung des *status quo* interessiert sind. Gleichwohl war mit der Idee einer wechselseitigen Bildung, die weder Rang und Status noch Herkunft und Geschlecht kennt, nun eine Idee in der Welt, die »auch unter anderen Umständen in anderen Zeitlagen immer wieder abrufbar war« (Koselleck 1990: 22).

4. Demokratie und Erfahrung

Hält man sich diese Limitierungen des Neuhumanismus vor Augen, muss es nicht verwundern, dass es in der Vergangenheit immer wieder Stimmen gab, die sich dafür aussprachen, nach anderen Theorietraditionen Ausschau zu halten und im Anschluss an diese einen Neuanfang zu suchen. Bildungstheorie müsse sich – so die Hoffnung, die in Texten und Debattenbeiträgen artikuliert wurde – auch anders betreiben lassen, als dies Humboldt und Hegel, Fichte und Schleiermacher praktiziert hatten. So gewichtig die Argumente waren, die hierfür ins Feld geführt wurden, war im deutschsprachigen Raum die Geisteswissenschaftliche Pädagogik dennoch bis in die 1960er Jahre hinein dominant. Sie prägte über die Ausbildung eines typischen Denkstils die Rede von Bildung ganz nachhaltig und führte etwa dazu, dass der Exegese der sogenannten »klassischen Texte« gegenüber einer unvoreingenommenen Bestandsaufnahme der Bildungspraxis und einer theoriegeleiteten Forschung weithin der Vorzug gegeben wurde.

John Dewey kritisiert die klassische Metaphysik

Unter den Namen derer, die einen solchen theoretischen Neueinsatz versprechen, wurde in der jüngsten Vergangenheit wiederholt der des US-amerikanischen Philosophen John Dewey genannt. Für manche Fachvertreter der Erziehungswissenschaft scheint er mit Blick auf den deutschen Neuhumanismus gleichsam das »ganz Andere« zu verkörpern (vgl. Oelkers 2000b). Der prominente Vertreter des Pragmatismus, der 1952 im hohen Alter von 92 Jahren starb, galt manchen zu jener Zeit als der bedeutendste und einflussreichste Vertreter amerikanischer Philosophie – und wird gegenwärtig von vielen als die Personifikation einer verpassten Gelegenheit betrachtet. Dewey, so die Annahme, verkörpert eine versäumte Chance, die von der Mehrzahl der Vertreter der deutschsprachigen Bildungstheorie nie ernsthaft geprüft und daher allzu leichtfertig vertan wurde. Dabei lässt sich freilich nicht ausschließen, dass die hohen Erwartungen, die an die Befassung mit Dewey geknüpft werden, auch als Ausdruck einer »Sehnsucht nach Erlösung vom deutschen Bildungsdenken« interpretiert werden können (Bellmann 2013: 44). Dewey erscheint womöglich auch deshalb als so attraktiv, weil er nichts weniger als einen »radikalen Bruch mit dem Alten und einen radikalen Neuansatz« verspricht (ebd.).

Worin das Anregungspotenzial Deweys besteht, wird besonders deutlich in den prestigeträchtigen *Gifford-Lectures*, die er 1928/29 in Edinburgh hielt. Hier, wo knapp dreißig Jahre zuvor mit William James schon ein weiterer Denker aus dem Kreis der »Gründerväter« des Pragmatismus vorgetragen hatte (vgl. Putnam 1995), erläutert Dewey auf sehr klare und anschauliche Weise, weshalb in der Bestimmung der Aufgaben der Philosophie ein grundlegender Neuanfang gesucht und, in der Folge, eine Reihe vertrauter Gegenüberstellungen endlich überwunden werden müssen. Seine Studie *Die Suche nach Gewissheit* (Dewey 1998), die aus diesen Vorträgen hervorgegangen ist, kombiniert eine klug vorgetragene Kritik der Metaphysik mit der Erprobung eines Denkstils, der neu ist und sich nicht länger an Dualismen orientiert. Als kritikwürdig erscheint Dewey, der sich intensiv mit antiker Philosophie befasst hat, die klassische Metaphysik deshalb, weil sie eine Zweiteilung der Welt mindestens befördere, wenn nicht verursache. Die Suche nach vermeintlich ewigen Wahrheiten reagiere auf ein elementares menschliches Bedürfnis nach Sicherheit: Konfrontiert mit den Unwägbarkeiten des Lebens und den unvorhersehbaren Folgen des eigenen Handelns, sehnten sich viele nach belastbaren, unbezweifelbaren Erkenntnissen. So nachvollziehbar und verständlich diese Suche nach »Haltepunkten« in einer zunehmend unübersichtlichen, sich immer schneller verändernden Welt auch sei, so problematisch erwiesen sich doch die Folgen dieser Zweiweltenlehre. Es gelte daher, bei aller Wertschätzung Platons und Aristoteles', den Blick für die Folgen von deren theoretischen Entscheidungen zu schärfen:

> »[S]ie führten zur Idee eines höheren Reichs einer unwandelbaren Realität, von der allein wahre Wissenschaft möglich ist, und einer niedrigeren Welt der wandelbaren Dinge, mit denen es Erfahrung und Praxis zu tun habe. Sie verherrlichten das Unwandelbare auf Kosten des Wandels [...]. Sie vermachten uns die Vorstellung, welche die Philosophie seit den Zeiten der Griechen unablässig beherrscht hat, daß die Aufgabe des Erkennens darin bestehe, das aller Erkennen vorausgehende Reale zu enthüllen, statt, wie es mit unseren praktischen Urteilen der Fall ist, die Art von Verstehen zu gewinnen, die notwendig ist, um mit den Problemen, wie sie jeweils entstehen, fertigzuwerden.« (Dewey 1998: 21)

Hier finden sich auf engstem Raum nicht allein einige Schlüsselbegriffe der Sozialphilosophie Deweys; es wird auch die Zäsur deutlich, die der Pragmatismus in der Philosophiegeschichte markiert (vgl. Hampe 2006). Dewey moniert, dass die klassische Metaphysik für die unversöhnliche Gegenüberstellung zweier Sphären gesorgt habe, deren Folgen bis in die Gegenwart hinein höchst folgenreich seien: Die Philosophie kapriziere sich auf eine vermeintlich »höhere Sphäre«, bemühe sich um die Erkenntnis ewiger Wahrheiten und verlege sich zu diesem Zweck auf das Studium allen Erfahrungen vorausgehender Gesetzlichkeiten – und wende sich gleichsam programmatisch von der Welt ab, in der die Menschen ihr Leben führten. Sie strafe daher die realen Lebensvollzüge der Menschen mit Missachtung, zeige am fortwährenden Wandel der menschlichen Verhältnisse keinerlei Interesse und trage folglich auch nichts zur Lösung praktischer Probleme bei. Eben dieses rigorose Denken in Dualismen gelte es, so Dewey, endlich zu überwinden. Statt den »Niederungen des Alltags« noch länger mit einer Mischung aus Arroganz und Ignoranz zu begegnen, seien die menschlichen Verhältnisse als das wichtigste Objekt der philosophischen Reflexion zu erkennen. Kennzeichnend für den »Humanismus der Pragmatisten« sei denn auch, so Michael Hampe, ein Modus des Erkennens, der nicht länger »vom Standpunkt sub specie aeternitates ausgeht und auf die Ewigkeit gerichtet ist, sondern aus der Perspektive der endlichen und wandelbaren Menschenwelt auf eine wandelbare Wirklichkeit abzielt – und dies vor allem mit der Intention, die menschlichen Verhältnisse zu verbessern« (ebd.: 194).

Die Philosophie hat sich daher – so Dewey, der sich hier als typischer Vertreter des Pragmatismus zu erkennen gibt – an der Bewältigung konkreter Problemlagen zu bewähren; statt noch länger Theorie und Praxis bzw. Erkennen und Handeln einander gegenüberzustellen, sei mit einer zunehmend komplexen, verwirrend uneindeutigen Welt zu rechnen, die sich einer zweiwertigen Logik entzieht und die nur dann mit Aussicht auf Erfolg aufgeklärt werden kann, wenn die Vertreterinnen der Philosophie ganz gezielt den Austausch mit jenen suchen, welche in den empirisch arbeitenden Einzelwissenschaften tätig sind. Erst wenn die traditionsreiche und identitätsstiftende »Rivalität« (Dewey 1998: 32) zwischen der Philosophie und den übrigen Disziplinen überwunden werde, könnten sie in ihrem Zusammenspiel jene intellektuellen Ressourcen freisetzen, die notwendig seien, um auf die Herausforderungen der Gegenwart angemessen reagieren zu können.[10]

Stellt man diese Verpflichtung auf die Mitarbeit an der Bearbeitung gesellschaftlicher Krisenphänomene in Rechnung, zeigt sich unmittelbar, worin der besondere Reiz von Deweys Variante des Pragmatismus für die Vertreter der Bildungstheorie besteht. Philosophie ist nun nicht länger eine den Alltagsproblemen entrückte Angelegenheit der Meisterdenker, sondern wird als eine Disziplin entworfen, die den Austausch mit Vertreterinnen anderer Fächer sucht und tatkräftig an der Verbesserung der menschlichen Angelegenheiten mitarbeitet. Dass sich Dewey auch selbst pädagogisch engagiert und pädagogischen Fragestellungen wichtige Arbeiten gewidmet hat, ist daher kein glücklicher Zufall – es ergibt sich unmittelbar aus seiner Kritik an der traditionellen Philosophie (vgl. Oelkers 2009).

Wird Philosophie praktisch und sucht sie Einfluss zu nehmen auf die Gestaltung der sozialen und politischen Verhältnisse, nimmt sie fast unweigerlich die Gestalt pädagogischer Reflexionen an. Und dies aus dem einfachen Grund, dass auch Dewey Bildung und Erziehung als jene sozialen Praktiken begreift, über die sich die gesellschaftlichen Verhältnisse zum Besseren wenden lassen (vgl. Dewey 2000). Dewey gilt daher die nächste Generation als Hoffnungsträger: Werden die Bildungseinrichtungen grundlegend reformiert, an den Herausforderungen der Zukunft orientiert und mit entsprechenden Mitteln ausgestattet, sollten die Schülerinnen wie auch die Studierenden in die Lage versetzt werden, nicht nur klüger zu handeln, sondern auch anspruchsvollere Formen der Urteilsbildung auszuprägen (vgl. Hampe 2016: 215). In das Zentrum rückt dabei der Begriff der Erfahrung, dem Dewey eine Vielzahl von Studien und Vorträgen gewidmet hat: In den Bildungseinrichtungen sind eben nicht nur kognitive Fähigkeiten zu entwickeln, körperliche Fertigkeiten zu schulen oder ein Kanon mit überliefertem Wissen anzueignen, sondern gilt es, in erster Linie die eigene Handlungsfähigkeit zu verbessern, den sozialen Austausch zu intensivieren und die Urteilsbildung zu trainieren.

... und wirbt für eine demokratische Gesellschaft

Dieses Programm kann in den Schulen freilich erst dann mit Aussicht auf Erfolg betrieben werden, wenn auch in der pädagogischen Theoriebildung ein Neuanfang gewagt wird. Ähnlich wie Dewey schon in seiner Auseinandersetzung mit den Vertretern der klassischen Metaphysik deren verhängnisvolle Neigung zu starren Gegensatzpaaren moniert hatte, so kritisiert er nun prominente Köpfe der Erziehungswissenschaft dafür, dass sie an der Aufklärung der realen Verfasstheit pädagogischer Praktiken augenscheinlich nur ein geringes Interesse besitzen – und stattdessen der schnöden Wirklichkeit hehre Ideale entgegenhalten. Statt also die Anstrengungen zu intensivieren, um auf präzise Weise sagen zu können, »what education really *is*« (Dewey 1986: 195), führten sie abstrakte Debatten, die jeden Kontakt zur pädagogischen Praxis vermissen ließen. Schlimmer noch sei freilich, dass die pädagogischen Koryphäen – namentlich Friedrich Fröbel, Johann Heinrich Pestalozzi und Johann Friedrich Herbart – keine überzeugenden Ziele der pädagogischen Arbeit benennen könnten. Fixiert auf Dualismen wie Sein und Sollen, Zweck und Mittel, Theorie und Praxis, hätten sie es versäumt, die pädagogischen Bemühungen als elementaren Bestandteil einer demokratischen Gesellschaft zu begreifen und entsprechend zu begründen. Daher gelte es, die pädagogische Theoriebildung, die noch immer von den prominenten Figuren des 19. Jahrhunderts geprägt werde, auf die Herausforderungen der Gegenwart zu verpflichten: »Die politische Seite der ›Menschenbildung‹ war entweder die romantische Volksgemeinschaft oder die ständische Gesellschaft, daneben der ideale Staat und in Grenzen die Tugendrepublik, nicht eine moderne Form von Demokratie, die *Öffentlichkeit*, *Partizipation* und *Bildung* in ein Verhältnis setzt. Genau das versucht Dewey [...].« (Oelkers 2000b: 338)

Aus diesem Grund führt Dewey zu Beginn seines Buches *Demokratie und Erziehung*, das 1916 in erster Auflage erschien und rasch weite Verbreitung fand, eine intensive Auseinandersetzung mit prominenten Vertretern des pädagogischen Diskurses. Er wirft ihnen nicht allein vor, abstrakte Ziele zu formulieren und das Unterrichtsgeschehen vom realen Leben zu separieren; sie vernachlässigten überdies die Bedeutung des gemeinsamen Lernens wie auch die Orientierung an der Idee des Wachstums. Daher setzt Dewey in seiner einflussreichen Schrift auch nicht bei dem Individuum an, dessen groteske Überhöhung er den Vertretern des deutschen Neuhumanismus vorwirft (vgl. Dewey 2000: 127 ff.), sondern hält zunächst nüchtern fest, dass von sozialen Ordnungen jedweder Art erzieherische Kräfte freigesetzt werden. Statt diese Prägekräfte jedoch zu bagatellisieren, gelte es, mit ihnen zu rechnen – und sie in den Dienst einer Einrichtung zu stellen, welche sich der Ausbildung einer möglichst freiheitlichen, liberalen und demokratischen Gesinnung verschrieben hat.

Die Schule betrachtet Dewey als ein Labor, das zum Ort solcher Bildungsprozesse wird, auf welche eine an demokratischen Idealen orientierte Gesellschaft zwingend angewiesen ist. Demokratie gilt ihm insofern nicht nur als eine Spielart politischer Herrschaft, sondern als eine Lebensform (vgl. Brumlik 2018). Eben diese Ausweitung steht im Zentrum seiner Überlegungen zur Reform des Bildungswesens: Demokratie ist »mehr als eine Regierungsform; sie ist in erster Linie eine Form des Zusammenlebens, der gemeinsamen und miteinander geteilten Erfahrung« (Dewey 2000: 121). Demokratie verdankt sich folglich Sozialbeziehungen, die von Freiheit und Wechselseitigkeit gekennzeichnet sind, von Gleichberechtigung und Symmetrie. In Wendungen, die auf verblüffende Weise an Schleiermachers Theorie der Geselligkeit erinnern, beschreibt Dewey die Schule als Einrichtung, die zur Keimzelle einer demokratischen Gesellschaft wird: Hier wäre, so seine Forderung, der Umgang mit Differenz einzuüben, der freie argumentative Austausch zu erproben sowie die gemeinschaftliche – an Kriterien der Klugheit und Sachrationalität orientierte – Problemlösung habituell zu verankern. Gelänge dies, würde sich die Schule bei dem Bemühen um eine substanzielle Weiterentwicklung der Gesellschaft als »die wichtigste Einrichtung« (ebd.: 39) erweisen.

Auf systematischer Ebene wird dieses politische Anliegen abgesichert durch die eigentümliche Fähigkeit des Menschen, Gewohnheiten ausbilden und dauerhafte Dispositionen ausprägen zu können. Dewey orientiert sich daher nicht allein an der Idee des Wachstums, die er normativ wendet – Wachstum müsse nicht auf ein Ziel hin ausgerichtet sein, Wachstum sei das Ziel selbst, hält er fest (vgl. ebd.: 76); er balanciert diese Kräfte der Veränderung mit solchen der Beharrung aus. Dass wir von Gewohnheiten mehr beherrscht werden, »als wir sie beherrschen« (ebd.: 51), ist dann nicht problematisch, wenn sie in einem sozialen Beziehungsgefüge ausgebildet werden, das darauf ausgerichtet ist, sich fortwährend zu erweitern und immer mehr Stimmen Gehör zu verschaffen. Um nun zu plausibilisieren, dass es hier zu keinerlei Beschränkungen kommen darf, führt er zwei Argumente an – ein ethisches und ein erkenntnistheoretisches. Mit Blick auf die Entwicklung des Individuums hält er fest, dass dessen freie Entfaltung erst dann gewährleistet ist, wenn es mit einer Vielzahl höchst unterschiedlicher Perspektiven konfrontiert wird. Die Begegnung mit diesen verschiedenen Blickrichtungen gilt Dewey augenscheinlich als ein »Reizklima«, das durch die gemeinschaftliche Problemlösung überaus stimulierend wirkt. Und genau hier schließt das zweite Argument an: Je größer die Gruppe derer ist, die dabei involviert sind, umso höher ist die Wahrscheinlichkeit, dass die Problembearbeitung auf einem angemessenen Niveau betrieben wird. Es ist also, so Dewey, nicht allein aus moralischen Gründen, sondern auch aus politischen Erwägungen heraus geboten, das Wachstum der sozialen Gruppe nicht zu beschränken und niemanden auszuschließen. Einen »freien und gleichberechtigten Wechselverkehr«, der sich an gemeinsamen Interessen entzündet, könne es nicht geben, »wenn starre Scheidewände zwischen den Klassen ein angemessenes Wechselspiel der Erfahrungen« verhindern (ebd.: 117).

So wortreich Dewey die Idee des Wachstums beschreibt und so begeistert er das Hohelied der Demokratie singt, ist doch mehr als fraglich, dass er tatsächlich *alle* sozialen Gruppen bei seinem Konzept einer stetig wachsenden Gemeinschaft berücksichtigt. Bei aller Begeisterung für Phänomene des Austauschs und der Gemeinschaftsbildung geht diese augenscheinlich doch nicht so weit, auch jene in den Blick zu nehmen, die zu Beginn des 20. Jahrhunderts noch immer unter den Folgen der Sklaverei zu leiden haben. Dewey spricht sich zwar dafür aus, die Grenzen zwischen den sozialen Klassen zu überwinden, er verpflichtet die pädagogische Reflexion auf die Lösung gesellschaftlicher Krisenphänomene und feiert die Schule als die Institution der Demokratisierung sämtlicher sozialer Verhältnisse, verliert aber kein einziges Wort über den Rassismus. In einer Zeit, die von Lynchmorden und Gewaltverbrechen an Schwarzen geprägt war, in der Afroamerikaner weit stärker diskriminiert und ausgegrenzt wurden als die Nachkommen der indianischen Völker (vgl. Retter 2018b: 64), versäumt es Dewey, mit der Idee der »Great Community« tatsächlich Ernst zu machen. Erklärungsbedürftig ist dies, wenn man bedenkt, dass William E. B. Du Bois schon 1903, also mehr als zehn Jahre vor der Publikation von *Demokratie und Erziehung*, seine Essaysammlung *The Souls of Black Folk* (Du Bois 2003) publiziert hatte. Du Bois war damit fast über Nacht berühmt geworden und hatte den Begriff der »color line« geprägt, um auf die unterschiedlichen Erfahrungswelten Weißer und Schwarzer hinzuweisen. Gemeinsam mit anderen Mitstreiter der schwarzen Bürgerrechtsbewegungen hatte er seine Stimme gegen den Rassismus erhoben und war für die Zuerkennung gleicher Rechte eingetreten. Dewey, der kurz darauf – im Jahr 1905 – von der University of Chicago an die Columbia University wechselte, wo sich der Ethnologe Franz Boas gegen Rassismus engagierte, zählte zwar zu den Gründungsmitgliedern der National Association for the Advancement of Colored People (NAACP), scheute aber eine unmissverständliche, öffentliche Parteinahme für deren Ziele.

Umso erstaunlicher ist dieser »blinde Fleck«, wenn man berücksichtigt, dass sich Dewey in den 1930er Jahren politisch radikalisierte und die sozialen Verwerfungen, die der Kapitalismus verursachte, in immer schärferen Wendungen kritisierte. Aber gleichwohl ist festzuhalten, dass seine bildungstheoretischen Überlegungen nicht von einer ausgearbeiteten Gesellschaftstheorie gestützt werden. Dewey vermied offensichtlich die harte Realitätsprüfung und vertraute stattdessen auf die Macht der Rede. Fraglos waren seine Ausführungen zu einer durchgreifenden Demokratisierung der sozialen Verhältnisse nicht weniger faszinierend als die Bilder, die er von einer großen Gemeinschaft entwarf, die sich den Krisenherden ihrer Zeit zuwendet und dabei Solidarität und Kollegialität demonstriert: »Seine Philosophie inspirierte, doch ihr politisches Grundmuster, die in brüderlicher Verbundenheit agierenden Nachbarschaftsgruppen der weißen

Mittelklasse als Modell für die Gesellschaft zu denken, war zu einfach. Sie war weder in der Lage, die Dilemmata und Paradoxien der Gesellschaft noch die Erfahrung [...] der Ausweglosigkeit im Leben der Ausgestoßenen zu bearbeiten.« (Retter 2018a: 69)

Für Erfahrungen der Ausgrenzung, Diskriminierung und Missachtung, die der afroamerikanische Schriftsteller Ralph Ellison (1998) noch ein halbes Jahrhundert später in seinem berühmten Roman *Der Unsichtbare* eindrücklich schilderte, war Dewey eigentümlich blind. Er beschwor zwar die »Great Community«, die eine kapitalistische Industriegesellschaft bändigen sollte, löste sich dabei aber doch, so scheint es, nicht vollständig von dem Leitbild kleiner, überschaubarer und homogener Gemeinschaften.[11]

So lässt sich auch kaum übersehen, dass Deweys Rede von Bildung – aller berechtigten Kritik an Wilhelm von Humboldt zum Trotz – nun ihrerseits nicht gänzlich frei ist von dem »hohen Ton«, den er bei den Vertretern des deutschen Neuhumanismus moniert. Die Ursachen hierfür liegen nicht nur in seinen religiösen Wurzeln, sondern auch in der Verarbeitung ganz unterschiedlicher Theorietraditionen (vgl. Bellmann 2007; Retter 2018a). Dewey war eben nicht allein von der Philosophie Hegels geprägt, der das Augenmerk auf Phänomene der Entwicklung gelenkt hatte wie vielleicht niemand vor ihm, sondern auch von der Evolutionstheorie Charles Darwins, den er als Theoretiker des Prozessualen las. Kaum weniger bedeutsam für die Ausprägung von Deweys Denken ist seine tiefe Prägung durch religiöse Überzeugungen. Er ähnelt darin Schleiermacher, dessen Predigten über die Religion er kannte und sehr schätzte. Zum Ausdruck kommt dies nicht nur in Deweys Loblied auf die Gemeinschaft und in seinem emphatischen Begriff der Kommunikation, der diese religiösen Zügen unschwer erkennen lässt. Deutlich wird dies auch in der Form der Rede: Dewey vermochte es augenscheinlich, Sehnsüchte zu wecken und agierte nicht zuletzt als »Prediger der Hoffnung« (Retter 2018b: 77) besonders überzeugend. Nicht umsonst hatte Robert B. Westbrook für das erste Kapitel seiner großen Studie zu Dewey, das die Jahre von 1882 bis 1904 behandelt, den Titel »A Social Gospel« gewählt. Der Preis, den er für sein Vertrauen in die Kräfte der gemeinschaftlichen Handelns zahlte, bestand in der weitgehenden »Abblendung« der gesellschaftlichen Bedingungen, unter denen dieses stattfindet; sein großer Optimismus war daher nicht ganz unbeteiligt daran, dass gesellschaftliche Krisenphänomene »hinter der pädagogischen Programmatik zu verschwinden« (Bünger/Mayer 2009: 844) drohen.

5. Emanzipation und Mündigkeit

Eine ungleich größere Resonanz als die Arbeiten John Deweys lösen in den 1960er und 1970er Jahren jene Texte aus, die das Adjektiv »kritisch« im Titel tragen – und zumeist in Frankfurt am Main verfasst werden. In der Folge nimmt auch die bildungstheoretische Reflexion eine neue Gestalt an. Gesellschaftliche Krisenphänomene bilden nicht länger das Hintergrundrauschen der Bemühungen, eine überzeugende Bildungstheorie auszuarbeiten; sie rücken nun in den Vordergrund und werden zur zentralen Bewährungsprobe der neuen Entwürfe. Die gesellschaftlichen Verwerfungen, die von einer kapitalistischen Gesellschaftsformation produziert werden, gelten nicht mehr als Phänomenbereich, den zu erforschen ausschließlich den Vertreterinnen der Sozialwissenschaften aufgegeben ist; wer sich nun zu Bildungsfragen äußert, ist gehalten, sich auch politisch zu positionieren. Bildungs- wie auch Erziehungsfragen werden daher nicht länger als private Angelegenheiten betrachtet. Bei ihnen steht – dies ist der Tenor zahlreicher Beiträge – sehr viel mehr auf dem Spiel (vgl. Raulff 2014). Die Einrichtung menschenwürdiger Zustände lässt sich, so eine von vielen geteilte Überzeugung, ohne die Intensivierung der Bemühungen um eine Überwindung der herrschenden Verhältnisse und ohne die Beteiligung der pädagogischen Akteure nicht erreichen. In der Folge geraten Bildungseinrichtungen mehr und mehr in den Fokus öffentlicher Debatten.

Die wichtigsten Stichwortgeber sind zunächst die Vertreter der Kritischen Theorie: Max Horkheimer und Theodor W. Adorno, später dann auch Jürgen Habermas und Axel Honneth nehmen den neuhumanistisch geprägten Bildungsdiskurs ideologiekritisch in den Blick und bringen mit Emanzipation und Mündigkeit in einer Reihe stark beachteter Beiträge neue Leitbegriffe in Umlauf. In der deutschsprachigen Erziehungswissenschaft werden diese diskursiven Manöver sehr aufmerksam verfolgt – und stoßen hier rasch auf große Gegenliebe. Und dies auch deshalb, weil die Erziehungswissenschaft in den 1960er Jahren unter beträchtlichen Modernisierungsdruck gerät: Von den Warnrufen Georg Pichts, der 1964 die »Bildungskatastrophe« ausgerufen hatte, geweckt und im Wissen um die Unzulänglichkeit immer neuer Lektüren pädagogischer Klassiker, erfindet sich die Erziehungswissenschaft in jener Zeit neu. Sie versteht sich nicht länger als Geistes-, sondern nunmehr als Sozialwissenschaft und orientiert sich in wissenschaftstheoretischer Hinsicht dabei weitgehend an den prominenten Köpfen der Frankfurter Schule (vgl. Groppe 2008; Rieger-Ladich 2014a). Etwas weniger populär, aber dennoch originell und in systematischer Hinsicht gewichtig sind die Arbeiten des Erziehungswissenschaftlers Heinz-Joachim Heydorn. Als Mitbegründer des Sozialistischen Deutschen Studentenbunds (SDS) wechselte er zunächst in die pädagogische Praxis und folgte 1961 einem Ruf nach Frankfurt. Heydorns Studien zu einer dialektischen Bildungstheorie standen zwar etwas im Schatten der Schriften der ungleich populäreren Kollegen aus dem Institut für Sozialforschung, aber sie sind gleichwohl interessant und eigenständig. Obgleich diese beiden Entwürfe einer Kritischen Bildungstheorie in systematischer wie auch in geografischer Hinsicht einander »benachbart« sind, kam es doch nie zu einer intensiven Zusammenarbeit ihrer Vertreter. Horkheimer, Adorno und Heydorn waren einander persönlich bekannt;

sie verfolgten ihre Arbeiten wechselseitig und dies durchaus mit Wohlwollen und Interesse, aber sie arbeiteten nie zusammen. So entstanden in unmittelbarer räumlicher Nähe zwei ganz unterschiedliche Konzepte einer Kritischen Bildungstheorie (vgl. Sesink 2016). Diese will ich im Folgenden näher vorstellen.

Max Horkheimer hält Immatrikulationsvorträge

Vielleicht ist es dem Positivismus-Streit geschuldet, der in den 1960er Jahren geführt wurde, dass den Vertretern der Kritischen Theorie gerne eine strikte Opposition gegenüber positivistischen und pragmatistischen Ansätzen nachgesagt wird. Dass diese Unterstellung mindestens für die Anfänge der Frankfurter Schule falsch ist, zeigt sich, sobald man frühe Texte Max Horkheimers genauer in den Blick nimmt (vgl. Korthals 1985). Schnell wird dabei deutlich, dass die Theorielandschaft in der Mitte des 20. Jahrhunderts unübersichtlicher ist, als dies bisweilen suggeriert wird. Zwei Jahre bevor Horkheimer mit der Publikation von *Traditionelle und kritische Theorie* einen neuen Terminus einführte und den gemeinsamen Bemühungen einen schulbildenden Namen verschaffte (vgl. Horkheimer 1992), hatte er in einem Aufsatz das »Problem der Wahrheit« zum Gegenstand gemacht. Deweys Kritik an der abendländischen Philosophie durchaus nicht unähnlich, befragt er hier philosophische Entwürfe auf ihre gesellschaftliche Funktion hin und nennt ein Kriterium, dem sie zu genügen haben.

»Die großen Systeme der europäischen Philosophie waren stets für eine gebildete Oberschicht bestimmt und versagen vor den psychischen Bedürfnissen der verarmenden und sozial absinkenden Teile der Bürger und Bauern, die andererseits durch ihre Erziehung, Arbeit und Hoffnung an

> diese Form der Gesellschaft notwendig gebunden sind und an ihre Vergänglichkeit nicht glauben können. Dieser Zustand bildet die Voraussetzung für das die geistige Situation seit Jahrzehnten beherrschende Verlangen, durch philosophische Praktiken wie Wesensschau und Intuition und schließlich durch blinde Unterordnung unter eine Persönlichkeit, sei sie ein anthroposophischer Prophet, ein Dichter oder Politiker, einen ewigen Sinn in das ausweglose Leben zu bringen.« (Ebd.: 235)

Diese problematische Neigung, historischen Entwicklungen und gesellschaftlichen Veränderungen einen Sinn zu unterstellen, erkennt er auch bei Hegel. So bedeutsam die Entdeckung der dialektischen Methode sei, stehe doch auch der große Systemdenker in der Gefahr, eine gleichsam »höhere Notwendigkeit« zu unterstellen, wo ein nüchterner Blick nur Leid und Elend zu sehen vermag. Hegel, so Horkheimers scharfe Kritik, beschönigt und »sanktioniert« (Horkheimer 1992: 241) Ausbeutung und Unterdrückung, indem er diese zu Durchgangsstadien einer historischen Entwicklung erklärt, an deren Ende alle Unterschiede und Differenzen miteinander versöhnt sind. Eine strikt materialistische Perspektive, die den Arbeiten Karl Marx' sehr viel mehr verdankt, verpflichte hingegen alle theoretischen Bemühungen darauf, die gesellschaftlichen Verhältnisse nicht nur in einer geschichtsphilosophischen Hinsicht zu überwinden, sondern dies auch ganz real zu betreiben – durch den Einsatz sämtlicher zur Verfügung stehender Mittel.

Im Rückgriff auf den griechischen Philosophen Epikur, dem schon Marx wichtige Teile seiner Dissertation gewidmet hatte, erklärt Horkheimer die »Bewährung« zum entscheidenden »Kriterium von Wissenschaft und Wahrheit« (Horkheimer 1992: 249): So wie sich die Leistung einer Ärztin an der Behandlung einer Krankheit zu bewähren habe, so stelle die Untersuchung gesellschaftlich verursachten Leids die Bewährungsprobe der philosophischen Reflexion dar. Dass diese Untersuchung sich nicht in der kühlen Diagnostik erschöpft, sondern – wie im Bereich der Medizin auch – auf die Überwindung des Leidens zu drängen habe, gilt ihm als unstrittig. Horkheimer stellt dies in einem Artikel, der wenige Jahre danach unter dem Titel »Die gesellschaftliche Funktion der Philosophie« erscheint, eigens heraus. Im Unterschied zu den Einzelwissenschaften, deren Erkenntnisproduktion nicht in jedem Fall ein übergeordnetes, den konkreten Anlass übersteigendes Ziel erkennen lässt, besitze die Philosophie ein solches. Sie sucht dort, wo nur Verhängnis und Schicksal zu walten scheinen, Spielräume der Freiheit aufzudecken. »Philosophie insistiert darauf, daß die Handlungen und Ziele der Menschen nicht das Produkt blinder Notwendigkeit sein müssen.« Aus diesem Grund unternimmt sie es, gerade jene Handlungsmuster zu erhellen, »die so tief eingewurzelt sind, daß sie natürlich, unveränderlich und ewig scheinen« (ebd.: 296f.).

Es ist eben dieser Gedanke der »Bewährung«, den Horkheimer auch in den Arbeiten John Deweys freilegt. Er lässt also in den 1930er und 1940er Jahren durchaus eine gewisse Sympathie für den pragmatistischen Wahrheitsbegriff erkennen, moniert allerdings bei dessen Vertretern eine problematische Neigung zu harmonisierenden Annahmen. Auch wenn es richtig ist, Theorie und Praxis als zwei Kräfte zu denken, die sich wechselseitig stimulieren, und überdies dem Begriff der Wahrheit mittels einer Praxis der Bewährung ein schärferes Profil zu verleihen, so ist für die meisten Vertreter des Pragmatismus eben doch charakteristisch, dass sie die gesellschaftlichen Auseinandersetzungen in ihrer Schärfe unterschätzen (vgl. Horkheimer 1992: 250ff.). Ohne über eine ausgearbeitete Gesellschaftstheorie zu verfügen, bleiben ihre erkenntnistheoretischen Überlegungen eigentümlich abstrakt und uninformiert über jene Konflikte, welche zwischen den Angehörigen unterschiedlicher sozialer Gruppen ausgetragen werden.

Eine Theorie, die sich »kritisch« nennt, muss daher nicht allein das Verhältnis von Theorie und Praxis neu bestimmen und die Entgegensetzung von Individuum und Gesellschaft überwinden; sie muss ferner auf Absicherungen geschichtsphilosophischer Art verzichten und in gut materialistischer Manier den Ausgang von der »Not der Gegenwart« (Horkheimer 1992: 190) nehmen. Ähnlich wie schon Marx davon gesprochen hatte, dass es alle gesellschaftlichen Verhältnisse zu überwinden gelte, die Menschen versklaven und ausbeuten (vgl. Marx 1971: 207–224), gilt als Prüfstein der Kritischen Theorie, »eine parteiische Welt kritisch zu durchleuchten« – und dies geleitet »von einem Interesse an der Emanzipation des Menschen« aus Verhältnissen, die seiner unwürdig sind (Freyenhagen 2017: 461). Den Ausgangspunkt von Horkheimers Überlegungen stellen also Leid und Elend des Einzelnen dar. Überwinden lassen sie sich freilich erst dann, wenn die Engführung auf das Individuum überschritten und dieses als Resultante der gesellschaftlichen Kräfteverhältnisse begriffen wird, mithin als Spielball einer kapitalistischen Wirtschaftsweise, die längst einer fatalen Eigendynamik folgt und sich zu verselbständigen droht (vgl. Horkheimer 1992: 221). Horkheimer macht nicht nur Anstrengungen, auf diesen Kontrollverlust zu reagieren; in Solidarität mit jenen, die ausgebeutet und unterdrückt werden, zielt er darauf ab, dass »seine Darstellung der gesellschaftlichen Widersprüche nicht allein als ein Ausdruck der konkreten historischen Situation, sondern ebenso sehr als stimulierender, verändernder Faktor in ihr erscheint« (ebd.: 232).

Bildungsfragen misst Horkheimer erst zu Beginn der 1950er Jahre eine zunehmend größere Bedeutung bei. Nachdem das Institut für Sozialforschung im Anschluss an die Machtergreifung der Nationalsozialisten wegen »staatsfeindlicher Tendenzen« geschlossen worden war, migrierte Horkheimer, wie die meisten seiner jüdischen Kollegen, in die USA und fand an der Columbia University eine neue Möglichkeit, das Institut anzusiedeln. Später zog er nach Kalifornien um – und kehrte erst 1950 wieder zurück nach Deutschland. Er nahm einen Ruf an die Goethe-Universität an, das Institut für Sozialforschung wurde wiedereröffnet und Horkheimer nur ein Jahr darauf zum Rektor der Universität gewählt. In dieser Funktion war er auch mit den Immatrikulationsreden betraut: Er begrüßte die neuen Studierenden und wandte sich bei dieser Gelegenheit der Idee der Universität zu, machte den Begriff der Bildung zum Gegenstand und sprach über Fragen des Hochschulstudiums. Obwohl diese Reden relativ stark reglementiert sind – die Zeit ist knapp, das Publikum heterogen, die Dramaturgie erwartbar –, ist doch auch hier die Handschrift des Kritischen Theoretikers erkennbar. Und dies in einer Konstellation, die nicht frei von Spannungen ist: Horkheimer, der Rückkehrer aus dem US-amerikanischen Exil, weiß sich von vielen skeptisch beobachtet und ist seinerseits voller Misstrauen gegenüber den Kollegen der Goethe-Universität, von denen sich – knapp zwei Jahrzehnte zuvor – kaum einer gegen die Vertreibung jüdischer Wissenschaftler und Intellektueller ausgesprochen oder gar aktiv Widerstand geleistet hatte (vgl. Demirović 1999: 124ff.).

So ist es nicht ohne eine gewisse Brisanz, als Horkheimer im Sommersemester 1952 im Rahmen der Immatrikulationsfeier seine Rede unter den Titel »Das akademische Studium« stellt. Im Wissen darum, dass viele seiner Kollegen sich den Nationalsozialisten angedient hatten, und skeptisch hinsichtlich deren Bereitschaft, die Shoah als tiefe Zäsur in der Menschheitsgeschichte zu betrachten, wendet er sich an die Studierenden – und adressiert diese als Vertreterinnen einer neuen Generation. Das Versagen der Institution Universität im Blick, beschreibt Horkheimer die Hochschule gleichwohl als einen Ort widerständiger Bildung. Augenscheinlich ist er mit Hoffnungen auf die Läuterung seiner Kollegen überaus zurückhaltend und knüpft seine Erwartungen stattdessen an die neue Generation. Und daran, dass sie die Universität wieder zu jenem Ort machen, »an dem die Erinnerung ans Menschliche bewahrt« wird (Horkheimer 1972: 159). Die wissenschaftliche Ausbildung, welche die jungen Menschen hier erhalten, soll sie eben nicht nur für ein Berufsfeld qualifizieren, sondern auch in den Stand versetzen, sich an der Neugestaltung der gesellschaftlichen Verhältnisse aktiv zu beteiligen. Die Verpflichtung auf das wissenschaftliche Ethos reicht daher sehr viel weiter; es soll zur Ausbildung eines demokratischen Habitus führen, der die Überwindung des *status quo* betreibt: »Indem Sie als Studenten aus freien Stücken es über sich bringen, der wissenschaftlichen Sache gerecht zu werden, ihr in alle Schattierungen zu folgen, als Forschende hingegeben und aufgeschlossen zu sein, bilden Sie sich zu denkenden, aktiven Menschen, die der Welt, wie sie ist, Widerstand leisten können.« (Ebd.: 160)

Es ist die Haltung eines »unnachgiebigen Denkens«, die Horkheimer hier eindrücklich herausstellt: Keine Autorität gilt unbefragt, kein Sachverhalt ist über jeden Zweifel erhaben. Vielmehr artikuliert sich in dem Verlangen nach Bildung der »Wille, seiner selbst mächtig zu werden, nicht abhängig zu sein von blinden Mächten« (ebd.). Und auch hier legt er Wert darauf, das Streben nach Bildung nicht als ein konkurrenzgesteuertes, individuell betriebenes Vorhaben zu fassen. Statt nur die eigenen Interessen zu verfolgen und die Perspektive der eigenen Disziplin zu vertreten, komme es darauf an, »über das eigene Fach hinauszublicken«, eine reflexive Wissenschaftspraxis einzuüben und sich nicht »stumpf zu machen gegen das Leiden der Menschen, am Ganzen teilzunehmen« (ebd.: 162). Solidarität und Anteilnahme macht Horkheimer also schon in seiner ersten Immatrikulationsrede zum Gegenstand und gibt dem Begriff der Bildung dadurch eine besondere Prägung.

Nur wenige Monate später, zu Beginn des Wintersemesters, begrüßt Horkheimer bereits eine neue Kohorte von Studierenden – und widmet seine Rede dem »Begriff der Bildung«. Diese Ausführungen stellen den in systematischer Hinsicht gewichtigsten Beitrag zu einer kritischen Neubestimmung des Begriffs dar. Nach einigen grundsätzlichen Ausführungen zur Schwierigkeit, den Gehalt eines Begriffs über eine präzise Definition oder die Kenntnis der Etymologie näher zu bestimmen, wendet er sich dem Bildungsbegriff zu und warnt davor, noch länger mit einer allenthalben beliebten Gegenüberstellung zu operieren: Statt einem angeblich korrumpierten Bildungsbegriff dessen unbeschädigtes Original entgegenzuhalten (und dieses damit von der Kritik auszunehmen), gelte es, die Tradition des Neuhumanismus darauf hin zu befragen, ob sie nicht Mitverantwortung dafür trägt, dass die Kräfte des Egoismus so viel stärker ausgeprägt scheinen als jene der Solidarität, weshalb der Rückfall in die Barbarei von den Bemühungen um Humanität nicht aufgehalten werden konnte. Horkheimer tritt also sieben Jahre nach Ende des Zweiten Weltkriegs allen Neigungen der Dämonisierung entgegen, spricht sich strikt dagegen aus, die Shoah als den Einbruch des Irrationalen zu betrachten – und wirft die Frage auf, ob nicht der Neuhumanismus mitverantwortlich sei für die Ausprägung eines Verständnisses von Bildung, das die Ausbildung von Kritikfähigkeit und Widerständigkeit nicht zu den wichtigsten Aufgaben gezählt habe.

Die »Barbarisierung der Menschheit« – so Horkheimers unbequeme These – ist nicht allein das Ergebnis unheilvoller Entwicklungen des 20. Jahrhunderts; sie kündigte sich »bereits im neunzehnten Jahrhundert« an (ebd.: 168). Die Verherrlichung des Individuums ging nicht nur mit der Vernachlässigung gesellschaftlicher Belange einher; sie führte zu einem Kult der Innerlichkeit, der die Individuen voneinander trennte und der Logik der Konkurrenz, die kapitalistische Gesellschaften kennzeichnet, nichts entgegenzusetzen hatte. Weil Bildung in der Tradition des Neuhumanismus meist als Privileg interpretiert wurde und sich nicht eben selten als Quelle von Herablassung und Geringschätzung anderen sozialen Gruppen gegenüber erwies, werde es zur dringlichen Aufgabe, »über den alten Bildungsbegriff [...] hinauszugehen« (ebd.).

Um nun die Möglichkeit eines Neuanfangs zu eröffnen, beschreitet Horkheimer einen interessanten Weg: Er trennt den deutschen Neuhumanismus in zwei unterschiedliche Traditionen auf und behauptet, dass eben nur einer der beiden Denkstile der Entfesselung der Konkurrenzverhältnisse durch die Verklärung des Individuums den Weg bereitet habe. Es ist genau jener, den ich in Kapitel drei bereits vorgestellt und erläutert habe:

> »Wenn Herder, Schiller, Humboldt und Schleiermacher auf der ihrer Periode angemessenen Verinnerlichung insistieren, hat das realistische Ingenium von Hegel und Goethe tiefer gesehen als die individualistischen Denker, deren Kult des Individuums auf das Ende substantieller Bildung und eben damit auf die Abschaffung des Individuums hinausläuft. Jene beiden haben gewußt, dass der Weg der Bildung einer der Entäußerung ist [...]. Gebildet wird man nicht durch das, was man ›aus sich selbst macht‹, sondern einzig in der Hingabe an die Sache, in der intellektuellen Arbeit sowohl wie in der ihrer selbst bewußten Praxis« (ebd.: 169).

Horkheimer verwirft also nicht die Bildungstheorie des Humanismus *in toto*; er kritisiert vielmehr eine bestimmte Tradition der Auslegung. Statt Bildung noch länger als individuellen Prozess der Selbstgestaltung zu denken, der – wenngleich ungewollt – die Logik der Konkurrenz immer weiter befördert, komme es darauf an, die Welt der Objekte angemessen zu berücksichtigen wie auch die Dimension des Sozialen. Bildung rückt dann als ein

Geschehen in den Blick, das nicht länger auf die Souveränität des Individuums verweist, sondern auf einen dialektischen Prozess, in dem sich ein Subjekt loslöst von dem, was ihm vertraut ist, um sich in der Folge dieser Erfahrung der Entfremdung wieder (und neu) zu finden. Hegel wird ihm dabei zum entscheidenden Gewährsmann, der in den Gymnasialreden seiner Nürnberger Zeit gezeigt hatte, dass die Entäußerung und die Befremdung des Eigenen unverzichtbare Elemente eines anspruchsvollen Bildungsprozesses sind (vgl. Hegel 2006).

Das Moment der Distanzierung von dem Eigenen, das Hegel zum Gegenstand macht, ist für Horkheimer nun in zweierlei Hinsicht von Bedeutung: Zum einen interpretiert er die selbstvergessene Hingabe an ein Objekt als Moment der Befreiung, als Bewegung der Überschreitung dessen, was bekannt und vertraut ist. Zum anderen kommt hierin die Zuwendung zur gesellschaftlichen Totalität zum Ausdruck: Das tätige Eingreifen in die Welt des Sozialen erscheint dann als aktive Übernahme von Verantwortung. Die bildende Selbstentäußerung nimmt daher Gestalt an in gesellschaftlichem Engagement und dem Interesse an der Einrichtung gerechter Verhältnisse; sie zeigt sich in dem Einsatz für die »Verbesserung und Durchbildung des gesellschaftlichen Ganzen« (Horkheimer 1972: 169). Und eben dies soll an der Frankfurter Universität neben der fachlichen Ausbildung praktisch eingeübt werden.

Obwohl diese Lesart des Neuhumanismus nicht unproblematisch ist – Humboldt und Schleiermacher lassen sich durchaus auch anders interpretieren, wie ich das weiter oben zu zeigen versucht habe –, betreibt Horkheimer die Auseinandersetzung mit den unterschiedlichen Traditionen des Neuhumanismus nicht weiter. Stattdessen wendet er sich in seinen weiteren Reden der realen Verfasstheit der Universitäten zu: Ohne die Hochschulen verklären und ohne den zunehmenden Einfluss von Administration und Ökonomie bagatellisieren zu wollen, sucht er die Eigenlogik der wissenschaftlichen Praxis augenscheinlich als eine »Heterotopie« (Foucault) zu interpretieren. Hier, in der Forschung, spielen das Studium von Gesetzmäßigkeiten und die Bemühung, diese zu überwinden, ineinander; hier treffen der Rigorismus der Methode und das freie Spiel der Einbildungskraft in produktiver Weise aufeinander. Die Universität erweist sich daher, so Horkheimers Hoffnung, als jene Einrichtung, welche die Einübung eines demokratischen und kritischen Habitus wenn nicht erzwingt, so doch mindestens begünstigt: Der Student »sollte die Vereinigung von kritischer Prüfung der Tatsachen und produktiver Phantasie einüben, von Behutsamkeit und Scharfsichtigkeit, Liberalität und Einbildungskraft, die man eben nirgends so wie im richtigen wissenschaftlichen Studium lernen kann« (ebd.: 198).

Theodor W. Adorno geißelt die Halbbildung

Im Unterschied zu Max Horkheimer, dessen bevorzugte Gattung der wissenschaftliche Aufsatz war, schätzte Theodor W. Adorno auch die Monografie. Nachdem sie 1947 gemeinsam die *Dialektik der Aufklärung* publiziert hatten (Horkheimer/Adorno 1988), legte er in rascher Folge eine Reihe gewichtiger Studien vor. Aber auch Adorno, acht Jahre jünger und thematisch deutlich breiter interessiert als Horkheimer, betrachtete seine Beiträge zur Debatte um den Bildungsbegriff wohl eher als Gelegenheitsarbeiten. Nachdem er in den 1950er Jahren zahlreiche Arbeiten zur Kulturkritik sowie zur Musik- und Literaturtheorie vorgelegt hatte, publizierte er zu Ende dieser Dekade seine »Theorie der Halbbildung« (Adorno 1990). Ergänzt wurde diese knapp dreißigseitige dichte systematische Studie durch eine Reihe von Vorträgen, die er im öffentlichen Rundfunk hielt, sowie durch Streitgespräche, die er mit Hellmut Becker, dem Direktor des Instituts für Bildungsforschung in der Max-Planck-Gesellschaft in Berlin, führte. Diese Beiträge erschienen 1971, zwei Jahre nach dem Tod Adornos, unter dem Titel »Erziehung zur Mündigkeit« (Adorno 1971) in einer Taschenbuchausgabe und trafen schnell auf großes Interesse auch jenseits der *scientific community*. Eine Ursache dafür mag sein, dass diese Textsammlung ungleich zugänglicher war als seine zumeist sehr voraussetzungsvollen philosophischen und ästhetischen Studien. Hier, in den Rundfunkbeiträgen und Interviews, die um Fragen der Bildung und der Erziehung, des Lehrberufs und der Aufarbeitung der Vergangenheit kreisten, wurde der Philosoph, der größten Wert auf Präzision legte und in Fragen des Stils eine bemerkenswerte Kompromisslosigkeit erkennen ließ, zum Aufklärer, der sich an eine breite Öffentlichkeit wandte (vgl. Sesink 2016).

Hatte Horkheimer zu Beginn der 1950er Jahre in der Universität immerhin noch einen jener Orte ausfindig zu machen versucht, welche die Ausbildung einer kritischen, um Eigenständigkeit ringenden Haltung ermöglichen, ist Adorno in dieser Frage ungleich skeptischer. Er zeichnet ein Bild der Gesellschaft, das kaum noch Freiräume der Reflexion zu kennen scheint: Die »Allherrschaft des Tauschprinzips« ist ungebrochen und keine Kraft zu erkennen, welche sich der »Entmenschlichung durch den kapitalistischen Produktionsprozeß« entgegenstellen würde (Adorno 1990: 104, 99). Der Austausch von Waren ist längst nicht mehr auf den Bereich der Ökonomie beschränkt, seine Logik hat alle anderen Sphären des Sozialen infiziert. Und doch opponiert die große Mehrheit der Ausgebeuteten eben nicht. Sie leidet nicht einmal – so legt es Adorno nahe – an der eigenen Ohnmacht; sie gibt sich stattdessen den unterschiedlichen Formaten der Kulturindustrie hin, die Horkheimer und Adorno in einem Kapitel der *Dialektik der Aufklärung* (1988) untersucht hatten.

Die Pervertierung des Bildungsbegriffs ist nun daran zu erkennen, dass es gerade kulturelle Zeugnisse sind, die zu diesem Zweck eingesetzt werden: »Subjektiv, dem Bewußtsein nach, werden, wie längst in Amerika, die sozialen Grenzen immer mehr verflüssigt. Die Massen werden durch zahllose Kanäle mit Bildungsgütern beliefert. Diese helfen als neutralisierte, versteinerte die bei der Stange zu halten, für die nichts zu hoch und teuer sei.« (Adorno 1990: 100) Der Bereich der Bildung wird von Adorno daher nicht als Ort des Widerstands und der Emanzipation betrachtet; vielmehr ist er längst zu einem Element der herrschenden Ideologie geworden. Die Rede von Bildung und der Appell an eine von Autonomie geprägte Lebensführung drohen vielmehr selbst ideologisch zu werden, wenn die gesellschaftlichen Verhältnisse dies nicht zulassen – oder es nur einer kleinen, privilegierten Elite gewähren.

Damit wird zugleich deutlich, wie eng Adorno die Verwirklichung von Bildung an gesellschaftliche Voraussetzungen knüpft. Bildung benötigt »Schutz vorm Andrängen der Außenwelt«; sie ist angewiesen auf »eine gewisse Schonung des Einzelsubjekts, vielleicht sogar die Lückenhaftigkeit der Vergesellschaftung« (ebd.: 106). Ebendies aber lasse sich in den zeitgenössischen, kapitalistischen Gesellschaften kaum noch beobachten. In einer Gesellschaft, die von Konkurrenz- und Konformitätsdruck, von Ideologie und Heteronomie, von Ausbeutung und Manipulation geprägt ist, erweise sich die Hoffnung auf solche »Lücken der Vergesellschaftung« zunehmend als trügerisch. Bildung, die Adorno – durchaus im Einklang mit der humanistischen Tradition – als »Kultur nach der Seite ihrer subjektiven Zueignung« (ebd.: 94) interpretiert, lasse sich daher kaum noch identifizieren. Weil schon die Rede von ihr in der Gefahr steht, ideologische Muster zu bedienen, wählt Adorno den Weg der indirekten Bestimmung: Er grenzt Bildung von Halbbildung und Unbildung ab. Erst in der Kritik der Halbbildung soll das aufscheinen, was einmal – so der Blick zurück, der nicht frei von Nostalgie ist – Bildung genannt wurde.

In dieser Typologie von Bildungsbegriffen lässt sich jener der Unbildung am leichtesten bestimmen. Mit ihr ist ein Zustand bezeichnet, der von keiner ideologischen Verhärtung gekennzeichnet ist; Unbildung verweist schlicht auf einen Mangel an Wissen und ein Weltverhältnis, für das ein geringer Grad an Reflexivität charakteristisch ist. Dieser Zustand kann durch geeignete Maßnahmen leicht »zum kritischen Bewußtsein gesteigert« werden (ebd.: 105). Der Ungebildete steht dem Gebildeten daher gerade nicht in einem Oppositionsverhältnis gegenüber, sondern kann sich diesem – hinreichend viel Zeit und Energie vorausgesetzt – durchaus annähern. Anders ist dies beim Halbgebildeten: Er ist der Gegenbegriff zum Gebildeten und er ist es, der das kulturelle Geschehen prägt. In einer leidlich aufgeklärten Welt leidet er unter der »Bilderlosigkeit des Daseins« (ebd.: 107) und kompensiert diese mit Elementen des Wissens, die in ihrer Gesamtheit keine stimmige Ordnung erkennen lassen. Weit davon entfernt, anspruchsvolle Erfahrungen zu machen, sucht er Zuflucht bei den Angeboten der Populärkultur und schätzt die Zerstreuung, statt sich auf ästhetische Zeugnisse einzulassen und sich mit ihnen eingehend zu befassen. Er meidet die ernsthafte Auseinandersetzung und macht sich unempfänglich für Erfahrungen, die geeignet wären, sein Selbst- und Weltverhältnis ernsthaft auf die Probe zu stellen. »Das Halbverstandene und Halberfahrene« gilt Adorno daher auch nicht als »die Vorstufe der Bildung«, sondern als ihr »Todfeind« (ebd.: 111). Dabei besitzt der Ungebildete durchaus ein Gespür für das, was ihm vorenthalten wird; aber er vermag diesen Mangel nicht zu artikulieren oder gar zu adressieren, stattdessen erweist er sich für die Politik des Ressentiments als überaus empfänglich. Und so lauert unter der »Oberfläche des herrschenden Konformismus« denn auch »das destruktive Potential der Halbbildung« (ebd.: 116), das jederzeit aktiviert werden kann.[12]

Mit der Bestimmung dieser beiden Typen wird nun auch deutlich, weshalb Bildung auf den »Schuldzusammenhang des Privilegs« (ebd.: 107) verweist: Die Muße, um sich ernsthaft mit anspruchsvollen ästhetischen Zeugnissen zu befassen – Adorno denkt dabei etwa an den großen Romanzyklus von Marcel Proust oder die Musik von Alban Berg –, besitzen zumeist nur jene, die auch über hinreichend viel ökonomisches und kulturelles Kapital verfügen. Dass sich auch weniger Privilegierte zusammentun, um sich Werke der Kunst oder der Literatur gemeinsam zu erarbeiten – und zu diesem Zweck auch jene Zeit verwenden, die sie eigentlich für Schlaf und Regeneration benötigen –, scheint ausgeschlossen. Bemühungen, das Bildungsprivileg zu brechen, wie es der Schriftsteller Peter Weiss in seiner *Ästhetik des Widerstands* (2016) auf sehr eindrückliche Weise schildert oder der Philosoph Jacques Rancière in seiner Studie *Die Nacht der Proletarier* (2013) detailgenau nachzeichnet, vermag Adorno nirgends zu erkennen. Er hält zwar fest, dass »in der Idee der Bildung notwendig die eines Zustands der Menschheit ohne Status und Übervorteilung postuliert« (Adorno 1990: 97) wird, lässt aber jedes Gespür für Entwicklungen vermissen, die deren Realisierung begünstigen könnten. Adorno, der Hegel fraglos sehr viel verdankt, erweist sich daher in seinen Beiträgen zur Bildungstheorie als wenig dialektischer Denker. Weder die Weiterentwicklung der Technik noch die Erhöhung des Lebensstandards gelten ihm als Indikatoren für eine Veränderung der gesellschaftlichen Verhältnisse, welche Emanzipationsprozesse wahrscheinlicher machen könnten. Ihm entgeht durchaus nicht, dass in der Folge nun auch neue gesellschaftliche Schichten gewisse Bildungsambitionen erkennen lassen, aber ihm wird dies nicht zum Anlass von Hoffnung. Die zynische Attitüde seines soziologischen Kollegen Helmut Schelsky, der sich Mitte der 1950er Jahre unverhohlen dafür ausgesprochen hatte, die bedrohlichen Aufstiegsambitionen der Mittelschichten durch wiederholte Erfahrungen des Scheiterns systematisch zu brechen (vgl. Rieger-Ladich 2018a), ist ihm zwar völlig fremd, aber auch Adorno scheint den Bemühungen um die Demokratisierung von Bildung nicht eben sehr viel abgewinnen zu können: »Frisch-fröhliche Verbreitung von Bildung unter den herrschenden Bedingungen ist unmittelbar eins mit ihrer Vernichtung.« (Adorno 1990: 110)

So richtig sein Hinweis darauf ist, dass isolierte Bemühungen schnell an ihre Grenzen stoßen, so unbefriedigend ist doch Adornos Versuch, einen Weg aus dem Verhängnis wenigstens anzudeuten. Und so lassen sich seine Rundfunkbeiträge aus den 1960er Jahren vielleicht auch als gezielter Registerwechsel interpretieren: Im Wissen um den aporetischen Charakter seiner Überlegungen zum Verhältnis von Bildung und Unbildung bemüht er sich um einen neuerlichen Antwortversuch. Gemeinsam ist seinen Beiträgen, dass sie dazu auffordern, alle pädagogischen Bemühungen vor dem Hintergrund der Shoah in den Blick zu nehmen. Sämtliche Überlegungen zu Bildung und Erziehung müssten von hier aus ihren Ausgang nehmen; der gleichsam »kategorische Imperativ« des pädagogischen Feldes müsse daher lauten, dass sich Auschwitz nicht wiederhole. Von dieser zentralen Forderung her gilt es, alle weiteren theoretischen Erörterungen wie auch praktischen Maßnahmen zu begründen. Dabei kristallisiert sich als neues Erziehungsziel jenes der Mündigkeit heraus: Von Immanuel Kant in dessen Aufklärungsschrift geprägt und popularisiert, wird Adorno dieser Begriff nun zu jenem Ziel, das für demokratisch verfasste Gesellschaften dringend geboten ist – und das geeignet sein könnte, den neuerlichen Rückfall in die Barbarei zu verhindern. Mit Mündigkeit, auf die pluralistisch verfasste, demokratisch organisierte Gesellschaften zwingend angewiesen sind, wird an die Unabhängigkeit und Urteilsfähigkeit eines Subjekts erinnert, das fremden Autoritäten die Anerkennung strikt verweigert. Freilich – auch hier kehrt das Problem wieder, das Adorno schon beim Bildungsbegriff identifiziert hatte. So leicht die Rede von Bildung ideologisch zu werden droht, wenn die realen Möglichkeiten zu ihrer Realisierung entzogen werden, so groß ist die Gefahr, dass unter den gegebenen Bedingungen auch die Rede von Mündigkeit weitgehend folgenlos bleibt: »Wenn man das Wort ›Mündigkeit‹ nicht in einem phrasenhaften Sinn und selber genau so hohl verwenden will, wie die anderen Herrschaften der Mündigkeit gegenüber von Bindungen reden, dann muß man wohl zunächst einmal wirklich die unbeschreiblichen Schwierigkeiten sehen, die in dieser Einrichtung der Welt der Mündigkeit entgegenstehen.« (Adorno 1971: 144)

Heinz-Joachim Heydorn vertraut auf die Dialektik

Das Verhältnis der Arbeiten Heinz-Joachim Heydorns zu jenen Adornos ist durch die Gleichzeitigkeit von Nähe und Distanz gekennzeichnet. Der Erziehungswissenschaftler, der zu Beginn der 1960er Jahre an die Goethe-Universität wechselt und über fast ein Jahrzehnt hinweg zum Kollegen des prominenten Philosophen wurde, ist ebenfalls ein dialektisch geschulter Denker. In einer großbürgerlichen Familie in Hamburg aufgewachsen, hatte er schon als Schüler Vorlesungen bei Ernst Cassirer gehört und sich bald danach in das Studium von Philosophie, Sinologie und Anglistik vertieft. Schon früh engagierte er sich politisch, zählte zu den Mitbegründern des Sozialistischen Deutschen Studentenbunds (SDS) (vgl. Benner/Brüggen/Göstemeyer 1982). Auch Heydorn hat sich intensiv mit Hegel und Marx befasst, greift auf ähnliche Theoreme wie Adorno zurück und ist wie dieser mit allen Positionen des »abendländischen Denkens« auf das Intimste vertraut. Und doch ist es unverkennbar, dass Heydorn aus den gleichen Befunden und Analysen ganz andere Schlüsse zieht. Wo jener nur ein Verhängnis zu erkennen vermag, sieht dieser immer noch Anlass zur Hoffnung. Werner Sesink hat dies knapp und bündig formuliert: »Adorno stellte noch in der Opposition zum Bestehenden, in dessen Kritik, sogar im Widerstand das Affirmative heraus; Heydorn dagegen noch in den scheinbar fest gefügten Herrschaftsverhältnissen die Risse und Brüche.« (Sesink 2016: 100)

Auch Heydorn sieht also die gesellschaftlichen Verhältnisse von zahlreichen Widersprüchen gekennzeichnet. Und er teilt darüber hinaus den Befund, dass sich die Bildungseinrichtungen in der Vergangenheit nur allzu selten als Keimzellen einer kritischen Haltung erwiesen haben. Im Unterschied zu Adorno allerdings verbietet er es sich gleichsam, daraus nun Schlüsse für die zukünftige Entwicklung zu ziehen. Heydorn ist in dieser Hinsicht in gewisser Weise strenger als sein Frankfurter Kollege – und argumentiert strikt dialektisch[13]; er befragt, in dieser Hinsicht Marx näher als Hegel, die Zeugnisse der Geistesgeschichte wie auch der realen gesellschaftlichen Konflikte auf Zeichen hin, die emanzipatorische Bestrebungen erkennen lassen. Es ist diese besondere Haltung, die Heydorns Texte charakterisiert: Von der Hoffnung geprägt, Kräfte und Bewegungen zu identifizieren, die sich für eine bessere Einrichtung der menschlichen Verhältnisse einsetzen, wendet er sich nicht nur den Auseinandersetzungen seiner Zeit zu, sondern auch noch den längst vergangenen Kämpfen, die um die Realisierung von Gleichheit und Gerechtigkeit ausgetragen wurden. Diese Kämpfe sind nicht einfach »verloren«, vielmehr lassen sie sich als wertvolle Zeugnisse des Ringens um ein menschenwürdiges Leben interpretieren. In diesen Kämpfen sind, so Heydorns Überzeugung, wichtige Einsichten dokumentiert, die es zu erinnern gilt, wenn es darum geht, die Erde in Zukunft zu einem bewohnbaren Platz für alle zu machen. Er steht in dieser Hinsicht Walter Benjamins messianischem Denken näher als Adornos unerbittlicher Negativität.[14]

Aus diesem Grund geschieht die Zuwendung zu den historischen Quellen so wenig um ihrer selbst willen wie der Gang ins Archiv. Heydorn begreift die Gegenwart als das Ergebnis des Ringens widerstreitender Kräfte und sucht diese nicht bloß freizulegen; er versucht ihre entscheidenden Konfliktlinien zu verstehen – und befragt vor diesem Hintergrund wichtige Vertreter der Tradition. In der Hoffnung, hier Antworten auf zeitgenössische Fragen und Probleme zu finden, wendet er sich in seiner Studie *Über den Widerspruch von Bildung und Herrschaft* (1970) Texten von Sokrates, Johann Amos Comenius, Hegel und Marx, Wilhelm von Humboldt und Schleiermacher zu. Die Dringlichkeit, mit der er dies tut, kommt in einem kurzen Artikel zu Humboldt, in dem er »Abstand und Nähe« zu diesem bemisst, exemplarisch zum Ausdruck: »Was kann uns gegenwärtig, in unserer konkreten Existenz, Humboldt noch sein, welche Aspekte seines Werkes sind unverloren oder können von uns in einen neuen Zusammenhang gesetzt werden, wie vermag er uns noch zu helfen, uns selbst über ein menschenwürdiges Leben zu begreifen?« (Heydorn 1995c: 117 f.)

Hier, am Beispiel Humboldts, lässt sich auch zeigen, wie originell diese Form der Befragung ist: Mit Blick auf dessen theoretische Schriften rekonstruiert Heydorn die bildungstheoretischen Überlegungen Humboldts und präpariert dann eine Frage heraus, die das Zugleich von philologischer Textarbeit und politischer Reflexion zu erkennen gibt. Heydorn attestiert Humboldt, dass er einen sehr präzisen Blick für jene gesellschaftlichen Kräfte besessen habe, welche das Individuum in seiner Entfaltung beeinträchtigen und nicht eben selten auch unterdrücken. Der Verfasser des berühmten Fragments über Bildung, der später für kurze Zeit als Bildungspolitiker praktisch tätig wurde, weiß darum – aber er willigt nicht ein und wird eben dadurch für Heydorn zum wichtigen Gesprächspartner. Die »Humboldtsche Frage«, so hält er fest, »richtet sich ausschließlich auf die Differenz, die übrigbleibt, auf das, was der Mensch noch ist, wenn man die Summe seiner Determinationen abzieht«. Und er trägt nach: »Dies ist so aktuell, daß es keine andere Fragestellung gibt, die für unsere Gegenwart bedeutsamer wäre, doch ist dieser Gesichtspunkt im überlieferten Humboldtbild gänzlich verdunkelt worden.« (Ebd.: 125) Damit wird zugleich deutlich, dass dieses »Gespräch« nicht direkt geführt werden kann; es sind hermeneutische Anstrengungen notwendig, damit die Texte der Tradition die Gegenwart erhellen und diese gleichsam »unter Strom« setzen. Werden diese von ihrer Patina befreit und von den konventionellen Lesarten, zeigen sie sich in einem neuen Licht: Johann Amos Comenius erweist sich dann als »Vorkämpfer der klassenlosen Gesellschaft«, Wilhelm von Humboldt wird zum Denker der Freiheit und der frühe Marx zum Theoretiker der Emanzipation, der den »Klassencharakter der Bildung« kritisiert.

Der wichtigste Ertrag von Heydorns weit ausschweifendem und doch sehr intensivem Quellenstudium besteht in dem Nachweis, dass auch noch den kapitalistischen Gesellschaften der Gegenwart ein dialektisches Moment innewohnt, das diese gleichsam über sich hinaustreibt. Anders als Adorno begrüßt er die technologische Entwicklung daher uneingeschränkt: Obwohl er in der Geschichte der Bildungstheorie, die er mit der griechischen Antike beginnen lässt und bis hin zu Marx als Fortschrittsgeschichte im Bewusstsein der Freiheit interpretiert, auch Perioden des Verfalls ausmacht, gilt ihm die gesellschaftliche Ausdifferenzierung dennoch als Garant für die Freisetzung eines höheren Grades an Rationalität. In der Folge dieser Entwicklung komme es dazu, dass Bildung – und das eben auch gegen die Interessen der herrschenden Kräfte – die ihr innewohnenden emanzipatorischen Kräfte freisetzt. Was zunächst paradox klingt, lässt sich im Rückgriff auf dialektische Denkfiguren plausibel erklären. Ohne die Schule zu verklären, wird sie doch zur Keimzelle emanzipatorischer Prozesse. Und dies allein aufgrund der Eigengesetzlichkeit fortgeschrittener Gesellschaften: Die unterschiedlichen Konkurrenzverhältnisse, in denen sie sich befinden, wie auch die gestiegenen Anforderungen im Bereich der Ökonomie zwingen sie dazu, in den Ausbau der Bildungseinrichtungen zu investieren – und damit ein Moment der Reflexivität freizusetzen, das sich in der Folge kaum noch kontrollieren lässt. Es ist daher die eigentümliche »List der Vernunft«, die dazu führt, dass gerade hoch entwickelte kapitalistische Gesellschaften ihre Kritiker zu nähren gezwungen sind:

»Die Gesellschaft, die sich über Bildung fortsetzen möchte, muß sich zugleich über sie in Frage stellen [...]. Obgleich den wachsenden Bildungsanforderungen auf eine Weise Genüge getan werden soll, die die Tabus der Gesellschaft, die Paralysierung des Bewußtseins unberührt lassen, ist eben dies der Sache nach schwer zu leisten. Die Differenzierung der rationalen, der analytischen Fähigkeiten, wie sie das technische Instrumentarium erfordert, läuft Gefahr, ihren partiellen Charakter zu überwinden, auch nur an einem Objekt die latente Spannung, den Riß zu entdecken, das menschliche Gesicht im Spiegel, und damit ein irreparables Ereignis hervorzurufen.« (Heydorn 1995d: 49)

Somit ist es nicht alleine die allgemeine Bildung, die hier ihre Sprengkraft zeigt, es ist auch die naturwissenschaftliche Bildung, die über die Ausbildung formaler Fähigkeiten das Reflexionsvermögen schult – und damit einen Unruheherd entzündet, der zum Feind der bestehenden Ordnung werden kann. Selbst die Schule, die doch traditionell zu den Kräften der Beharrung gezählt werden muss (vgl. Bernfeld 2000), ist nach Heydorn daher »mehr als ein Reflex des Bestehenden« und kann zum Auslöser von Protestbewegungen werden: »Das Instrument, dem wir unterworfen werden, ist auch das Instrument, das uns frei machen kann.« (zit. n. Sesink 2016: 105)

Doch trotz der großen Hoffnungen, die Heydorn an die emanzipatorischen Bewegungen und die Macht der Dialektik knüpft, bleibt es letztlich ungewiss, wie das Ringen zwischen den fortschrittlichen Kräften und jenen der Beharrung ausgeht. Bildung, die er als »›educatio‹« – und damit als »Exodus aus dem Verhängtsein« (Heydorn 1995a: 285) – interpretiert, mithin als Bewegung der Überschreitung, kennt keinerlei Garantien des Gelingens. Die Möglichkeit des Scheiterns bleibt stets präsent; sie wird von ihm nicht tabuisiert (vgl. Grabau 2016). Auch aus diesem Grund muss der Blick für die aktuellen Kräfteverhältnisse immer wieder neu geschärft werden, sind die Konfliktlinien zu studieren und ist Ausschau zu halten nach möglichen Bündnispartnern.

In dieser Hinsicht unterscheiden sich Adorno und Heydorn am stärksten voneinander. Die Differenzen zwischen ihren bildungstheoretischen Überlegungen sind also weniger inhaltlicher Art: Sie kommen in ihren gesellschaftstheoretischen Analysen zu ganz ähnlichen Schlüssen, messen Bildungsprozessen eine vergleichbare hohe Bedeutung bei, unterscheiden sich jedoch auf markante Weise in ihrer Haltung: Während Heydorn dazu neigt, die Gegenwart als Übergang zu einer besseren Zukunft zu interpretieren, und zu diesem Zweck sein bildungspolitisches Engagement noch weiter intensiviert, interpretiert Adorno diese eher als Beleg für eine Verfallsgeschichte, die sich augenscheinlich kaum aufhalten lässt (vgl. Adorno 1975: 400).

Ein Grund für diese gegensätzlichen Haltungen mag in beider ganz unterschiedlichen biografischen Erfahrungen liegen. Adorno – Jude wie auch Horkheimer, Benjamin und Kracauer – floh erst spät vor den Nationalsozialisten und konnte lange Zeit nicht glauben, dass ihm und seinen Kollegen tatsächlich nach dem Leben getrachtet wird. Er war von dem systematisch betriebenen Genozid an den europäischen Juden augenscheinlich so schockiert, in seinen Grundüberzeugungen so fundamental getroffen, dass er sämtliche Hoffnung auf einen grundlegenden Neubeginn einbüßte.[15] Vollkommen anders erlebte Heydorn die Gewaltherrschaft der Nationalsozialisten und die Nachkriegszeit: Er zählte zum Volk der Täter, wurde in den NS-Arbeits- und Wehrdienst eingezogen, desertierte 1944, wurde in Abwesenheit von einem Kriegsgericht zum Tode verurteilt. Nach Kriegsende kehrte er nach Deutschland zurück und setzte sich für einen demokratischen Neuaufbruch ein; er engagierte sich in der Lehrerbildung, war in den Sozialen Bewegungen aktiv, arbeitete eine herrschaftskritische Bildungstheorie aus. Und entschied sich mit der Erziehungswissenschaft für eine Disziplin, die in Bildung und Erziehung soziale Praktiken erkennt, die in den Dienst der Beförderung von Emanzipation und Mündigkeit gestellt werden können.

In seiner letzten Monografie, die er der *Neufassung des Bildungsbegriffs* widmet und die 1972, zwei Jahre vor seinem Tod, erscheint – Heydorn wird nicht einmal sechzig Jahre alt –, erhält denn auch der Begriff der Mündigkeit ein deutlich größeres Gewicht als zuvor. Diese ist ihm deshalb so bedeutsam, weil sie an das »Versprechen« erinnert, das sich die Menschheit selbst gegeben hat, das freilich noch »nicht eingelöst« wurde: »Der Mensch ist ein Wesen des Aufstiegs, sein Aufstieg ist die Befreiung vom Mythos, der ihn gefangen hält. Mündigkeit ist die Selbstfindung des Menschen, der Prozeß seiner Habhaftwerdung, seines wahren Bewußtseins von sich selber.« (Heydorn 1995d: 97) Die Menschheitsgeschichte, die von Heydorn als ein sich lang erstreckender Emanzipationsprozess interpretiert wird, kennt daher Mündigkeit als ihr übergeordnetes Ziel. Wichtig ist freilich, darauf hinzuweisen, dass es hier nicht um die bürgerliche Variante von Mündigkeit geht – die Selbstverfügung des einzelnen Individuums –, sondern um kollektive Mündigkeit.

Es ist wohl dieser besonderen Konstellation geschuldet – Bildung als Emanzipationsgeschehen zu interpretieren, das in der kollektiven Mündigkeit kulminiert, ohne doch auf eine geschichtsphilosophische Absicherung vertrauen zu können (vgl. Grabau 2016) –, die Heydorn in seinen späteren Schriften dazu führt, den Lehrberuf auf eine nicht unproblematische Weise aufzuwerten. Und dies, obwohl er Ende der 1960er Jahre ausdrücklich davor gewarnt hatte, an die Vertreterinnen dieser Profession besondere Ansprüche zu stellen: Der Beruf des Lehrers sei ein »Massenberuf wie jeder andere«, hielt er fest, und jenen, die ihn ausübten, hohe moralische Standards zu unterstellen, »Heuchelei« (Heydorn 1995d: 92). Gleichwohl werden die Lehrer an anderen Stellen auf bisweilen groteske Weise erhöht und mit einer historischen Mission betraut. Der einzelne Lehrer wird ihm nun zum Befreiungshelfer; er führt jene, die ihm anvertraut sind, aus dem Verhängnis: Er »tritt in die vorderste Reihe des Kampfes um Befreiung. [...] Erst mit der vollendeten Herrschaft der totgeschlagenen Materie über den Menschen gewinnt der Lehrer seinen anfänglichen Auftrag zurück: Er artikuliert das Bewußtsein, hilft ihm aus der Ohnmacht, er wird zum Führer durch das verdorrte Land.« (Heydorn 1970: 284)

Nimmt man nun die unterschiedlichen Beiträge zu einer kritischen Bildungstheorie in den Blick, fällt auf, dass für alle hier vorgestellten Vertreter der systematisch betriebene Massenmord, für den Auschwitz längst zur Chiffre geworden ist, hoch bedeutsam ist. Max Horkheimer, Theodor W. Adorno und Heinz-Joachim Heydorn reagieren auf den Zivilisationsbruch und verpflichten die pädagogische Reflexion darauf. Bildung wird in den 1960er und 1970er Jahren auch von ihnen nicht länger als ein Projekt der individuellen Vervollkommnung betrachtet, sondern als eine widerständige Praxis, die Herrschaftszusammenhänge zu überwinden unternimmt und dabei Teil eines kollektiven Emanzipationsprozesses wird. Gemeinsam ist den drei Theoretikern weiterhin, dass auch sie sich noch an jenen Autoren orientieren, die gemeinhin als »klassisch« bezeichnet werden. Sie brechen also nicht mit der Tradition – stehen aber vor der besonderen Herausforderung, die kanonischen Texte gleichsam »neu« zu lesen. Humboldt und Schleiermacher, Fichte und Hegel sind auch noch für ihre Versuche, eine »Neufassung des Bildungsbegriffs« (Heydorn) zu prägen, überaus wichtige Referenzen. Nur gilt es, diese neu anzueignen.

Charakteristisch ist ferner, dass sie auch nicht auf Distanz gehen zu dem, was landläufig eine klassische Bildung genannt wird. Sie waren ausgewiesene Kenner der abendländischen Kultur, schätzten die alten Sprachen – und widersprachen allen Versuchen, die damit gesetzten hohen Standards aufzuweichen, auf das Heftigste. Sie wussten also durchaus um den »Schuldzusammenhang des Privilegs« (Adorno), verteidigten aber das Gymnasium. Insbesondere mit Blick auf Heydorn, der – im Unterschied zu seinen beiden Frankfurter Kollegen – die Nähe zur Studierendenbewegung suchte, führte es zu großen Irritationen, als dieser die Gemeinschaftsschule, über deren Einführung zu Beginn der 1970er Jahre heftig diskutiert wurde, scharf kritisierte.

Die größten Unterschiede betreffen die Haltungen der Theoretiker und die Gestimmtheit der Texte. Adorno knüpft erkennbar die geringsten Hoffnungen an eine Neufassung des Bildungsbegriffs: Er geißelt die unterschiedlichen Spielarten der »Halbbildung« kaum weniger als den pädagogischen Jargon, der in der Gefahr steht, auf der Ebene der Semantik eine Mündigkeit zu behaupten, die von den gesellschaftlichen Strukturen fortwährend unterlaufen wird. Horkheimer knüpft in seinen Beiträgen an den Bildungsbegriff des Neuhumanismus an – und stilisiert dabei die Gruppe der Studierenden zu den Hoffnungsträgern, welche die überkommene Ordnung zu überschreiten bestimmt sind. Heydorn spricht am emphatischsten von Bildung: Sie gilt ihm als Synonym für ein Emanzipationsgeschehen, das keine Garantien kennt – und daher die Bündelung aller Kräfte rechtfertigt. Dies schlägt sich auch in der rhetorischen Qualität seiner Texte nieder: Sie setzen zwar in erster Linie auf die Kraft des Arguments, aber lassen doch auch eine besondere Form der Adressierung erkennen. Ihr Verfasser hofft augenscheinlich nicht nur auf die Lehrerschaft, die er in der Nachfolge von Moses sieht, sondern auch auf die Leserinnen seiner Texte. Sein Schreiben muss daher eine affektive Qualität besitzen und Leidenschaften für die gerechte Sache entfachen.

6. Distinktion und Reproduktion, Eigensinn und Widerstand

Obwohl schon Adorno von dem »Schuldzusammenhang des Privilegs« gesprochen hatte, wurde die Rolle, die Bildungseinrichtungen bei der Reproduktion sozialer Ungleichheit spielen, von ihm doch nie systematisch erforscht. Genau dieses Interesse kennzeichnet nun zwei Theorieprojekte, die sich in vielerlei Hinsicht ähneln – und die sich doch deutlich voneinander unterscheiden. Der Soziologe Pierre Bourdieu hat, beginnend in den 1960er Jahren, wichtige Studien zum französischen Bildungssystem vorgelegt, die bis heute auch im deutschsprachigen Raum intensiv diskutiert werden (vgl. Bourdieu 2018). Etwas früher, Mitte der 1950er Jahre, also zu jener Zeit, in der sich auch Horkheimer und Adorno mit Bildungsfragen befassen, entsteht in Großbritannien ein Forschungszusammenhang, der schon bald unter dem Namen *Cultural Studies* firmiert. Das Centre for Contemporary Cultural Studies (CCCS), 1964 gegründet und an der University of Birmingham beheimatet, wird dabei zur Keimzelle einer machttheoretisch informierten Erforschung kultureller Praktiken (vgl. Lindner 2000). Der Literaturwissenschaftler Richard Hoggart fungierte als erster Direktor; abgelöst wurde er, nach nur wenigen Jahren, von Stuart Hall, der in den 1990er Jahren zu einem der bekanntesten britischen Intellektuellen wurde. Kaum weniger einflussreich sind bis heute die Arbeiten von Raymond Williams, dessen früher Text »Culture is ordinary« (Williams 1989) als eine der Gründungsurkunden der *Cultural Studies* gelten kann.

Diesen unterschiedlichen Theoretikern ist eine Erfahrung gemeinsam, die ihrer akademischen Karriere eine besondere Prägung verleiht: Sie sind Bildungsaufsteiger und mussten die Umgangsformen, die für ihr Herkunftsmilieu typisch waren, hinter sich lassen, um in Schule und Hochschule erfolgreich sein zu können. So wuchs Pierre Bourdieu in einem landwirtschaftlich geprägten Dorf im äußersten Südwesten Frankreichs auf, Richard Hoggart und Raymond Williams stammten aus der Arbeiterklasse – aus Nordengland der eine, aus Wales der andere. Für Stuart Hall (2020) schließlich, aufgewachsen in Kingston, der Hauptstadt von Jamaika, war die Erfahrung der Kolonialgesellschaft sehr prägend. Sie alle sind »Scholarship Boys«: Sie fanden über Stipendien den Weg an die Hochschule und besuchten mit der École normale superièure (ENS) und der Sorbonne in Paris sowie den Universitäten von Cambridge und Oxford hoch renommierte Bildungseinrichtungen (vgl. Lindner 2000: 15–47; Marchart 2008: 26–33). Dennoch waren sie völlig frei von der Neigung, Bildungseinrichtungen zu verklären: Sie wussten zwar stets, was sie diesen zu verdanken haben, aber sie erlebten Schulen und Universitäten eben auch als Stätten der Beschämung und der Herabsetzung. Immer wieder wurde ihnen – bisweilen verdeckt und diskret, nicht selten aber auch ganz offen und unverhohlen – signalisiert, dass sie hier fehl am Platz seien und unerwünscht.

So unterschiedlich dabei die Erfahrungen waren und so individuell die einzelnen Bildungskarrieren verliefen, gelang es diesen Theoretikern, die eigene randständige Position als epistemologische Chance zu begreifen. Konfrontiert mit der Herablassung, mit der ihnen – den »Aufsteigern« – Angehörige der französischen und englischen Oberklasse begegneten, prägten sie einen besonderen Scharfblick für soziale Asymmetrien aus und entwickelten ein feines Gespür für die unterschiedlichen Formen, in denen Bildung und Kultur eingesetzt werden, um Machtverhältnisse zu stabilisieren. Was der Ethnologe Rolf Lindner für die »Gründerväter« der britischen *Cultural Studies* festhält, gilt daher auch für Bourdieu: »Als Personen zwischen den Kulturen wird ihnen eine soziologische Sichtweise nahegelegt, die das entscheidende Kriterium von Klasse nicht im ökonomischen Privileg, sondern in Einstellungen, Haltungen und Ausdrucksformen, d.h. in den Prinzipien der Lebensführung sieht.« (Lindner 2000: 31)

Anders als in der deutschen Tradition, in der lange Zeit Bildung und Kultur als Gegenpol zur Politik galten, geraten sie hier, bei den Vertretern der französischen Kultursoziologie und der britischen *Cultural Studies*, als Feld von Konflikten und Auseinandersetzungen in den Blick. Bildung wird eben auch – das haben sie alle auf schmerzhafte Weise erfahren müssen und machen das in autobiografischen Texten bisweilen zum Gegenstand – als Mittel der Distinktion eingesetzt; Kultur kann überdies als Form einer verfeinerten Lebensart inszeniert werden, die darauf abzielt, andere auf Distanz zu halten. Wenn sich Bourdieu, Hoggart, Hall und Williams der Sphäre der Bildung zuwenden, geschieht dies daher ungleich politischer, als das bei den Vertretern der Kritischen Theorie der Fall ist. Die Kulturtheoretiker französischer und britischer Provenienz lenken das Augenmerk sehr viel stärker auf die Konkurrenz von Lebensstilen und die Distinktionsstrategien gesellschaftlicher Eliten; sie interessieren sich für das Prozessieren machtvoller Unterscheidungen wie etwa jene zwischen »Hochkultur« und »Alltagskultur« – und eben auch für das Leiden an diesen Differenzen. Dabei ist unverkennbar, dass sie in ihren Forschungen unterschiedliche Strategien verfolgen: Während Bourdieu ein besonderes Interesse an der Aufklärung jener Praktiken erkennen lässt, mittels deren die

Angehörigen der gesellschaftlichen Eliten ihre Privilegien vererben und ihren Status reproduzieren, wenden sich die Vertreter der britischen *Cultural Studies* bevorzugt den Angehörigen der Arbeiterklasse zu und suchen nicht nur die Dignität von deren Lebensstil zu erweisen, sondern auch ihren beträchtlichen Eigensinn und ihre Widerständigkeit zu zeigen. Das vorliegende Kapitel unternimmt es entsprechend, eine komplementäre Bewegung nachzuzeichnen: Während sich Bourdieu den Kräften der Beharrung zuwendet, erforschen seine Kollegen jenseits des Kanals die Kräfte der Erneuerung. Sie alle stellen ihre theoretische Arbeit in den Dienst an einer Welt, die von weniger Ungleichheit und Ungerechtigkeit geprägt ist, wenden sich zu diesem Zweck aber ganz unterschiedlichen Spektren des gesellschaftlichen Raums zu.

Pierre Bourdieu erforscht die Bildung des Geschmacks[16]

Es sind zwei prägende Erfahrungen, denen Bourdieus Bildungssoziologie ihr besonderes Profil verdankt. Zunächst ist das der bereits erwähnte Besuch von Bildungseinrichtungen. So schildert er in seiner Abschiedsvorlesung, die er 2001 am Collège de France hält, dass die Demütigungen, die er als Internatsschüler erlebte, die Ausbildung einer charakteristischen Form der Empfindlichkeit begünstigten. Wer seine Jugend in einem Internat verbracht habe, so hält er nüchtern fest, mache schon früh Bekanntschaft mit den unterschiedlichsten Varianten des »Klassenrassismus«. Bereits im Internat des nahe gelegenen Pau hatten seine Mitschüler, die aus bürgerlichen Familien stammten, ihn, den Jungen aus dem Dorf, der starken Dialekt spricht, ihre Herablassung deutlich spüren lassen. Diese Erfahrungen wiederholten sich, als er nach Paris wechselt, um das berühmte Internat Louis-le-

Grand zu besuchen. Hier treffen unbedarfte Jugendliche aus der Provinz auf den distinguierten Nachwuchs der Pariser Elite. Und hier wird Bourdieu zum ersten Mal mit der machtvollen Wirkung konfrontiert, die von der Welt der Kultur, von vornehmen Umgangsformen, klangvollen Namen und einer stilsicheren Kleidung ausgeht: Er wird von diesem Aristokratismus der Gelehrsamkeit angezogen und gleichzeitig davon abgestoßen. Er beschreibt sich, in der Rückschau, als überaus ehrgeizig und wissensdurstig, fühlt sich in dem respekteinflößenden Gebäude aber auch fremd und deplatziert. Seine Beziehung zu Bildungseinrichtungen bleibt denn auch zeitlebens überaus ambivalent.

Kaum weniger einschneidend sind die Erfahrungen, die er während seines Militärdienstes in Algerien macht (vgl. Bourdieu 2010): Schockiert von der brutalen Gewalt der französischen Kolonialmacht und dem allgegenwärtigen Rassismus, wendet er sich allmählich von der Philosophie ab, beschäftigt sich mit Ethnologie und Soziologie – und realisiert dabei, dass es seine frühen Kindheitserfahrungen sind, die ihm einen Zugang zur Welt der Kabylei verschaffen. Es sind also genau jene Erfahrungsbestände, die von den elitären Bildungseinrichtungen systematisch entwertet wurden, die ihm zum Türöffner werden. »In Frankreich trägt einem die Tatsache, dass man aus einer entlegenen Provinz kommt, vor allem, wenn sie südlich der Loire liegt, bestimmte Merkmale ein, die durchaus Ähnlichkeiten mit der Kolonialsituation aufweisen.« (Bourdieu/Wacquant 1996: 121) Mindestens so wertvoll wie die anspruchsvolle akademische Ausbildung, die er erhalten hat, erweist sich daher die Vertrautheit mit der Logik agrarisch geprägter Gesellschaften, aber eben auch die Erfahrung der Stigmatisierung.

Zu Beginn der 1960er Jahre legt Bourdieu, zurückgekehrt nach Frankreich, seine ersten bildungssoziologischen Studien vor. Bei der Analyse der Funktionen von Bildungseinrichtungen greift er auf jene Erkenntniswerkzeuge zurück, die er zuvor in Algerien entwickelt hat, und konzentriert sich auf die Aufdeckung gesellschaftlicher Reproduktionsstrategien. Er misstraut also der Selbstthematisierung französischer Schulen, die hier als Garanten der Ziele der Revolution galten, als »Trägerin von Freiheit, Gleichheit, Brüderlichkeit« (Baudelot 2005: 165), und versteht sie als Einrichtungen, die von den gesellschaftlichen Eliten instrumentalisiert zu werden drohen. Genährt ist dieser Verdacht von der Beobachtung, dass infolge des »gesellschaftlichen« Modernisierungsdruck nun auch die herrschenden Klassen immer stärker in Bildung investieren. Sie reagieren damit auf die Öffnung des Bildungswesens und den erheblichen Bedeutungszuwachs, den Bildungstitel in jener Zeit erfahren. Bourdieu und Jean-Claude Passeron, sein Ko-Autor, interessieren sich entsprechend für die veränderten Reproduktionsstrategien der »besseren Kreise«, die vor einer besonderen Herausforderung stehen: Die Inhaber gesellschaftlicher Privilegien müssen insofern strategisches Geschick beweisen, als der gesellschaftsstrukturellen Modernisierung auch eine auf der Ebene der Semantik korrespondiert: Die Kämpfe um Titel und Stellen müssen offiziell unter der Bedingung der Fairness und Chancengleichheit ausgetragen werden – das gilt für die Hochschulen wie auch für die Schulen, deren Giebel noch immer mit den Insignien der Französischen Revolution geschmückt sind.

Aus diesem Grund geraten die Einrichtungen des Bildungswesens in den Fokus einer Soziologie, die an der Aufdeckung von Herrschaftsverhältnissen interessiert ist. Hier, in Schule und Hochschule, kommen bei den Kämpfen um Besitzstandswahrung ganz unterschiedliche Strategien zum Einsatz. Unterstellt man, dass die Gebote der Fairness als sakrosankt gelten und die gesellschaftlichen Eliten einen robusten Selbsterhaltungstrieb besitzen – also das Interesse daran, das eigene Kapital krisensicher an die nächste Generation zu übertragen –, so müssen diese Transaktionen von nun an möglichst diskret betrieben werden: »Das Dilemma, in dem sich in einer demokratischen Gesellschaft die herrschende Klasse befindet, liegt darin, formal jedem Menschen einen gleichen politischen Status zuzugestehen, material, das heißt ökonomisch, kulturell und sozial, den unteren Klassen diesen Status aber zu verwehren.« (Müller-Rolli 1987: 341)

Die Arbeiten, die Bourdieu in jener Zeit gemeinsam mit Passeron vorlegt, treten den Nachweis an, dass die Einrichtungen des Bildungssystems nicht länger als Garanten eines historischen Emanzipationsprozesses gelten können. Ihre Befunde, etwa zur Wahrscheinlichkeit des Hochschulbesuchs in Abhängigkeit von der sozialen Herkunft, strafen nicht nur die Rhetorik der Gleichheit Lügen; sie zeigen überdies, dass die Reproduktion sozialer Ungleichheit vor aller Augen geschieht – aber von den beteiligten Akteuren meist nicht verstanden wird. Der Klassenkampf zeigt ein bislang unbekanntes Gesicht und kommt auf den unterschiedlichsten Bühnen zur Aufführung:

> »Während man dem Schauspiel der jahrhundertealten Konfrontation von Bourgeoisie und Proletariat von ferne zusehen konnte, blieb mit der Einbeziehung des Kulturellen und Symbolischen in die Klassenverhältnisse niemand mehr unberührt. Damit war der Klassenkampf etwas, das sich im Alltag und auf den trivialsten Bühnen des täglichen Lebens abspielte: bei Tisch, im Unterricht, beim Einkaufen und in Restaurants, auf Bällen und bei Tanzveranstaltungen, auf Tennis- oder Fußballplätzen [...].« (Baudelot 2005: 170)

Bildung rückt damit in das Zentrum gesellschaftlicher Auseinandersetzung. In ihren Einrichtungen, insbesondere in Schulen und Hochschulen, findet ein Verdrängungswettbewerb statt, der von dem pädagogischen Personal weitgehend unbemerkt betrieben wird. So erforschen Bourdieu und Passeron in ihrer Studie *Les héritiers* (1985) die sozialen Praktiken, die zur Eliminierung der unterprivilegierten Klassen (nicht nur) in den Hochschulen führen. Dabei zeigt sich, dass die ökonomischen Ressourcen durchaus nicht der wichtigste Erklärungsfaktor sind. Ungleich bedeutsamer ist die Passung, die zwischen den kulturellen Praktiken einer sozialen Klasse und der schulischen Ordnung existiert. Ist diese Passung sehr hoch, werden die Schülerinnen und Schüler aus den fraglichen Klassen dadurch belohnt, dass ihnen im Umgang mit den schulischen Anforderungen eine typische Mühelosigkeit attestiert wird, eine Souveränität, die als besondere Charaktereigenschaft gilt – und sie zuverlässig von jenen abgrenzt, die erhebliche Anstrengungen unternehmen müssen, um die Prüfungen zu bestehen.

Die Affinität zwischen der familiären und der schulischen Ordnung erweist sich auch deshalb als überaus folgenreich, weil sie nur schwer aufzudecken ist. Das kulturelle Erbe wird weniger über besondere ökonomische Investitionen weitergegeben; es geschieht eher indirekt und beiläufig. Das gilt auch für eine Unterrichtspraxis, die es versäumt, darauf zu achten, dass alle Fertigkeiten, die zu einem erfolgreichen Besuch von Schule und Hochschule notwendig sind, genau dort vermittelt werden. Stattdessen kultivieren viele Lehrer eine »aristokratische Vorstellung von Bildung« und werten damit all jenes ab, was das Stigma des bloß schulischen Lernens trägt.

Der Effekt dieses Zusammenspiels von sozialer Herkunft, kultureller Praxis und schulischer Ordnung, von privilegierter Stellung, Unterrichtsstil und Bewertungspraxis ist die Naturalisierung sozialer Differenzen: Soziale Privilegien werden der Kritik entzogen, weil sie im Kleid individueller Begabungen auftreten und den Blick auf die unterschiedlichen Voraussetzungen verstellen. Fatal ist diese charismatische Ideologie, weil sie nicht allein die Gewinner des ungleichen Wettkampfs mit der Aura der Bestenauslese versieht, sondern auch die Verlierer dazu bringt, als Ursache der Niederlage die eigenen Unzulänglichkeiten zu identifizieren:

> »Aber auch die Studenten aus den unteren Klassen müssen ihre eigenen Leistungen nach der charismatischen Ideologie beurteilen und können das, was sie tun, nur als eine Folge dessen sehen, was sie sind, während eine dunkle Vorahnung ihres gesellschaftlichen Schicksals die Wahrscheinlichkeit des Scheiterns gemäß der Logik einer sich selbst erfüllenden Prophezeiung weiter erhöht.« (Bourdieu/Passeron 2007: 100)

Während die Studie *Die Erben* (2007) in Deutschland kaum auf Interesse traf, wurden die Arbeiten, die Bourdieu und Passeron 1971 unter dem Titel *Die Illusion der Chancengleichheit* publizierten, hierzulande von einer Fachöffentlichkeit intensiv diskutiert. Sie werten Studien zur Kommunikation im Klassenzimmer aus, untersuchen differente Sprachstile und gehen Missverständnissen in der Begegnung von Hochschullehrern und Studierenden nach. Um die Bedeutung kultureller Privilegien und die Rolle der Familialisierung zu erhellen, greifen sie auf das Konzept des Habitus zurück, das Bourdieu in einer Auseinandersetzung mit Studien des Kunsthistorikers Erwin Panofsky entwickelt (vgl. Krais/Gebauer 2000). Mit diesem Instrument lässt sich die Inkorporierung gesellschaftlicher Ansprüche und Erwartungen erklären – und damit auch das fatale Zusammenspiel der sozialen Klassen verstehen. Mit unverhohlenem Sarkasmus halten die Autoren fest: »Glücklich die ›Bescheidenen‹, die in ihrer Bescheidenheit im Grunde nicht mehr erstreben, als das, was sie haben, und gepriesen sei die ›Sozialordnung‹, die sich hütet, sie ins Unglück zu stoßen, indem sie sie zu allzu ehrgeizigen Bildungsgängen verlockt, die weder ihren Fähigkeiten noch ihren Wünschen entsprechen!« (Bourdieu/Passeron 2007: 105)

Bildung steht auch im Zentrum jener großen Studie, die international breit rezipiert wird und Bourdieu berühmt macht. *La distinction* – in der deutschen Übersetzung etwas unglücklich mit *Die feinen Unterschiede* wiedergegeben – untersucht die Bildung des Geschmacks und betrachtet diesen nicht länger als Indikator individueller Vorlieben, sondern als Vermögen der sozialen Unterscheidung, als Sinn für Distinktion. Hatte Bourdieu zuvor schon die Selbstthematisierung französischer Schulen entzaubert und den Bildungsbegriff kultursoziologisch reformuliert, nimmt er nun die Geschmacksbildung in den Blick und macht sie zum Ausgangspunkt seiner ambitionierten Gesellschaftstheorie. Im Rückgriff auf empirische Erhebungen weist er nach, dass die Geschmacksbildung – interpretiert als Vermögen der Differenzierung und Positionierung, der Auf- und Abwertung, der Distanzierung und Ausgrenzung – mitten in die Klassenkämpfe moderner Gesellschaften führt. Sie bildet gleichsam den Kreuzungspunkt von Verteilungs- und Verdrängungskämpfen, die für die eklatante Ungleichverteilung der Ressourcen (mit-)verantwortlich sind.

Der Bildung des Geschmacks kommt zunächst deshalb eine besondere Bedeutung zu, weil die wachsende Bedeutung von Bildungstiteln zu einer Transformation der Sozialstruktur führt und jene, die hier eine privilegierte Stellung innehaben, dazu zwingt, diese unter veränderten Bedingungen abzusichern. Sie beteiligen sich an der Konkurrenz um Bildungstitel, verstärken damit die Nachfrage – und setzen diejenigen Klassenfraktionen unter Druck, deren einzige erfolgversprechende Reproduktionsstrategie der Erwerb von Bildung ist. Unter diesen Vorzeichen ist es von kaum zu überschätzender Bedeutung, einen »Spielsinn« zu entwickeln, also das Vermögen, die Konjunktur von Bildungstiteln und Berufsfeldern zu antizipieren und ein Gespür für lohnenswerte Investitionen auszubilden.

Es ist nun nicht verwunderlich, dass die Gruppe derer, die ohnehin nur über geringe Ressourcen verfügen, auch einen schwach entwickelten Spielsinn besitzt. Sie schätzt Entwicklungsverläufe falsch ein, tätigt häufig die falschen Investitionen – und wird zum Opfer des französischen Bildungssystems, in dem schon sehr früh Entscheidungen getroffen werden müssen, die sich später kaum mehr revidieren lassen. Und so entsteht eine Generation, die zwar auf den ersten Blick von der Bildungsexpansion der 1960er Jahre profitiert, die nicht nur das Gymnasium besucht, sondern häufig genug auch noch akademische Titel erwirbt – am Ende aber um den ersehnten Erfolg gebracht wird. Der Eintritt immer weiterer sozialer Kreise in das Wettrennen um akademische Titel zieht deren inflationäre Vermehrung nach sich. Der Geschmack gerät daher nicht nur als ein Medium der Abgrenzung in den Blick; er »paart« überdies »die Dinge und Menschen, die zueinander passen, die aufeinander abgestimmt sind, und macht sie verwandt« (Bourdieu 1992: 25). Auf diskrete Weise sorgt er dafür, dass alle, die – von der Hoffnung getrieben, die eigene Position zu verbessern – an dem Wettlauf um Titel teilnehmen, ein Gespür für jenen Platz entwickeln, der ihnen vorherbestimmt erscheint. Der Geschmack übernimmt damit die Funktion eines Platzanweisers: Er vermittelt zwischen objektiven Möglichkeiten und subjektiven Hoffnungen – und wirkt dabei auf eigentümliche Weise »befriedend«. Indem er allen Akteuren den »sense of one's place« vermittelt, wirkt er Konflikten entgegen und sorgt bei den Verlierern der Kämpfe um Ressourcen, Macht und Anerkennung dafür, dass sie den Glauben an die Fairness des Wettstreits nicht vollständig einbüßen: »Der Geschmack ist amor fati, Wahl des Schicksals, freilich eine unfreiwillige Wahl, durch Lebensumstände geschaffen, die alles außer der Entscheidung für den ›Notwendigkeits-Geschmack‹ als pure Träumerei ausschließen.« (Ebd.: 290)

Damit fällt auch auf die Bildung des Geschmacks, die doch lange als Ausweis einer individuell verfeinerten Lebensart galt, ein neues Licht. Im Rückgriff auf ein dreidimensionales Modell des sozialen Raumes und eine Kapitaltheorie, die er im Anschluss an (und in Auseinandersetzung mit) Marx entwickelt, weist Bourdieu nach, dass der (vermeintlich) individuelle Geschmack allzu häufig einem Klassenhabitus geschuldet ist, der auf überindividuelle Konfliktfelder verweist – eben auf konkurrierende soziale Klassen. Dabei ist freilich nicht zu übersehen, dass diese Perspektive bisweilen etwas statisch wirkt. Trotz der Konflikte, die 1968 aufgebrochen waren, hat es den Anschein, dass die stillen Platzanweiser ihre Aufgabe überaus zuverlässig und diskret erledigen (vgl. Gilcher-Holthey 2015).

An dieser Darstellung entzündete sich bald die Kritik – nicht zuletzt von Jacques Rancière, der im folgenden Kapitel näher vorgestellt wird. Dieser warf Bourdieu vor, die gesellschaftlichen Beharrungskräfte zu überzeichnen und seinen theoretischen Ehrgeiz auf den Nachweis der reibungslosen Reproduktion sozialer Ungleichheit zu verlegen. In der Folge sei es ihm kaum noch möglich, individuelle und gesellschaftliche Transformationsprozesse zu erklären. Sein Habituskonzept unterschätze nicht nur die Reflexionsfähigkeit der Individuen, es trage auch zu deren latenter Entmündigung bei. Aller klassenkämpferischen Rhetorik zum Trotz fessle er damit die gesellschaftlichen Akteure gleichsam an ihren Habitus (vgl. Rancière 2010).

Ich habe diese Kritikpunkte, die auch bildungstheoretisch von besonderem Interesse sind, an anderer Stelle diskutiert und komme später darauf zurück (vgl. Rieger-Ladich 2017a). Zunächst soll gezeigt werden, dass Bourdieu in der Folgezeit seinen Forschungsstil modifiziert und dadurch auch Bildungseinrichtungen neu in den Blick geraten. Ungleich wichtiger als die Studie *La noblesse d'État*, die der Rekrutierungspraxis gesellschaftlicher Eliten mit Blick auf die Hochschulen nachgeht, ist in dieser Hinsicht die groß angelegte Gemeinschaftsstudie *La misère du monde*, die zu Beginn der 1990er Jahre erscheint. Diese breit angelegte, mehr als tausendseitige Studie zur sozialen Malaise Frankreichs, die sich als veritabler Verkaufsschlager erwies, verdankt sich einer Vielzahl qualitativer Interviews mit Angehörigen unterschiedlicher Berufsgruppen. Unter ihnen sind auch Akteure des pädagogischen Feldes. Bourdieu und seine Mitstreiterinnen besuchen zu diesem Zweck derangierte Schulen in den Banlieues, hospitieren im Unterricht, spüren den verdeckten Formen der Ausgrenzung und der institutionellen Diskriminierung nach.

Bezieht man die Interviews mit überforderten Lehrerinnen und desillusionierten Schülern, mit ernüchterten Schulleiterinnen und entnervten Hausmeistern systematisch aufeinander, geraten mit den strukturellen Widersprüchen und den symbolischen Gewaltverhältnissen jene Kräfte in den Blick, die von vielen Betroffenen zwar deutlich gespürt, aber häufig nicht präzise identifiziert und benannt werden können. Erst in der Gesamtschau wird deutlich, dass nahezu alle um die Früchte ihrer Bemühungen gebracht werden: Die schulischen Titel sind weitgehend entwertet, was die Absolventen bald begreifen, nachdem sie die Zeugnisse in Händen halten; die Lehrkräfte leiden unter den Arbeitsbedingungen und darunter, die eigenen pädagogischen Ziele kaum verwirklichen zu können; schließlich beklagt das leitende pädagogische Personal die Ressourcenknappheit und dass die Schule nur die wenigsten jener Versprechen einhalten kann, die sie doch immer wieder aufs Neue gibt. Die Institution Schule wird daher zur »Quelle einer immensen kollektiven Enttäuschung: Je mehr man sich auf sie zubewegt, um so mehr weicht diese Art von gelobtem Land, dem Horizont gleich, zurück.«

(Bourdieu 1997: 17) In ähnlicher Weise gilt dies für das Versprechen der Bildung, das in Frankreich eng an die Ziele der Französischen Revolution geknüpft ist: Bildung gilt nicht länger als einer jener Begriffe, welche das machtvolle Streben nach Freiheit, Gleichheit und Solidarität symbolisieren; sie verweist stattdessen auf Verteilungs- und Positionierungskämpfe und eine zunehmende gesellschaftliche Spaltung.

Scholarship Boys diskutieren den Kanon

Erfahrungen, wie sie Bourdieu in seiner Abschiedsvorlesung beschrieb, machten auch die »Gründerväter« der *Cultural Studies*. Schon in einem der frühen, stilprägenden Texte wendet sich Raymond Williams der eigenen Bildungsbiografie zu, porträtiert mit wenigen Strichen seinen Vater wie auch seinen Großvater und schildert dann, was ihn am meisten aufbringt, als er – der Arbeiterjunge aus Wales – in Cambridge sein Studium aufnimmt. Es ist nicht die Welt der Gelehrsamkeit und der traditionsreichen Colleges; es ist die Arroganz jener, die sich mit Bildungstiteln schmücken und auf andere mit Geringschätzung herabblicken. Und so spielt eine der Anekdoten, mit denen Williams seinen Text aus dem Jahr 1958 schmückt, eben nicht in einem Hörsaal oder einer Bibliothek, sondern in einem »Teashop«. Hier trifft er auf »a special kind of people, cultivated people«: Obwohl diese nicht besonders gebildet sind, durchaus keine intellektuellen Lichtgestalten oder brillanten Künstler, inszenieren sie ihre Überlegenheit in einer für ihn nur schwer erträglichen Weise: »They were not, the great majority of them, particularly learned: they practised few arts; but they had it, and they showed you they had it.« (Williams 1989: 76) Ähnliche Begebenheiten schildern auch Richard Hoggart und Stuart Hall. Auch sie machen Erfahrungen der Beschämung, werden immer wieder mit Herablassung und Überheblichkeit konfrontiert. »Wir kamen«, schreibt Hall, der in Oxford studierte, rückblickend, »aus einer Tradition, die völlig marginal in Hinblick auf die Zentren des englischen akademischen Lebens war und unser Engagement in Fragen des kulturellen Wandels [...] wurde zuerst von der schmutzigen Welt da draußen bestimmt« (zit. nach Lindner 2000: 10 f.).

Williams' Text, dessen Titel »Culture is ordinary« längst zu einer Art Erkennungszeichen der *Cultural Studies* geworden ist, lässt aber auch schon früh erkennen, dass diese schmerzhaften Begegnungen durchaus nicht dazu führen, dass sich die Scholarship Boys von den Bildungseinrichtungen abwenden und die Welt der »Hochkultur« kampflos jenen überlassen, die darauf qua Geburt ein Vorrecht zu genießen scheinen. Williams stammt aus der Arbeiterklasse, ist aber gleichwohl sehr wissbegierig und überaus neugierig: »Learning was ordinary« hält er mit Blick auf seine Kindheit lakonisch fest (Williams 1989: 76). Er zählt also nicht zu jenen, die heute (in diffamierender Absicht) gerne »bildungsfern« genannt werden, und er reagiert auf die herabsetzenden Gesten mancher Angehöriger der Upper Class eben nicht mit dem Ressentiment des Übervorteilten. Williams plädiert mithin auch nicht für die Abschaffung des Kanons, sondern kritisiert, dass er unvollständig sei: Das Curriculum der Universitäten repräsentiere die Erfahrungswelten der unterschiedlichen sozialen Klassen nur höchst selektiv: »The defect is not what is in, but what is out.« (Ebd.: 88)

Die Vertreter der *Cultural Studies* sprechen sich folglich nicht für eine Nivellierung aller Standards aus; sie kritisieren vielmehr, dass in den universitären Lehrplänen eben keine allgemeinen Interessen zum Ausdruck kommen, sondern nur partikulare. Es sind zumeist die kulturellen Vorlieben und ästhetischen Interessen der Oberklasse, die hier zum Gegenstand gemacht werden –

und dies stets mit dem Anspruch, dass sie allgemeingültige, gleichsam »ewige« Fragen behandeln. Dies gilt selbst für Jamaika, wo Stuart Hall eine klassische Erziehung genoss: Er legte eine englische Gymnasialprüfung ab, machte also seinen »A-Level«, lernte Latein, studierte englische Kolonialgeschichte, las T.S. Eliot und James Joyce. Sozial-, Wirtschafts- oder Literaturgeschichte der Karibik wurde nicht gelehrt: »Das Curriculum war nicht lokalisiert« (Hall 2000: 11). Und eben dafür setzen sich Hoggart, Williams und Hall von Beginn an ein: Es geht darum, Kultur radikal zu lokalisieren und zu kontextualisieren; es geht darum, von ihr im Plural zu sprechen und die Unterscheidung von »high« und »low« endlich zu überwinden. Wenn man unterstellt, dass alle sozialen Gruppen – ganz unabhängig von ihrem Rang und Status – ihre eigenen Formen der Selbstverständigung entwickeln, dann haben sie gleichermaßen Anspruch darauf, in den Bildungseinrichtungen einer Gesellschaft repräsentiert zu werden. Somit wirbt Williams in seiner frühen Programmschrift nicht nur dafür, das Curriculum grundlegend zu überarbeiten und »a true twentieth-century syllabus« zu entwickeln (Williams 1989: 88), sondern auch kulturelle Praktiken auf neue Weise in den Blick zu nehmen: Kultur ist kein Vorrecht privilegierter Kreise und kein Synonym für die Umgangsformen der Bildungselite. Kultur sollte stattdessen als Oberbegriff für das breite Spektrum von Formen verwendet werden, in denen soziale Gruppen sich verständigen und differente Lebensstile ausbilden: »A culture is a whole way of life« (ebd.: 79) und daher eben nicht an ökonomisches oder kulturelles Kapital geknüpft.

Vor diesem Hintergrund wird verständlich, dass auch das Verhältnis der ersten Generation der *Cultural Studies* zu Bildungseinrichtungen hochgradig ambivalent ist. Anders als Bourdieu, der sich schon früh in elitären Einrichtungen wiederfindet und, allen Fremdheitserfahrungen zum Trotz, hier schnell Karriere macht (vgl. Schultheis 2007), bewegen sie sich recht lange auf der Grenze zwischen wissenschaftlichen Einrichtungen und solchen der Erwachsenenbildung. Alle Protagonisten, die in der Anfangszeit das Profil der *Cultural Studies* prägten, waren hier tätig und engagierten sich bisweilen auch in der Arbeiterbildung, der »Workers Education Association« (WEA). Das Projekt der *Cultural Studies* ist daher auf eigentümliche Weise »verschmutzt«: Es ist angesiedelt im Grenzbereich von kritischer Wissenschaft, sozialen Bewegungen und politischem Aktivismus. Deutlich wird dies auch daran, dass die »Gründungstexte« eben keine wissenschaftlichen Grundlagenbeiträge sind, sondern Arbeiten, die zumeist im Kontext der Erwachsenenbildung entstanden. Dazu zählt Hoggarts *The Uses of Literacy* wie auch Williams' Buch *Culture and Society 1780–1950* (vgl. Grossberg 1997: 374–390). Gemeinsam ist diesen Arbeiten, dass sie daran interessiert sind, nicht allein die Alltagskultur aufzuwerten und den Zeugnissen der Arbeiterkultur die gleiche Aufmerksamkeit zu schenken wie etwa den Experimenten der ästhetischen Avantgarde oder den schriftstellerischen Selbstverständigungen der britischen Oberklasse. Sie bemühen sich auch um eine radikale Demokratisierung von Bildung und insbesondere darum, die Handlungsmächtigkeit derer zu erhöhen, die aus weniger privilegierten Kreisen stammen. Die Ergebnisse ihrer Forschungsarbeit sollten daher insbesondere jenen zugutekommen, die nur mit geringem kulturellen und ökonomischen Kapital ausgestattet waren; und sie sollten rückgekoppelt werden an die Erfahrungen derer, denen der Zugang zu den prestigeträchtigen Einrichtungen des britischen Bildungswesens verwehrt blieb: »Von Anfang an erhoben die Cultural Studies einen sozialen Bildungsanspruch. Sie wollten wissenschaftliche Erkenntnisse weit über den Kreis eingeschworener Expertenrunden und ›peer groups‹ hinaus verfügbar machen« (Marchart 2008: 28).

Stuart Hall poliert das Theoriebesteck

Bei der Ausarbeitung der theoretischen Grundlagen kommt Stuart Hall ein besonderes Verdienst zu. Aufgewachsen in einer relativ hellhäutigen Familie der unteren Mittelschicht in Kingston, wurde er als das dunkelhäutigste Kind schon früh mit den unterschiedlichsten Spielarten von Rassismus und Kolonialismus konfrontiert. 1951 verlässt er seine Heimat, geht in das Mutterland des Commonwealth und beginnt sein Studium in Oxford – für ihn zu jener Zeit »der Gipfel des Englischen« (Hall 2000: 8). Schon bald engagiert er sich politisch und trifft auf andere Mitstreiter, die ebenfalls an der Weiterentwicklung eines unorthodoxen Marxismus interessiert sind. Ende der 1950er Jahre wechselt er nach London, unterrichtet als Ersatzlehrer an Hauptschulen und wird zum ersten Redakteur der neu gegründeten Zeitschrift *Universities and Left Review*. Nachdem er anfangs auch noch an dem Nachfolgeprojekt, der *New Left Review*, beteiligt war, verwendet er in der Folge mehr Zeit auf wissenschaftliche Studien und arbeitet unter anderem am British Film Institute. Obwohl er seine Dissertation nie abschloss, wurde er von Hoggart dazu eingeladen, mit ihm gemeinsam das Centre for Contemporary Cultural Studies aufzubauen. In dieser Zeit legt Hall eine ganze Reihe sehr einflussreicher Aufsätze vor, die für das Selbstverständnis der *Cultural Studies* prägend werden sollten.

Charakteristisch für diese Beiträge ist der Versuch, im Rückgriff auf marxistische Theoreme die englische Klassengesellschaft zu analysieren – und dies, ohne deterministisch oder reduktionistisch zu argumentieren. Es galt also, »in Hörweite des Marxismus zu arbeiten« und sich mit Sprache und Kultur, mit Ideologie und dem Symbolischen genau jenen Phänomenen zuzuwenden, »über die Marx nicht sprach oder die er nicht zu verstehen schien« (Hall 2000: 38). Hall und seine Mitstreiter waren also daran interessiert, dem verführerischen Modell von Basis und Überbau zu widerstehen – und dies auch deshalb, weil sich nur so vermeiden ließ, in der Folge den Angehörigen bestimmter sozialer Gruppen ein »falsches Bewusstsein« attestieren (und für sich die Rolle des aufgeklärten Kritikers reklamieren) zu müssen. Die Macht der Strukturen – ökonomischer, kultureller wie politischer Art – sollte also durchaus nicht bestritten, aber eben deren Überbetonung vermieden werden. Strukturen betrachtete Hall nicht länger als eine determinierende Größe, als eine Entität *sui generis*, sondern als einen Raum von Erfahrungen. Strukturen – etwa solche der Verwandtschaft oder der Geschlechter – stellen mithin keine abstrakte Größe dar; sie stiften Identitäten und werden von den gesellschaftlichen Akteuren gelebt. Sie werden daher nicht einfach blind und machtlos reproduziert, sondern stets individuell angeeignet.

Dass damit kein plumper Voluntarismus gemeint ist, erläutert Hall auf eindrückliche Weise in einem Interview. Er rekonstruiert hier seinen eigenen Werdegang und interpretiert einen Konflikt zwischen seiner Schwester und ihren Eltern, die ihr die Einwilligung in eine Liebesbeziehung verweigern, im Rückgriff auf die Kolonialsituation: Die komplizierte Beziehung von Hautfarbe und sozialer Klasse setzte hier augenscheinlich eine zerstörerische Kraft frei, an der seine Schwester letztlich zerbrach. Im Rückblick auf diese traumatische Erfahrung – der Freund der Tochter ist den Eltern zu »dunkel« – hält er fest:

»Ich sah, wie alle diese abwegigen Erwartungen und Identifikationen, die meine Eltern auf uns, auf ihre Kinder, projizierten, meine Schwester zerstörten. Sie war das Opfer, auf ihr lasteten die widersprüchlichen Ambitionen meiner Eltern in dieser kolonialen Situation. Seitdem kann ich nicht mehr verstehen, warum Leute denken, diese strukturellen Fragen seien nicht mit der Psyche verknüpft, mit Emotionen und Identifikationen. Denn für mich sind Strukturen Dinge, die man lebt. Ich meine nicht nur, dass sie persönlich sind, das auch, aber sie sind auch institutionalisiert, sie haben wirklich strukturelle Eigenschaften, die dich zerbrechen, die dich zerstören.« (Hall 2000: 13)

Hall bricht also durchaus nicht mit Marx' »kategorischem Imperativ«, dass es gelte, »alle Verhältnisse umzuwerfen, in denen der Mensch ein erniedrigtes, ein geknechtetes, ein verlassenes, ein verächtliches Wesen ist« (Marx 1971: 216), aber er ist daran interessiert, die Analyse der Klassengesellschaft und ihrer machtvollen Strukturen mit mehr Komplexität anzureichern. Zu diesem Zweck setzt er sich mit Vertretern eines unorthodoxen Marxismus und der Psychoanalyse auseinander, befasst sich mit dem Strukturalismus wie dem Poststrukturalismus und erkennt auch schon früh die Bedeutung des Feminismus. Die größte Wirkung geht freilich von der Entdeckung Antonio Gramscis aus: Die Arbeiten des italienischen Marxisten, die zu einem großen Teil während dessen Haft in faschistischen Gefängnissen entstanden, erlauben Hall die Weiterentwicklung der eigenen theoretisch-praktischen Arbeit. Gramsci, dem er attestiert, einen »unerbittlichen Angriff auf jede Spur von Ökonomismus und Reduktionismus im klassischen Marxismus« zu führen (Hall 2012b: 63), entwickelte ein begriffliches Instrumentarium, das es erlaubt, dort widerstreitende Kräfte zu sehen, wo die orthodoxen Vertreter des Marxismus nur Ableitungsverhältnisse zu erkennen vermochten. An die Stelle geschichtsphilosophisch abgesicherter Prognosen tritt nun die skrupulöse Analyse von Kräfteverhältnissen, in denen Akteure mit widerstreitenden Interessen aufeinandertreffen (vgl. Gramsci 1997).

Gramsci löst sich folglich von dem großformatigen Blick auf historische Entwicklungsverläufe und wendet sich stattdessen der einzelnen Situation zu. Hier sind, so sein methodisches Credo, die Kämpfe zu studieren, die täglich ausgetragen werden. Ohne die objektiven Verhältnisse – die Verteilung des Kapitals, die Entwicklung der Produktivkräfte etc. – zu vernachlässigen, gelte es, diese nicht länger als determinierende Parameter zu begreifen, sondern lediglich als strukturierende Kräfte, welche die Arena organisieren, innerhalb deren die Konflikte ausgetragen werden. Sie stecken das Feld ab, so Hall in einer Paraphrase Gramscis, »auf dem die historischen Kräfte sich bewegen – sie definieren den Horizont der Möglichkeiten. Aber sie können weder in letzter noch in erster Instanz den Inhalt der politischen und ökonomischen Kämpfe vollständig definieren« (Hall 2012b: 69). Rückblickend hält er fest: »Von einem bestimmten Moment an waren die Fragen, denen ich mich zuwenden wollte, für mich nur noch über einen Umweg über Gramsci zugänglich.« (Hall 2000a: 40) Und das nicht in erster Linie deshalb, weil dieser schon die Antworten bereithielt, sondern weil er es ermöglichte, das notwendige Theoriebesteck zu fertigen und damit die marxistische Analyse entscheidend weiterzuentwickeln.

Die intensive Auseinandersetzung mit den Arbeiten Gramscis, die nicht von Hall allein betrieben wurde, war für die Entwicklung der *Cultural Studies* nicht zuletzt deshalb bedeutsam, weil in der Folge die Akteure neu in den Blick gerieten: Die Teilnehmer der gesellschaftlichen Kämpfe wurden nicht länger als Spielbälle überindividueller, abstrakter Kräfte betrachtet, sondern ließen in ihren Handlungen eine bemerkenswerte Eigensinnigkeit erkennen. Und dies, ohne dabei als klar konturierte Subjekte aufzutreten. Hall folgt Gramsci auch hier, indem er die Vorstellung eines »vorgegebenen, einheitlichen, ideologischen Subjekts« zurückweist – etwa die »Idee eines Proletariers mit wahren revolutionären Ideen oder eines Schwarzen mit garantiert anti-rassistischem Bewußtsein« (Hall 2012b: 82).

Die Eigensinnigkeit der Akteure verdankt sich daher keiner Renaissance eines starken Subjekts; sie verweist vielmehr darauf, dass die gesellschaftlichen Machtverhältnisse nie die Form einer totalitären Schließung annehmen: »Es gibt immer Sprünge und Risse, die zu Geburtsstätten von Veränderungen werden können. Der Macht gelingt es nie, immer und überall das zu erzielen, was sie möchte, es besteht stets die Möglichkeit, die Strukturen und Organisationen der Macht zu verändern« (Grossberg 1999: 62). Und sie kristallisiert sich, das ist genauso wichtig, nicht nur in Institutionen aus; sie prägt auch den ganz gewöhnlichen Alltag der Akteure – und kann daher von jenen angeeignet werden, die ein Interesse an Veränderungen haben und sich für ein Leben einsetzen, das von Freiheit und Selbstachtung, von Unabhängigkeit und Würde geprägt ist.

Damit gerät der Begriff der Bildung auf neue Weise in den Blick. Obwohl die erste Generation der Angehörigen der *Cultural Studies*, die sich in der Erwachsenenbildung engagierte (vgl. Grossberg 1997), lange Zeit kaum einmal explizit zu bildungstheoretischen Fragestellungen publiziert hatte, arbeitete sie doch mindestens implizit daran, diese zu verschieben, und eröffnete so die Möglichkeit zu deren Reformulierung. Nimmt man den Ausgang von pädagogischen Situationen, spürt den Rissen innerhalb der Machtverhältnisse nach, betreibt die Kontextualisierung wie oben beschrieben und vermeidet überdies den Rückfall in eine Subjekttheorie, so lässt sich Bildung neu buchstabieren. Sie wird dann als Ringen um die Erweiterung der eigenen Handlungsmöglichkeiten gedacht, als Streben danach, in ein reflexives Verhältnis zu jenen Kräften zu treten, welche die eigene Identität bestimmen. Das »pädagogische Interesse von Cultural Studies« gilt daher »primär den Bedeutungen und Vergnügen, die Personen und Gruppen helfen können, ihre Interessen zu artikulieren, Freiräume zu entfalten, Fluchtlinien zu finden und ihre Handlungsmächtigkeit zu erweitern« (Winter 2004: 6).

Die materialen Studien der *Cultural Studies*, die ein breites thematisches Spektrum abdecken, können daher auch als bildungstheoretische Fallstudien gelesen werden: Und dies eben nicht allein dann, wenn die Schule explizit zum Gegenstand gemacht wird, wie dies in Paul Willis' berühmter Untersuchung *Learning to labour* (Willis 1990) geschieht, die nachweist, dass die Arbeiterjugendlichen in den englischen Schulen (ungewollt) ihren Selbstausschluss betreiben. Es gilt auch für kulturelle Praktiken etwa im Bereich der Populärkultur – für eigenwillige Betrachtungen von Soaps, die im Vorabendprogramm laufen, oder kreative Lektüren von Comics, von denen manche neuerdings zu »graphic novels« geadelt werden. In allen diesen Fällen kritischer Artikulation lassen sich auch widerständige Bildungsprozesse erkennen (vgl. Mecheril/Witsch 2006).

Wenn man überdies jene neueren Beiträge innerhalb der *Cultural Studies* berücksichtigt, die davor warnen, in jeder popkulturellen Praxis eine widerständige Handlung zu sehen, und stattdessen mahnen, die Bedeutung ökonomischer Strukturen nicht zu vernachlässigen, hat es den Anschein, als ob sich die beiden hier vorgestellten Theorieprojekte etwas aufeinander zu bewegten. Während sich Bourdieu in seinen späten Arbeiten wieder stärker der Analyse sozialer Praktiken zuwandte und mit der Sozioanalyse eine Interviewtechnik entwickelte, die es den Befragten ermöglichen sollte, durch Einblicke in unverstandene Machtverhältnisse die eigenen Handlungsmöglichkeiten zu erweitern (vgl. Rieger-Ladich 2018b), mehren sich in den *Cultural Studies* die Stimmen derer, die sich dafür aussprechen, künftig die Makrostrukturen deutlich stärker in den Blick zu nehmen und die Kräfte der Beharrung nicht zu unterschätzen.

So unterschiedlich die Forschungsstrategien sind, beide Unternehmen gehen aus einer kritischen Auseinandersetzung mit dem Marxismus hervor, beide lenken das Augenmerk auf die Bedeutung der Geschmacksbildung und beide weisen nach, dass in der Debatte um Bildung die Machtverhältnisse ständig neu ausgehandelt werden. Sie nehmen dabei die Reproduktionsstrategien der gesellschaftlichen Eliten in den Blick wie auch die widerständigen kulturellen Praktiken derer, die in dem Modell des sozialen Raums am entgegengesetzten Pol angesiedelt sind. Im einen Fall dient der Erwerb von Bildungstiteln der Absicherung des eigenen Status, im anderen Fall wird damit auf eine widerständige Praxis verwiesen, die sich an einem menschenwürdigen Leben orientiert.

7. Stellvertretung, Bevormundung – und Emanzipation

Klang die Frage der Stellvertretung bei Pierre Bourdieu und den Vertretern der *Cultural Studies* bereits immer wieder einmal an, rückt sie bei den beiden Positionen, die ich nun vorstelle, mehr und mehr ins Zentrum. Sowohl der französische Philosoph Jacques Rancière als auch die in Indien geborene, seit Jahrzehnten in den USA lehrende Literaturwissenschaftlerin Gayatri Chakravorty Spivak werfen die Fragen danach auf, wem in der Öffentlichkeit Gehör geschenkt wird und wie sich Unterdrückung zum Gegenstand der Theorie machen lässt, ohne das, was auf der Objektebene verhandelt wird, in der eigenen Praxis zu reproduzieren. Beiden geht es also um die Möglichkeit einer Theoriebildung, die selbst emanzipatorisch wirkt.

Damit wird nicht nur die Verschränkung von Theorie und Praxis thematisch, sondern auch die kritische Auseinandersetzung mit dem Marxismus. Für Rancière wie für Spivak bleibt Marx eine wichtige Referenz. Allerdings zeigt sich schnell, dass auch sie sich kaum einmal auf dessen Schriften beziehen, um hier Antworten auf drängende Fragen der Gegenwart zu finden, sondern eher das führen, was man eine kritische Zwiesprache nennen könnte. Bisweilen überaus scharf im Ton, fällt diese bei Rancière aus: Er studierte bei Louis Althusser, der in den 1960er Jahren das ehrgeizige Projekt verfolgte, eine neue, »wissenschaftliche« Marx-Lektüre zu entwickeln. Nachdem Rancière sich zunächst an diesem Vorhaben beteiligt hatte, distanzierte er sich Ende der 1960er Jahre von seinem Lehrer. Er warf Althusser vor, dass dessen Arbeiten in keiner Weise geeignet seien, die Emanzipation jener zu befördern, in deren Namen er zu schreiben doch vorgebe. Statt zur Anerkennung und Rehabilitierung der Proletarier beizutragen, vertiefe er – als marxistischer Zuchtmeister und oberster Lehrer – die Kluft zwischen Intellektuellen und Angehörigen der *classe populaire*. Weil letztere in der Öffentlichkeit kaum gehört würden, gelte es, Fragen der Repräsentation ein größeres Gewicht beizumessen und in der Theoriebildung den Ausgang von der grundsätzlichen Gleichheit der Menschen zu nehmen.

Mit einer ähnlich gelagerten Kritik ist Spivak bekannt geworden. Ihre wohl noch immer populärste Schrift ist ein längerer Artikel mit dem Titel »Can the Subaltern Speak?«, der zuerst 1985 publiziert wurde. Die Mitbegründerin der *Postcolonial Studies* geht hier mit Michel Foucault und Gilles Deleuze streng ins Gericht. In ihrer skrupulösen Analyse einer öffentlichen Diskussion, die diese 1972 führten, weist sie nach, dass die beiden prominenten Vertreter des Poststrukturalismus bei der Analyse von Abhängigkeitsverhältnissen nicht nur deren ökonomische Dimension sträflich vernachlässigen, sondern auch dazu neigen, den hiervon Betroffenen allzu leichtfertig Sprech- und Handlungsunfähigkeit zu attestieren. Spivak wirbt hier nicht nur für die Problematisierung von Privilegien, die im letzten Kapitel schon zum Thema wurden; sie spricht sich auch für eine Ausweitung der Perspektive aus. Soziale Klassen sollen nicht länger isoliert betrachtet werden, sondern Klassengesellschaften seien als Elemente der Machtbeziehungen zu begreifen, die zwischen den Ländern des Globalen Nordens und des Globalen Südens existieren. In dieser komplexen Konstellation gilt ihr Interesse dem Geschlechterverhältnis – und hier insbesondere jenen Frauen, die nicht über die notwendigen Ressourcen verfügen, sich im Spiel um Aufmerksamkeit und Anerkennung Gehör zu verschaffen.

Beide Positionen können als Momente eines Reflexivwerdens kritischer Gesellschaftstheorie interpretiert werden. Sie wenden sich den Fallstricken der Stellvertretung zu; sie beobachten machtkritische Theorieprojekte auf ihre eigenen machtförmigen Effekte hin und sie betrachten Theoriebildung als eine performative Praxis – mithin als eine Tätigkeit, von der selbst soziale Effekte ausgehen. Dabei unterscheidet sich Spivak von Rancière insofern, als sie, wie bereits angedeutet, eine geografische Entgrenzung der Analyse anmahnt: Die kapitalistischen Gesellschaften des globalen Nordens gilt es eben auch als Kolonialgesellschaften zu begreifen, die in Gewaltverhältnisse unterschiedlicher Art verstrickt sind. Das Studium von Unterdrückungsverhältnissen muss daher nicht nur mit den Oppositionen von Kapitalist/Proletarier, oben/unten, Mann/Frau, weiß/schwarz arbeiten, sondern auch mit Norden/Süden und Zentrum/Peripherie.

Für Spivak wie für Rancière gilt schließlich, was Oliver Davis dem Philosophen attestiert: Dessen Arbeiten erstrecken sich »über eine respekteinflößende Bandbreite von Disziplinen« und seien auch als Interventionen »in und zwischen den Feldern Politik, Pädagogik, Geschichte, Literatur und Ästhetik« zu lesen (Davis 2014: 7). Dabei wenden sie sich über viele Jahre hinweg immer wieder pädagogischen Fragestellungen zu und machen wiederholt auch die schulische Unterrichtspraxis zum Gegenstand. Diese Beiträge, die sich als wichtige Impulse der Debatte um die Neufassung eines kritischen, politisch reflektierten Bildungsbegriffs lesen lassen, sind in ihrem Werk durchaus nicht randständig. Ein markanter Unterschied ist dabei, dass Spivak nicht nur als Hochschullehrerin spricht (und schreibt), sondern auch als Lehrerin: Sie unterrichtet seit mehr als vierzig Jahren an US-amerikanischen Universitäten; ähnlich lange begleitet sie in Bengalen, im Osten Indiens, Langzeitprojekte der Ausbildung von Lehrerinnen und Lehrern, welche Kinder der Landbevölkerung unterrichten.

Jacques Rancière begibt sich ins Archiv

Zu Beginn der 1970er Jahre legte der Literaturwissenschaftler Harold Bloom einen schmalen Band vor, der gleichwohl beanspruchte, einen neuen Blick auf die Entstehung großer Dichtung zu werfen. Die herausragenden Gestalten, die er »starke Dichter« nennt, könnten sich erst dadurch entfalten, dass sie ihre Vorgänger vom Thron stießen, dass sie sich von deren Einfluss lösten – und dadurch jene Räume eröffneten, welche für die Arbeit am eigenen Werk unverzichtbar seien (vgl. Bloom 1995). Ohne diese psychoanalytisch grundierte These hier diskutieren zu können, scheint mir die Erinnerung an sie doch hilfreich zu sein, um den Blick für jene Arbeiten zu schärfen, in denen sich Rancière mit Bildungsfragen befasst. Louis Althusser ist über viele Jahre hinweg dessen imaginärer Gesprächspartner – er ist das Gegenüber, von dem sich Rancière immer wieder abgrenzt, den er heftig, die Spielregeln des akademischen Feldes mitunter verletzend, attackiert, der aber in seiner eigenen Arbeit doch stets anwesend bleibt.

Der Stein des Anstoßes führt nicht nur direkt in das Zentrum von Rancières philosophischer Arbeit, sondern auch zu jenen Fragestellungen, die bildungstheoretisch von besonderem Interesse sind. Althusser war, wie schon Antonio Gramsci eine Generation vor ihm, in den 1960er Jahren angetreten, den Marxismus zu modernisieren. Er wollte ihn von politisch motivierten Instrumentalisierungen befreien und suchte den Einfluss der Kommunistischen Partei Frankreichs, der er dogmatische Auslegungen vorwarf, zurückzudrängen. Zu diesem Zweck entwickelte er das, was er einen »wissenschaftlichen Marxismus« nannte. Ähnlich wie eine methodisch ausgebildete Psychoanalytikerin ihren Blick auf die Symptome eines Patienten lenkt und diese – kraft ihrer Expertise – behutsam entschlüsselt, solle auch ein geschulter Marxist verfahren. So müsse etwa *Das Kapital* symptomatisch gelesen werden, aber auch politische Bewegungen, die Althusser gleichsam zur Literatur werden, seien auf diese Weise zu entziffern. Weil seine Lektürepraxis überaus voraussetzungsreich ist, werde – so Rancières Einwand – das Problem der Autorität nicht gelöst, sondern nur verschoben: Galt in den 1950er Jahren die Kommunistische Partei Frankreichs weithin als maßgebliche Instanz, die über die legitime Auslegung der kanonischen Texte wachte, werde diese Position nun von Althusser bekleidet. Mit dem Beharren auf seinem »wissenschaftlichen Verfahren« sichere er sich nicht nur die Definitionshoheit bei der Diskussion politischer Ereignisse und der Auslegung marxistischer Literatur; schlimmer noch sei, dass er damit jene entmündige, die nicht eine entsprechende Schulung genossen hätten (vgl. Rancière 2013: 14 f.).

Es ist nicht ohne Ironie, dass dabei Althussers Arbeiten zum Begriff der Ideologie in den Fokus der Kritik geraten. Angetreten, den Ökonomismus und Reduktionismus der marxistischen Analyse zu überwinden, hatte auch dieser sich dem Verhältnis von Basis und Überbau zugewandt und eine Reihe begrifflicher Neuprägungen vorgenommen, um die ideologischen Kräfte, die hier wirken, besser identifizieren und voneinander unterscheiden zu können (vgl. Althusser 2016). Dem repressiven Staatsapparat stünden unterschiedliche Typen von ideologischen Staatsapparaten gegenüber, die Althusser mit der Abkürzung ISA bezeichnet. Von diesen gebe es eine große Zahl: Neben dem religiösen, dem juristischen und dem politischen ideologischen Staatsapparat kennt er auch den familiären wie den schulischen. Auf diese Kräfte sei jede Klasse zwingend angewiesen, wolle sie die Herrschaft erringen und diese stabilisieren: Es kommt daher bei den hegemonialen Kämpfen zu einem folgenreichen Zusammenspiel von repressiven und ideologischen Kräften. Nur wenn diese Lektion beherzigt werde, lasse sich der Klassenkampf mit Aussicht auf Erfolg bestreiten: »Nach unserem Wissen *kann keine Klasse dauerhaft die Staatsmacht in Besitz halten, ohne zugleich ihre Hegemonie über und in den Ideologischen Staatsapparaten auszuüben.*« (Ebd.: 58) Je eingehender er nun das Zusammenspiel der Ideologischen Staatsapparate schildert, umso auswegloser scheint der Versuch zu sein, sich diesen zu entziehen. Und so hält er in seinem viel diskutierten Text »Ideologie und ideologische Staatsapparate« aus dem Jahr 1969 fest:

»Aber die riesige Mehrzahl der (guten) Subjekte funktioniert tatsächlich ›ganz von selber‹, d.h. allein unter Einsatz von Ideologie (deren konkrete Formen in den ideologischen Staatsapparaten verwirklicht sind). Sie fügen sich ein in die Praktiken, die von den Ritualen der ISAs beherrscht werden. Sie ›erkennen‹ den ›Stand der Dinge‹ (das Bestehende) ›an‹, sie erkennen an, dass es ›in der Tat so ist und nicht anders‹, dass man Gott, seinem Gewissen, dem Pfarrer, de Gaulle, dem Chef des Unternehmens und dem Ingenieur gehorchen muss [...].« (Ebd.: 97)

Es ist diese Fassung der Ideologietheorie, an der sich Rancières Kritik entzündet – und die schließlich zum Bruch führt. Was hier im Gewand eines wissenschaftlichen Marxismus vorgetragen werde, entpuppe sich, so die vernichtende Kritik, als Bankrotterklärung politischer Theoriebildung. Auf dem Altar der reinen Lehre werde nicht weniger als die Handlungsfähigkeit der Betrogenen geopfert, die Althusser nur noch als verblendet und getäuscht denken könne. So schreibt Rancière rückblickend über dessen Projekt:

> »Es beschrieb die Akteure der kapitalistischen Produktionsbeziehungen als notwendigerweise in den Fallstricken der Ideologie gefangen, die von dem System produziert wurden, das sie an ihrem Platz hielt. [...] Es erklärte jedoch auch, dass der Platz, an dem sie sich befanden, sie daran hinderte, die Gesetze der Herrschaft zu verstehen: Sie waren unterdrückt, weil sie nicht verstanden, und sie verstanden nicht, weil sie unterdrückt waren.« (Rancière 2014: 14f.)

Das Durchbrechen dieses ausweglos scheinenden Zirkels wieder denkbar werden zu lassen wird nun Rancières erklärtes Ziel. Er kritisiert freilich nicht allein den geschlossenen Herrschaftszusammenhang, den Althusser postuliert; er moniert auch die Form einer Theoriearbeit, welche einen hohen Preis dafür entrichtet, dass die »Meisterdenker« so freizügig mit der Kategorie der Verblendung und der Täuschung operieren. Er sieht sich also mit der Herausforderung konfrontiert, einen Typ philosophischer Reflexion zu entwickeln, der ohne Bevormundung auskommt, der frei ist von Herablassung – und damit rechnet, dass Reflexionsfähigkeit so wenig an den Erwerb akademischer Titel gebunden ist wie Handlungsfähigkeit an die Beglaubigung durch wissenschaftliche Einrichtungen. Rancière sucht also nicht allein das Proletariat zu rehabilitieren, sondern auch die Fallstricke der Ideologiekritik zu vermeiden und auf diese Weise einen neuen Einsatzpunkt postmarxistischer Theoriebildung zu finden.

Diese Suche nach einem Neueinsatz führt Rancière in die Archive der Arbeiterbewegungen. Von den Ereignissen des Jahres 1968 in seiner Vermutung bestätigt, dass die Unterdrückten sehr wohl um das Unrecht wissen, das ihnen widerfährt (vgl. Gilcher-Holtey 2015), beginnt er sich für die 1830er-Revolution zu interessieren und wendet sich in den 1970er Jahren den betreffenden historischen Dokumenten zu. Dabei macht er eine lehrreiche Erfahrung, wie er später einräumt: »Diese Arbeiter, die mir Informationen über die Arbeitsbedingungen und über die Formen des Klassenbewusstseins hätten liefern sollen, boten mir etwas ganz anderes: das Gefühl der Ähnlichkeit, eine Demonstration der Gleichheit.« Rancière erkennt hier eine gewisse Distanz der Arbeiterinnen und Arbeiter zu den eigenen Lebensbedingungen, die er augenscheinlich bislang für die Klasse der Intellektuellen reserviert hatte: »Auch sie waren Zuschauer und Besucher inmitten ihrer eigenen Klasse.« (Rancière 2009: 30)

Aus dieser langjährigen Archivarbeit geht schließlich seine Studie *La nuit des prolétaires* hervor, die in Frankreich 1981 erscheint und deren deutsche Übersetzung mehr als dreißig Jahre auf sich warten ließ. *Die Nacht der Proletarier* (2013) stellt sowohl inhaltlich wie auch formal eine Zäsur im Werk Rancières dar: Er betreibt hier keine Arbeit am Begriff, sondern arrangiert eine Vielzahl unterschiedlicher Textsorten. Neben Flugschriften finden sich Passagen aus Zeitschriften, die von Arbeitern gegründet (und bald darauf wieder eingestellt) wurden; Ausschnitte von Reden, die nie gehalten wurden, stehen neben Briefwechseln, in denen politische Fragen verhandelt werden. Gemeinsam ist diesen Texten, die von Rancière kommentiert und interpretiert werden, dass sie eine bestimmte Haltung erkennen lassen. Alle Dokumente, die er hier kunstvoll kompiliert, legen Zeugnis davon ab, dass ihre Verfasser sich dazu entschieden haben, »das Unerträgliche nicht weiter zu ertragen« (ebd.: 7). Der dichtende Bäcker, der kämpfende Hutmacher und die musizierende Magd treffen sich abends, nach einem langen, ermüdenden Arbeitstag, und suchen gemeinsam nach Auswegen, erkunden Möglichkeiten, der fatalen Reproduktion des Immergleichen zu entkommen:

»Das Thema dieses Buches ist zunächst die Geschichte dieser Nächte, die der normalen Abfolge von Arbeit und Erholung entrissen wurden. Eine kaum wahrnehmbare Unterbrechung des normalen Ganges der Dinge, scheinbar harmlos, in der das Unmögliche sich vorbereitet, träumt, bereits lebt: die Abschaffung der überlieferten Unterordnung der Handarbeiter unter diejenigen, die das Privileg des Denkens besitzen.« (Ebd.: 8)

Indem sich Rancière diesen Dokumenten zuwendet, gelingt es ihm, dort Bildungsprozesse freizulegen, wo sie von den Vertretern der Geschichtsschreibung lange Zeit kaum vermutet wurden: Wiederholt begegnen der Leserin Autodidakten, die sich komplizierte Sachverhalte eigenständig aneignen, oder sie trifft auf ein Kind, das eine Zeitung, welche seine Mutter benutzte, um Lebensmittel zu transportieren, zur Hand nimmt und mit dem Entziffern von Buchstaben beginnt. Immer wieder trifft Rancière hier auf einen veritablen »Bildungshunger« (Steilen 2014: 21), der sich seine eigenen Wege bahnt und nicht darauf angewiesen ist, von Bildungseinrichtungen mit adressatenspezifischen Angeboten bedient zu werden.

Bei seiner Spurensuche entdeckt er überdies unterschiedliche Formen der Urteilsbildung und zeichnet minutiös nach, wie die Arbeiter ihren Alltag zum Gegenstand machen und dadurch auf Distanz zu dem gehen, was lange Zeit unbefragt hingenommen wurde. Dabei legt er frei, dass die Frühsozialisten sehr wohl über das verfügten, was Robert Musil den »Möglichkeitssinn« nannte: Sie sind nicht an die schlechte Gegenwart gefesselt, sondern durchaus in der Lage, die herrschenden Verhältnisse gedanklich zu überschreiten und das Imaginäre zu bewohnen (vgl. Rieger-Ladich 2016). Sie lassen in ihren Zeugnissen den »Wunsch nach einer anderen Welt« erkennen und sind offenkundig an Wissensformen interessiert, die das Gegebene als bloß kontingent (und damit als veränderbar) erweisen: »Ein unbekannter Geschmack, ein Bissen, von dem man sich nicht mehr erholen wird, eine Erschütterung, in der die spürbare Realität wie in dem Fieber zu erzittern scheint.« (Rancière 2014: 39, 37)

Was Rancière hier – zu seiner eigenen Verblüffung – entdeckt, sind Zeugnisse einer Emanzipation von Mitgliedern der Arbeiterklasse, die dies aus eigenen Stücken betreiben. Die historischen Dokumente belegen auf eindrückliche Weise, dass sie nicht darauf angewiesen waren, von Intellektuellen belehrt zu werden. Sie benötigten niemanden, der sie über ihre Lage aufklärte und der im Anschluss ihre Interessen artikulierte. Sie brauchten weder Lehrerinnen noch Stellvertreter; sie vertrauten auf ihre eigenen Empfindungen, folgten ihrem Unrechtsbewusstsein und begannen sich, *step by step*, aus den Herrschaftsstrukturen herauszulösen. Sie betrieben mithin das, was er »Selbstemanzipation« nennt: Sie warteten also nicht länger darauf, dass jener, der die Vormundschaft über die ihm Anvertrauten besitzt, sie aus dieser freigibt, sondern betrieben diese Loslösung gleichsam auf eigene Faust. Bildung wird Rancière daher zum Synonym für diesen Emanzipationsprozess: Sie beschreibt die Aufkündigung des Einverständnisses mit den herrschenden Verhältnissen und die hartnäckige Arbeit daran, sich alles anzueignen, was für deren Überwindung notwendig ist. Und dies geschieht meist ohne einen Hauch von Nostalgie: Die Arbeiter, deren Zeugnisse er studiert, sind nicht bestrebt, eine verlorene »Identität« wiederzufinden, sondern sich zu Subjekten auszuarbeiten – und damit einen Ort in der Öffentlichkeit für sich zu reklamieren. Indem sie sich die Nacht aneignen, die doch traditionell für die Reproduktion der Arbeitskraft vorgesehen ist, »erschreiben« sie sich einen Ort, der zum Ausgang ihrer widerständigen Praxis wird (vgl. Klass 2014: 259; Bünger/Sanders/Schenk 2018).

Hält man sich nun vor Augen, was Rancière dazu bewogen hatte, sich in die Archive der Arbeiterbewegung zu begeben, wird deutlich, wie bedeutsam diese Befunde für ihn waren. Sie belegen nicht nur Bildungsprozesse, wo sie von der konventionellen Geschichtsschreibung nicht vermutet werden; sie zeigen überdies, dass die Arbeiter auf keine Vormundschaft angewiesen waren. Die Kluft zwischen Arbeitern und Intellektuellen, die nicht zuletzt von Althusser behauptet wurde (um sich dann ihrer Überwindung widmen zu können), existiert nicht; sie ist eine Erfindung der Intellektuellen: »Es gibt nicht eine populäre Intelligenz, die sich mit praktischen Dingen beschäftigt, und eine gelehrte Intelligenz, die sich dem abstrakten Denken widmet. Es gibt nicht eine Intelligenz, die sich der Realität widmet und eine andere, die sich der Fiktion widmet. Es ist immer dieselbe Intelligenz.« (Rancière 2014: 17)

Diesen Nachweis zu führen zählt zu den wichtigsten Anliegen Rancières. Er tritt allen Zwei-Welten-Lehren mit Vehemenz entgegen und versucht stattdessen, seine These einer ursprünglichen Gleichheit der Menschen zu plausibilisieren. Dass ihn dies immer wieder zu pädagogischen Fragestellungen führt, wird nirgends so deutlich wie in seiner Studie *Le Maître ignorant*, die bereits 1987 erschien, aber erst zwanzig Jahre später in deutscher Übersetzung. Diese Studie zum »Unwissenden Lehrmeister« führt nicht nur die Überlegungen zur Emanzipation fort, die Rancière in seiner Untersuchung zum französischen Frühsozialismus anstellte; sie ging aus dieser Arbeit im Archiv selbst hervor. Er stieß bei seinen Recherchen auf die Geschichte eines Lehrers namens Joseph Jacotot, der sich in Belgien mit der Aufgabe konfrontiert sah, Studierende zu unterrichten, mit denen er keine Sprache teilte: Sie sprachen so wenig Französisch wie er Niederländisch.

Reizvoll ist diese Konstellation nun deshalb, weil hier die etablierte pädagogische Ordnung außer Kraft gesetzt ist: Während im schulischen Unterricht für gewöhnlich die wissende Lehrerin dem unwissenden Schüler gegenübertritt, um ihm mit didaktischen Maßnahmen einen Zuwachs von Wissen und Kompetenzen zu ermöglichen, ist dies hier, an der Universität Leuven, wo Jacotot als Lehrbeauftragter für französische Literatur tätig ist, im Jahr 1818 eben nicht der Fall. Das Wissen der Lehrerin und ihrer Schülerinnen und Schüler ist gleich verteilt: Sie alle sind kundig in ihrer Muttersprache – und niemand ist der Sprache seines Gegenübers mächtig. Jacotot willigte gleichwohl in das Experiment ein und wählte als Gegenstand des Unterrichts eine zweisprachige Ausgabe von Fénelons *Abenteuer des Telemach*, die nur kurz zuvor erschienen war. Er verpflichtete seine Studierenden darauf, sich den französischen Text mithilfe der Übersetzung anzueignen. Ohne sie direkt ansprechen zu können und ohne auf eine dritte, gemeinsame Sprache ausweichen zu können, begann der Unterricht – und führte schon bald zu einem erstaunlichen Ergebnis: Die Studierenden hatten »sich selbst Französisch sprechen und schreiben *gelehrt*« (Rancière 2009: 19). Ausgestattet mit dem Willen, sich eine fremde Sprache anzueignen, und konfrontiert mit einem Objekt – der zweisprachigen Ausgabe des *Telemach* –, erarbeiteten sie sich nicht nur die notwendigen Vokabeln, sondern auch die grammatischen Strukturen. Dieser Bildungsprozess nimmt seinen Ausgang daher nicht von einer Differenz des Wissens oder der Kenntnisse, die dann – von einer kundigen Pädagogin betreut – langsam abgetragen wird. Er wird vielmehr ausgelöst von dem Verlangen, sich einen Sachverhalt anzueignen; dieser unbedingte Wille gilt Rancière als *conditio sine qua non*: Liegt er nicht vor, sind alle pädagogischen Bemühungen zum Scheitern verurteilt. Aber wenn mit ihm gerechnet werden kann – und er pädagogisch entsprechend gefördert und begleitet wird –, scheinen ihm keinerlei Grenzen gesetzt.

Die Geschichte von Jacotot ist für Rancière deshalb so bedeutsam, weil sie geeignet ist, als Gegenmodell zu Althussers

Projekt der Ideologiekritik zu firmieren. Und dieser Fund ist auch insofern erstaunlich, als das pädagogische Feld doch gemeinhin von einer gegenteiligen Logik organisiert ist. Hier – in der Universität nicht anders als in der Schule – werde, so Rancière, stets mit einem »Abgrund der Unwissenheit« operiert, »den der Professor zuschüttet, bevor er einen neuen aufreißt. Die Fragmente fügen sich aneinander, Stücke, die losgelöst sind vom Wissen des Erklärenden, die den Schüler im Schlepptau eines Lehrmeisters spazieren führen, den er nie erreichen wird.« (Ebd.: 33) Jacotots Experiment taucht dieses klassische pädagogische Setting, das von der Differenz des Wissens und der Geste des Zeigens organisiert wird (vgl. Prange 2005), in ein besonderes Licht: Es enthüllt nicht nur die Abhängigkeitsverhältnisse, die hier perpetuiert werden; es zeigt auch, dass die Emanzipation blockiert, wenn nicht verunmöglicht wird. Rancière, der um polemische Wendungen nie verlegen ist, nennt dies den »Geniestreich der Erklärenden«: »Das Wesen, das sie erniedrigt haben, binden sie an sich durch das festeste Band im Land der Verdummung, durch das Bewusstsein seiner Überlegenheit.« (Rancière 2009: 34) Bildungsprozesse, so seine Folgerung, werden daher von Bildungseinrichtungen häufig genug eben nicht nur nicht befördert, sondern hintertrieben. Hier – in Schulen wie in Hochschulen, in Kindergärten wie in den Einrichtungen der Erwachsenenbildung – werde noch immer mit der Zweiteilung der Intelligenz operiert und mit der Gegenüberstellung von Wissen und Unwissen; hier werde die Metapher des Übertragens bemüht und eine Semantik der Emanzipation gepflegt, die nur sehr notdürftig kaschiere, dass das Gegenteil dessen betrieben wird, was in Leitbildern wortreich verkündet werde (vgl. Mayer/Schäfer/Wittig 2019).

Gayatri Chakravorty Spivak problematisiert Privilegien

Ähnliche Vorbehalte gegenüber Bildungseinrichtungen hegt auch Gayatri Chakravorty Spivak. Allerdings sind sie bei ihr anders motiviert. Aufgewachsen in Kalkutta, wird sie von ihren Eltern, die der gebildeten Mittelschicht angehören, intensiv gefördert und lässt schon früh das Talent für eine akademische Karriere erkennen. 1959 erwirbt sie, mit nur siebzehn Jahren, ihren Bachelor in Englischer Literatur und wechselt danach in die USA, wo sie an der renommierten Cornell University Anglistik studiert. Sie setzt sich darüber hinaus intensiv mit der französischen Sprache und Literatur auseinander und promoviert 1974 bei Paul de Man, einem der namhaftesten Vertreter einer dekonstruktivistischen Literaturwissenschaft. Innerhalb der *scientific community* der USA verschafft sie sich erstmals Gehör, als sie Jacques Derridas Studie *Grammatologie* ins Englische übersetzt und diese mit einem Vorwort versieht, das achtzig Seiten umfasst (vgl. Castro Varela/Dhawan 2015: 151 ff.).[17]

Spivak, die seit fast dreißig Jahren an der Columbia University tätig ist und dort als erste *woman of colour* die Auszeichnung erhielt, im Rang eines University Professors zu lehren, kann fraglos auf eine beeindruckende akademische Karriere zurückblicken. Und doch trübt das nicht ihren Blick auf die Funktionen, die Bildungseinrichtungen in Kolonialgesellschaften übernehmen. Begreift man letztere als »Gewalträume« (Habermas 2016: 15) und stellt überdies in Rechnung, dass Indien eine »Beherrschungskolonie« war – sie diente weniger der Erschließung der Peripherien des Landes oder der billigen Nutzung der Arbeitskräfte (vgl. Kerner 2013: 21 f.) –, wird schnell deutlich, welche Bedeutung hier den Einrichtungen des Bildungssystems zukommt. Weil in Beherrschungskolonien keine Besiedlung vorgesehen ist, muss die Kontrolle auf andere Weise erreicht und gegen

Kritik abgesichert werden. Für diesen Typ der Kolonien ist eine Überlagerung unterschiedlicher Spielarten der Gewalt charakteristisch: Die Kolonialmacht – in diesem Fall England – übt nicht nur physische Gewalt aus; sie profitiert auch von der »strukturellen Gewalt« (Galtung), die zwischen den Ländern des Globalen Nordens und des Globalen Südens existiert. Kaum weniger wichtiger ist das Erringen der Deutungshoheit in kulturellen Angelegenheiten und Fragen des geistigen Lebens. Edward Said, neben Spivak einer der wichtigsten Vertreter der *Postcolonial Studies* und Autor der bahnbrechenden Studie *Orientalismus* (Said 2017), hat das Zusammenspiel unterschiedlicher Formen der Unterdrückung treffend beschrieben:

»Die englische Herrschaft über Indien bestand nicht nur in einem Militärapparat, sondern schuf auch ein geistiges, ethnograhisches, moralisches, ästhetisches und pädagogisches Netzwerk, das eine doppelte Funktion hatte: einerseits die Kolonisatoren von ihrer Rolle zu überzeugen (und sie dazu zu bringen, bei der Stange zu bleiben), andererseits die Kolonisierten ruhig zu stellen und sich ihrer Dienste zu versichern.« (Said 2001: 44)

Die Einrichtungen des Bildungssystems müssen als ein wichtiges Element des Unterdrückungssystems gelten. Hier – in den Schulen und Universitäten – wird nicht nur das gelehrt, was als kulturell »wertvoll« gilt und was Anspruch darauf erheben kann, in den Kanon der bedeutenden Güter aufgenommen zu werden; hier wird auch das Gedächtnis gepflegt und ein Archiv dessen angelegt, was als erinnerungswürdig gilt. Stuart Hall hat entsprechend darauf hingewiesen, dass die Gewalt der Kolonialmacht »keineswegs äußerlich« bleibt: Sie prägt die Identität ihrer Opfer und ergreift gleichsam von ihnen Besitz, indem sie eine Ideologie der Ungleichheit lehrt und diese auch über pädagogische

Maßnahmen absichert (vgl. Hall 2013: 203). Die Inferiorität, die das Erleben vieler Kolonialisierter prägt, verdankt sich nicht zuletzt einer Pädagogik, die der »Hochkultur« der Kolonisatoren eine minderwertige »Volkskultur« der Kolonisierten gegenüberstellt. Die Herabwürdigung der lokalen Kulturen, die Geringschätzung der einheimischen Wissensbestände und schließlich die Beschämung der Kolonisierten können daher als das *hidden curriculum* der Bildungseinrichtungen einer Kolonialgesellschaft gelten.

Das ist der Hintergrund, vor dem sich Spivak Bildungsfragen zuwendet, und dies ist zugleich auch eine Erklärung dafür, dass viele Vertreterinnen der *Postcolonial Studies* aus den Literaturwissenschaften stammen: Im Wissen darum, dass die Vorherrschaft der Kolonisatoren auch über dominante Narrative und rassistische Erzählmuster abgesichert wird, wenden sie sich literarischen Texten zu und analysieren diese darauf hin, mit welchen Oppositionen und Hierarchien sie arbeiten. Spivak, deren Lektüren nicht allein von marxistischer Theorie, feministischen Analysen und dekonstruktivistischen Verfahren geprägt sind, sondern auch von der langjährigen Mitarbeit in der *South Asian Subaltern Studies Group*, wendet sich freilich nicht nur dem europäischen Kanon zu und befragt diesen darauf, in welcher Weise er an der Konstituierung des kolonialen Subjekts beteiligt ist; sie interessiert sich auch für lokale Erzählungen, für in Vergessenheit geratene Wissensbestände und sucht hier nach Hinweisen auf gegenhegemoniale Narrative und widerständige Lebensentwürfe (vgl. Castro Varela/Dhawa 2015: 156). So findet sich in ihrer Sammlung von Artikeln, die unter dem Titel *An Aesthetic Education in the Era of Globalization* (2012) vorliegt, ein Essay, in dem sie Erzählungen des südafrikanischen Schriftstellers J.M. Coetzee mit Texten des bengalischen Gelehrten Rabindranath Tagore kontrastiert – und von dieser Konstellation ausgehend über ihre eigene Unterrichtspraxis nachdenkt. Spivak beschränkt sich in ihren machtkritischen Lektüren nicht auf eine »Entzauberung« klassischer europäischer Texte und den Nachweis, dass diese an der Konstituierung des kolonialen Subjekts maßgeblich beteiligt sind; ihr gelingt es dabei auch, disziplinäre Grenzen zu überschreiten und Konstellationen von Gegenständen aufzudecken, die zumeist isoliert behandelt werden. So macht sie in dem erwähnten Essay zu Coetzee und Tagore nicht nur ethische und politische, sondern auch pädagogische Fragen zum Gegenstand. Und dabei wird deutlich, dass dies nicht in erster Linie der Lust an komplexen Lektüreverfahren geschuldet ist, sondern dass die Gegenstände selbst es sind, die solch anspruchsvolle Formen der Thematisierung notwendig machen. Über die *Humanities* lässt sich eben schlecht reden, ohne Fragen der Übersetzung zu problematisieren, ökonomische Ressourcen zum Gegenstand zu machen und über die Qualität der Lehrmaterialien nachzudenken.

In systematischer Hinsicht vielleicht noch wichtiger sind zwei Publikationen, die vor diesen Beiträgen zur ästhetischen Bildung erschienen sind. Zu Beginn der 1990er Jahre publizierte Spivak einen Aufsatzband, der den Titel *Outside in the Teaching Machine* trägt; etwa zehn Jahre später erschien ihr Essay »Righting Wrongs«, der 2008 in deutscher Übersetzung vorlag. Bevor ich mich dem letztgenannten Text zuwende, der geeignet ist, der bildungstheoretischen Debatte neue Impulse zu verleihen, sei ein kurzer Blick auf ihre Beiträge zur »Teaching Machine« geworfen. Anders als es der Titel suggeriert, machen nur wenige Essays das pädagogische Feld zum Gegenstand. Spivak setzt sich hier mit dem französischen Feminismus auseinander, mit Derridas Marx-Rezeption und Salman Rushdies *Satanischen Versen*. Doch so breit das thematische Spektrum ist, gemeinsam sei ihren Beiträgen das Interesse an »agency«, erklärt sie in ihrem Vorwort (Spivak 1993: IX). Sämtliche Beiträge umkreisen die Handlungsfähigkeit und rücken dabei zumeist jene in das Zentrum, welche in den Kämpfen um Hegemonie unterliegen – die Subalternen. Mit anderen Worten: Ohne selbst eine beherrschte Subjektposition innezuhaben, sucht Spivak deren Ringen um eine menschenwürdige Existenz zum Thema zu machen. Dass dieses Anliegen überaus heikel ist, spricht sie gleich auf den ersten Seiten an: Statt hier Souveränität zu reklamieren und zu suggerieren, von »nirgendwo« aus sprechen zu können, mithin als unmarkierte Beobachterin, benennt sie den Ort und die Position, von der aus sie spricht. Sie bezeichnet sich hier als feministische »U.S. academic«, die die meiste Zeit über im globalen Norden lebt, an einer der renommiertesten Universitäten der USA eine machtvolle Position bekleidet und daher von Armut und Hunger, Ausbeutung und Unterdrückung nicht persönlich betroffen ist.

Es muss vor diesem Hintergrund nicht überraschen, dass sie in ihrem Beitrag »Marginality in the Teaching Machine« ihre eigene Position – und die Reichweite ihrer Möglichkeiten – skeptisch beurteilt. Allen Bemühungen um Selbstkritik zum Trotz gilt ihr »the radical teacher in the university« eher als Teil des Problems denn als Teil der Lösung (Spivak 1993: 60). Im Unterschied zu Rancière schätzt Spivak die repressiven Effekte pädagogischer Einrichtungen ungleich stärker ein. Lehrer, ob an Schulen oder an Hochschulen, seien unweigerlich Teil einer »Teaching Machine«, die ein zentrales Element der herrschenden Ordnung darstelle. Und dies auch dann, wenn sie, die »radikalen Lehrerinnen«, sich ernsthaft darum bemühen, emanzipatorische Kräfte freizusetzen und gegenhegemoniales Wissen zu aktivieren; etwa dadurch, dass sie das Narrativ des überlegenen Okzidents durchkreuzen und Texte aus der arabischen Welt zum Gegenstand des Unterrichts machen – Bücher des antikolonialen Aktivisten Frantz Fanon (1981) oder des bereits erwähnten

Literaturwissenschaftlers Edward Said (2017). Auch dem Versuch, den etablierten Kanon zu unterlaufen und andere, weniger repressive Erzählungen zirkulieren zu lassen, seien enge Grenzen gesteckt. Pädagogische Lehrkräfte stünden dem komplizierten Geflecht von Machtverhältnissen und Wissensordnungen nicht neutral und unbeteiligt gegenüber; sie seien ein Teil dessen. Sie müssen daher als »Komplizen« gelten und betrügen sich selbst, wenn sie sich in erster Linie als Befreiungsaktivisten begreifen.[18]

Was nun den Essay »Righting Wrongs« so interessant macht, ist die Tatsache, dass Spivak hier den Versuch unternimmt, eine widerständige Bildungspraxis zu skizzieren. Sie beschränkt sich also nicht darauf, die Grenzen zu beschreiben, auf die auch eine radikale Lehrerin immer wieder stößt, sondern sucht zu zeigen, wie innerhalb von Bildungseinrichtungen das Streben nach Emanzipation unterstützt werden kann.

Im Zentrum ihrer bildungstheoretischen Reflexion stehen die Kinder der Länder des Globalen Südens. Will man die Mitglieder dieser sozialen Gruppe nicht nur dabei unterstützen, eine elementare schulische Ausbildung zu erhalten, sondern sich auch von der (post-)kolonialen Herrschaft zu emanzipieren, muss das Ziel der Bildungsbemühungen »Selbstermächtigung« und »Dekolonialisierung« lauten (Spivak 2008b: 8 f.). Dass dieses Projekt paradoxe Züge trägt, lässt sich kaum übersehen: Die Einrichtungen des Bildungssystems, die Althusser als ideologische Staatsapparate beschrieben hatte und die Spivak als Elemente der Kolonialherrschaft betrachtet, sollen nun zum Auslöser emanzipatorischer Bildungsprozesse werden. Gelingen kann dieses ambitionierte Vorhaben nur, so ihre Einschätzung, wenn das Engagement an zwei Orten intensiviert wird, die kaum weiter voneinander entfernt sein könnten. Es gilt, so Spivak, »an beiden Enden« (ebd.: 14) der Bildung zu arbeiten: mit den Kindern der verarmten

Landbevölkerung, also in den Ländern des Globalen Südens, und mit der jungen Reflexionselite, die an den renommierten Universitäten in den Ländern des Globalen Nordens ausgebildet wird. Anders formuliert: Wenn die elementare Bildungsarbeit in der »Peripherie« nicht von korrespondierenden Bemühungen im »Zentrum« unterstützt und begleitet wird, bleibt sie zum Scheitern verurteilt. Um die repressiven Effekte der Kolonialmacht langfristig überwinden zu können, ist die Vermittlung von Schreib-, Lese- und Rechenfähigkeiten zwar notwendig, aber nicht hinreichend. Erst wenn sich auch unter den Privilegierten die Einsicht durchsetzt, dass sie für ihren eigenen Status – eben: im Besitz von Privilegien zu sein – einen hohen Preis zahlen, dass auch sie wichtiger Einsichten beraubt werden, erscheint die Überwindung der Kolonialherrschaft *in the long run* tatsächlich denkbar.

Für die Bildungsarbeit im Globalen Süden ist nun charakteristisch, dass sie sich nicht auf die Vermittlung von Wissen und Kompetenzen beschränken darf; es reicht auch nicht aus, Bildung in erster Linie als »›Bewusstseinsbildung‹« (ebd.: 11) zu begreifen. Minderwertigkeits- und Schamgefühle deuten auf eine sehr viel tiefer sitzende Form der Unterdrückung. Hier ist nach Spivak mit einer Inkorporierung von Herrschaftsverhältnissen zu rechnen, die sich mit Appellen, welche nur auf den Bereich des Kognitiven zielen, nicht überwinden lässt. Stattdessen müssen die Bildungsangebote, die im Bereich der *Humanities* gemacht werden, darauf abzielen, eine Bewegung der Überschreitung auszulösen. Diese Fächer sollten daher konsequent »im Modus des Künftigen« unterrichtet werden: In den Fokus gerät dann weniger die tatsächliche Verfasstheit der Welt (und die Kritik an ihr), zum Gegenstand werden dann mögliche Welten und Zukünfte, mögliche Identitäten und Lebensentwürfe. »Bildung in den *Humanities* strebt nach einer unerzwungenen Neuanordnung von Wünschen« (ebd.: 12). Sie unterstellt also, dass bei jedem Kind, bei jeder Schülerin und bei jedem Schüler Wünschc existieren, dass es hier gleichsam einen Hunger nach mehr gibt, der von der real existierenden Verteilung von Ressourcen und Privilegien nicht gestillt wird. Ein solches Begehren ist für Spivak überaus wertvoll und unverzichtbar. Und so müssen es sich die pädagogischen Maßnahmen zum Ziel machen, dieses Begehren immer weiter zu fördern und zu stimulieren. Diese Wünsche erscheinen daher als Rohstoff von Bildungsprozessen, die im Dienst der Emanzipation stehen: Wo sie fehlen, lässt sich die Überschreitung der gewaltsamen Kolonialherrschaft kaum denken. Allerdings, auch das erinnert wieder an Rancière, betrachtet Spivak diese Motivation nicht als eine empirisch zu klärende Frage: Sie unterstellt, dass dieser Wunsch nach Überschreitung bei allen, denen sie im Unterricht begegnet, vorliegt, und macht ihn zum Ausgangspunkt ihrer praktischen Bemühungen und theoretischen Reflexionen.

Eine Pointe von Spivaks Argumentation besteht – wie bereits erwähnt – darin, dass sie die Erfahrung der Beraubung nicht auf den Bereich der Subalternen beschränkt. Auch »am anderen Ende der Bildung« ist damit zu rechnen, wenngleich dies den Betroffenen nicht immer hinreichend bewusst ist. Hier – etwa an der Columbia University, wo Spivak lehrt – besteht die Herausforderung darin, die Studierenden dazu zu bewegen, die eigene privilegierte Position hinter sich zu lassen (oder wenigstens vorübergehend einzuklammern) und zu begreifen, dass auch sie nur über eine sehr eingeschränkte Perspektive verfügen. Aus einer der Eliteeinrichtungen des globalen Nordens auf die Welt zu blicken garantiert eben gerade keinen souveränen Überblick; auch diese Perspektive besitzt ihren »blinden Fleck«, der von den Betroffenen meist nicht als solcher wahrgenommen wird. Es bleibt freilich nicht bei dieser erkenntnistheoretischen Überlegung: Spivak wendet sie ins Politische und sensibilisiert dafür, dass die Mitgliedschaft an einer renommierten Bildungseinrichtung nicht eben selten von einer besonderen Form der Überheblichkeit und Eitelkeit begleitet wird. Paart sich diese mit einer gewissen Herablassung, erscheint die Attitüde kolonialer Überlegenheit in neuem Gewand.

Der Unterricht in den *Humanities* ist daher nicht nur im Globalen Süden unverzichtbar; er ist es auch an den Eliteuniversitäten der westlichen Welt. Wichtig ist er deshalb, weil ästhetischen Zeugnissen – Romanen, Comics, Theaterstücken und Opern – die Macht innewohnt, das Eigene zu befremden und einen Zugang zu fremden Lebenswelten zu verschaffen: Sie können eine folgenreiche Bewegung der Dezentrierung auslösen und auf diese Weise die Erfahrung von Alterität ermöglichen (vgl. Rieger-Ladich 2014b, Koller 2018). Es geht also nicht zuletzt darum, die eigenen Privilegien als Einschränkungen zu begreifen und sie ganz gezielt zu »verlernen« (vgl. Castro Varela 2007). Sicherlich auch die eigenen Studierenden vor Augen, schreibt Spivak über die Voraussetzungen solcher Bildungsprozesse: »Die erste Voraussetzung und zugleich Folge wäre eine Aufhebung der Überzeugung, dass ich selbst zwangsläufig besser bin, zwangsläufig unentbehrlich bin, zwangsläufig diejenige bin, die Unrecht richtet, zwangsläufig das Endprodukt bin, um dessentwillen Geschichte geschah, und schließlich, dass New York zwangsläufig die Hauptstadt der Welt ist.« (Spivak 2008b: 22)

Spivak plädiert somit dafür, die pädagogische Ordnung auf radikale Weise neu zu fassen: Statt noch länger mit zwei Gruppen zu rechnen, die völlig gegensätzliche Interessen vertreten, sucht sie dafür zu werben, dass diese tatsächlich ein gemeinsames Anliegen verbindet: Der »Sehnsucht nach Umverteilung« (ebd.: 26) von Ressourcen, die in den Ländern des Globalen Südens immer häufiger artikuliert wird, könnte die Einsicht in die Beschränkung korrespondieren, die an die Privilegien geknüpft ist, welche viele in den Gesellschaften des Globalen Nordens genießen. Die Subalternen geraten in der Folge nicht länger als Objekt von Bevormundung und Unterdrückung oder aber von Zuwendung und Ratschlägen in den Blick, sondern als eine soziale Gruppe, von der sich etwas lernen lässt. Dies gilt nicht zuletzt für Lehrerinnen und Lehrer: Sie selbst sind es, die »durch die Arbeit über Klassen- und Kulturunterschiede hinweg« von »Kindern und dem Verhalten der ›untergeordneten Klassen‹« etwas lernen können. Nicht zuletzt, sich von der Vorstellung zu lösen, »verantwortlich *für* andere zu sein, sondern verantwortlich *gegenüber* anderen« (ebd: 31 f.). Bildung wird daher von Spivak als ein Emanzipationsgeschehen gefasst, das störanfällig ist, keine Sicherheiten kennt und dabei das etablierte pädagogische Setting unterläuft: Die Verlierer der hegemonialen Kämpfe können die Gewinner belehren, Privilegien erweisen sich als Handicaps, und die Umverteilung von Ressourcen muss sich nicht als Nullsummenspiel erweisen. Jene, denen etwas genommen wird, können sich, so Spivak, durchaus als Gewinner und als Beschenkte erfahren.

Vergleicht man nun diese beiden Positionen, fallen eine Reihe von Übereinstimmungen und gemeinsamen Anliegen ins Auge, aber durchaus auch Differenzen. Es ist deutlich geworden, dass Jacques Rancière wie auch Gayatri Chakravorty Spivak sehr daran gelegen ist, die eigene Theoriebildung in den Dienst jener zu stellen, die nicht nur zu den Verlierern der gesellschaftlichen Verteilungskämpfe um Ressourcen und Kapital gezählt werden, sondern die darüber hinaus auch nicht über die Möglichkeit verfügen, ihre Anliegen mit Aussicht auf Gehör zu artikulieren. Beide interpretieren die Emanzipationsprozesse von Ausgebeuteten, Entrechteten und Unterdrückten als Bildungsprozesse und suchen diese durch ihre eigene theoretische Arbeit zu unterstützen. Sie haben dabei zwar unterschiedliche Personengruppen im Blick – während Rancière an das Proletariat und prekär Beschäftigte in den Ländern des globalen Nordens denkt, hat Spivak insbesondere die Kinder der armen Landbevölkerung im globalen Süden im Blick –, wissen aber beide um die Gefahren der Bevormundung und die Tücken der Stellvertretung (vgl. Röhr 2002). Schließlich ist auch der Einsatzpunkt ihrer Theorieprojekte vergleichbar: Sie praktizieren einen radikalen Egalitarismus, postulieren eine einzige Intelligenz und treten allen Formen der Hierarchisierung – etwa zwischen Handarbeit und Kopfarbeit – konsequent entgegen.

Beide Positionen unterscheiden sich jedoch auch – und dies bisweilen in beträchtlicher Weise. Die Kritik, die Spivak in ihrem Essay »Can the Subaltern Speak?« an die Adresse von Deleuze und Foucault richtete, trifft in gewisser Hinsicht auch Rancière. Wie diese ignoriert er die »epistemische Gewalt des Imperialismus« und die Bedeutung ökonomischer Abhängigkeitsverhältnisse (Spivak 2008a: 60). Vielleicht noch wichtiger ist, dass der französische Philosoph an der Analyse jener Machtverhältnisse, welche der »Praxis der intellektuellen Emanzipation« (Rancière 2009: 20) entgegenstehen, nicht immer das gebotene Interesse erkennen lässt. Die Aversion gegen soziologische Analysen jedweder Art, die auch in seinen Polemiken gegen Bourdieu zum Ausdruck kommt, führt dazu, dass seine Interpretation historischer Funde bisweilen etwas von ihrer Überzeugungskraft einbüßt. Rancière fasst zwar Bildung als widerständige Praxis, lässt aber die Sensibilität für deren gesellschaftliche Rahmung mitunter vermissen. Die Folge ist eine Neigung zum Heroismus, der mit der Vernachlässigung struktureller Beschränkungen einhergeht. Die Philosophin Ruth Sonderegger hat in einem Beitrag, der um die Herausforderung kreist, »(nicht) für andere zu sprechen«, genau dies moniert: »Die Feier der axiomatischen Gleichheit nimmt im Lauf der Entwicklungen von Rancières Werk zu und bisweilen klingt seine Betonung der Subjektivierung im Zeichen des Widerstands fast wie ein moralischer Imperativ.« (Sonderegger 2016: 32)

Spivak schenkt den Voraussetzungen von Bildungsprozessen ungleich mehr Aufmerksamkeit. Sie legt ihre Analysen komplexer an, provoziert mit dem Argumentationsstil ihrer Texte allerdings ebenfalls kritische Rückfragen. Zum einen ist ersichtlich, dass auch sie – allen erkenntniskritischen Überlegungen zum Trotz – die Stimme für jene erhebt, deren Interessen nicht angemessen repräsentiert werden. Überdies wird ihr immer wieder vorgeworfen, dass ihre überaus voraussetzungsreichen Texte von jenen wohl kaum gelesen werden können, deren Interessen zu vertreten sie doch vorgibt. Nicht weniger wichtig, aber bislang kaum diskutiert ist die Frage, ob sich die (vermeintlich) »unerzwungene Neuanordnung der Wünsche«, von der Spivak wiederholt spricht, überzeugend rechtfertigen lässt. Diese Schlüsselfrage des pädagogischen Diskurses, die von Immanuel Kant (1983: 711) auf die einprägsame Formel gebracht wurde, wie sich »Freiheit bei dem Zwange« befördern lasse, kehrt hier in neuem Gewand wieder (vgl. Esser 2009).

8. Disziplinierung und Subjektivierung

Bevor im Schlusskapitel einige Herausforderungen zeitgenössischer Bildungstheorien skizziert werden, stelle ich abschließend zwei Positionen dar, die zu vielen der bisher diskutierten enge Verbindungen unterhalten. Michel Foucault und Judith Butler haben nicht allein die Sozialphilosophie und die Wissenschaftsgeschichtsschreibung, die Politische Theorie sowie die Geschlechterforschung nachhaltig inspiriert; sie können auch zu den wichtigsten Referenzen einer machtkritischen Bildungstheorie gezählt werden. Es ist auch ihren Arbeiten zu verdanken, wenn gegenwärtig die Anstrengungen deutlich intensiviert werden, Bildung neu zu buchstabieren und empirisch zu erforschen.

Dies geschieht vor dem Hintergrund einer Krise der Kritik. Das Vertrauen in die theoretischen Werkzeuge, deren sich noch die Vertreter der Kritischen Theorie bedient hatten, ist – so scheint es – weitgehend aufgebraucht (vgl. Thompson 2004; Rieger-Ladich 2014a). Eine ganze Reihe von Studien hat nachgewiesen, dass der Kapitalismus von der an ihm vorgetragenen Kritik in erheblicher Weise profitiert hat. Er hat sich, so die unbequeme Diagnose etwa von Luc Boltanski und Ève Chiapello (2003), durch diese Kritik gleichsam verjüngt und erneuert. Gestützt auf die Analyse zeitgenössischer Managementliteratur, weisen sie nach, dass viele Unternehmen von der Kritik, die im Feld der Kunst und der Sozialen Bewegungen entwickelt wird, gelernt haben. Immer häufiger verhallt daher die Kritik ungehört – oder sie wird auf diskrete Weise vereinnahmt. Es ist daher nur folgerichtig, dass Jan Masschelein vor den Selbstgewissheiten einer kritischen Attitüde warnt und auf die schleichende Entwertung des kritischen Vokabulars hinweist: »Begriffe wie Autonomie, Selbstbestimmung, Kritik, Befreiung haben [...] die Fronten gewechselt« (Masschelein 2003: 129).

In der Folge muss es auch nicht verwundern, dass das Interesse an theoretischen Konzepten merklich zurückgeht, die mit binären Unterscheidungen wie Autonomie/Heteronomie und Mündigkeit/Unmündigkeit operieren. Ungleich stärker gefragt sind seit den 1990er Jahren Ansätze, die auf solche Gegenüberstellungen weitgehend verzichten, die stattdessen mit der Komplizenschaft der kritischen Praxis rechnen und davon absehen, als Kronzeugen der Kritik ein makelloses Subjekt aufzurufen (vgl. Brinkmann 1999). Die Herausforderung, vor der solche Konzepte stehen, besteht nicht zuletzt darin, das Zugleich von Unterwerfung und Befreiung zu denken – und dies von einer Position aus, die eben nicht jenseits der inkriminierten Verhältnisse angesiedelt ist. Entsprechend stehen auch die Bildungsprozesse, die es in den Blick zu nehmen gilt, den Herrschaftsverhältnissen nicht einfach gegenüber. Statt also die Vorgängigkeit eines unschuldigen Subjekts zu behaupten, das von den herrschenden Verhältnissen »beschmutzt« und »befleckt« wird, das seiner selbst »entfremdet« wird, rechnen die neuen Konzepte mit dem komplizierten Ineinander von Unterdrückung und Aufbegehren. Sie thematisieren das Ringen um ein Mehr an Handlungsspielräumen, ohne dabei einen souveränen Akteur zu unterstellen, und lenken zu diesem Zweck das Augenmerk auf die Genese des Subjekts. Zum Gegenstand der Bildungstheorie werden in der Folge die sozialen Praktiken der Subjektivierung.[19]

Einer der wichtigsten Stichwortgeber für bildungstheoretische Reflexionen dieser Art ist Michel Foucault. Nach dem Besuch der

École normale supérieure und einigen Stationen im Ausland wurde er 1970, im Alter von nur 46 Jahren, an das Collège de France in Paris berufen, wo er einen Lehrstuhl für die Geschichte der Denksysteme bekleidete. In seinen materialgesättigten Studien, über deren Entstehung und Fortgang er in seiner Vorlesung regelmäßig berichtete, spürte er dem komplizierten, sich fortwährend verändernden Verhältnis von Wissen, Macht und Subjektivität nach. Diese Arbeiten lassen sich kaum einmal innerhalb der engen Grenzen einzelner Disziplinen verorten; vielmehr besitzen sie eine solche Sprengkraft, dass sie bis heute immer wieder dazu zwingen, Wissensbestände und Reflexionsformen auf ganz grundsätzliche Weise neu zu befragen. Und obwohl Foucault stets eng umgrenzte Phänomene in einem klar definierten Zeitraum zum Gegenstand machte – etwa die Veränderung des medizinischen Wissens oder die Reform der Strafpraxis an der Wende zum 19. Jahrhundert –, strahlen diese Arbeiten in andere Forschungsfelder aus und regen noch immer neue Studien an.

Dass es dabei innerhalb der intellektuellen Landschaft zu beträchtlichen tektonischen Verschiebungen kommt, wurde anlässlich einer Foucault-Konferenz deutlich. Sie fand im Jahr 2001 an der Goethe-Universität statt – mithin an jenem Ort, an dem etwa achtzig Jahre zuvor das Institut für Sozialforschung gegründet worden war. Die prominenteste Teilnehmerin der Konferenz war zweifellos Judith Butler: Sie sprach an der Wirkungsstätte Adornos und Horkheimers zu einem überfüllten Auditorium über Foucaults Praxis der Kritik. Butler, die in Berkeley Komparatistik und Kritische Theorie lehrt, verzichtete darauf, die beliebte Gegenüberstellung von Kritischer Theorie vs. Poststrukturalismus und von Frankfurt vs. Paris zu bedienen, und zeigte *en passant*, dass sich wichtige Anliegen der Frankfurter Schule auf gewinnbringende Weise reformulieren lassen. Dass auch ihre eigenen Beiträge, die von grundlagentheoretischen Arbeiten zur Heteronormativität über Studien zur Sprach- und Sozialphilosophie bis hin zur Politischen Theorie reichen (vgl. Hark 2005), von einer dezidiert herrschaftskritischen Haltung geprägt sind, steht außer Frage – und fand eine Bestätigung, als ihr im Jahr 2012 der Adorno-Preis der Stadt Frankfurt am Main verliehen wurde.

Michel Foucault untersucht Kliniken und Gefängnisse

Obwohl Foucault, der in einer vermögenden Familie in Poitiers aufwächst, die väterlicher- wie mütterlicherseits von Ärzten geprägt ist, dem dringenden Wunsch des Vaters nicht entspricht, sich ebenfalls der Medizin zu widmen, wendet er sich doch schon bald, nach dem Studium von Philosophie und Psychologie, diesem Wissensgebiet zu. Nachdem er sich in seinem Studium – angeleitet etwa von Louis Althusser, der in jener Zeit an der ENS Philosophie lehrt – mit klassischen Themen befasst hat, bezieht er nach kurzer Zeit eine strikte Opposition zu allen geschichtsphilosophischen Positionen und beginnt stattdessen jene Praktiken zu erforschen, durch die Grenzen reguliert werden (vgl. Gehring 2004). Ihn interessiert dabei etwa jene Trennlinie, die zwischen normal und wahnsinnig unterscheidet, wie auch jene, welche den Unterschied zwischen gesund und krank markiert. Und so ist es der Untersuchungsstil eines berühmten Arztes, der auch als Charakterisierung seiner eigenen Forschungspraxis gelten kann. In seiner historischen Studie zur Geburt der Klinik, die 1963 unter dem Titel *Naissance de Clinique* erscheint (Foucault 1991a), kommt dem Anatom Xavier Bichat, der im 18. Jahrhundert praktizierte, eine prominente Rolle zu. Von Bichats Analyse behauptet Foucault, dass sie »mitten unter den wirklichen Erscheinungen die funktionelle Komplexität in einfache anatomische Elemente« teile und dabei stets auf die »räumliche Teilbarkeit der Dinge« abziele (ebd.: 144 f.).

Daran ist auch Foucault interessiert: Er sucht in seinen historischen Studien nicht allein die räumliche Organisation des Wissens nachzuzeichnen, sondern auch deren Folgen aufzudecken. Die frühen Arbeiten zur Psychiatrie und zur Klinik sind denn auch keine akademischen Fingerübungen, die ihm eine wissenschaftliche Karriere ermöglichen sollen; sie sind vielmehr motiviert von der Frage, welche machtförmigen Effekte von bestimmten Formen der Klassifikation ausgehen. Foucault wendet sich den Regeln zu, die bestimmte Wissensgebiete konstituieren, sowie den Akteuren und Objekten, welche dieses bevölkern. Und verliert dabei nie die Frage aus dem Auge, was diese Grenzziehungen für die davon Betroffenen bedeuten. Schon in seinen frühen Untersuchungen spürt er somit dem Zusammenspiel von Wissensordnungen und Machtverhältnissen nach. Er macht eben nicht nur isolierte Diskurse – etwa jene der Medizin zwischen 1770 und 1820 – zum Gegenstand, sondern nimmt neben den Institutionen auch die Professionen in den Blick, die daran beteiligt sind, und wendet sich den unterschiedlichen Formen zu, in denen sich das neue Wissen materialisiert. Einem Archäologen gleich, trägt er beharrlich Schicht um Schicht der Wissensordnungen ab, um jene Muster freizulegen, die sie organisieren. Foucault interessiert sich mithin für Grammatiken, die Wirklichkeitsbereiche konstituieren, transformieren und immer wieder neu organisieren. Dabei fällt auf, dass seine historischen Untersuchungen ihren Ausgang zumeist von Brüchen und Verschiebungen des Wissens nehmen; er sucht die Wissensordnungen in ihren Veränderungen zu beobachten und fragt danach, welche Akteure daran beteiligt sind, welche Positionen bezogen, welche Typen von Argumenten vorgetragen werden, wer von der neuen Ordnung profitiert – und wer nicht.

Was Foucault bei Bichat beobachtet, wird ihm bald auch von seinen Zeitgenossen attestiert: Wie der berühmte französische Anatom seinen kühlen Blick auf den Untersuchungsgegenstand heftete, um diesen systematisch zu zergliedern und seiner inneren Ordnung auf die Spur zu kommen, so gehe auch Foucault vor, wenn er Diskurse untersucht und einzelne Elemente isoliert: mit derselben Mischung aus Kälte, Präzision und Unbarmherzigkeit (vgl. Sarasin 2005: 68 f.).

Diese Haltung kennzeichnet in weiten Teilen auch seine Antrittsvorlesung am Collège de France, die er im Dezember 1970 hält. Obwohl er zuvor für zwei Jahre an der neu gegründeten Universität Vincennes gelehrt und sich hier mehr und mehr für politische Fragen interessiert hatte, ist seine Inauguralvorlesung doch weitgehend frei von kämpferischem Pathos. Er skizziert hier ein Forschungsprogramm für die nächsten Jahre, das denkbar weit entfernt ist von den politischen Parolen, die zu jener Zeit im (post-)revolutionären Paris ausgetauscht werden. Deutlich wird dies etwa an der leitenden Hypothese seiner Überlegungen, die er zu Beginn erläutert und die bereits den typischen Sound seiner Theoriesprache erkennen lässt: »Ich setze voraus, daß in jeder Gesellschaft die Produktion des Diskurses zugleich kontrolliert, selektiert, organisiert und kanalisiert wird – und zwar durch gewisse Prozeduren, deren Aufgabe es ist, die Kräfte und die Gefahren des Diskurses zu bändigen, sein unberechenbares Ereignishaftes zu bannen, seine schwere und bedrohliche Materialität zu umgehen.« (Foucault 1991b: 10 f.)

Foucaults Forschungsvorhaben besteht mithin darin, jene sozialen Praktiken aufzudecken, durch die Diskurse unterschiedlichster Art kontrolliert und reguliert werden. Wie dies geschehen soll, erläutert er im Rückgriff auf eine Systematik, die einzelne Verfahren aufführt. Wie auf einem Reißbrett grenzt er dabei »Ausschließungssysteme« von »internen Prozeduren« und solchen Verfahren ab, die eine »Verknappung« der sprechenden Subjekte betreiben (vgl. ebd.: 11 ff.) In der zweiten Hälfte seines Vortrags erläutert er die methodischen Verfahren, die dabei zum Einsatz kommen sollen und die deutlich machen, dass er sein eigenes Vorhaben als Gegenmodell zu allen geschichtsphilosophischen Konzepten begreift. Statt noch länger – wie etwa Hegel – die Geschichte als Medium der Vernunft zu betrachten, gelte es, ein Modell der Analyse zu entwickeln, »welches erlaubt, den *Zufall*, das *Diskontinuierliche* und die *Materialität* in die Wurzel des Denkens einzulassen« (ebd.: 38). Foucault rechnet also mit dynamischen, kontingenten Ordnungen des Wissens, die es in ihren Verschiebungen präzise zu rekonstruieren und auf ihre machtförmigen Effekte hin zu untersuchen gilt.

Nur einen Monat nach seiner Antrittsvorlesung, die in der Welt der Gelehrten auf großes Interesse stieß, tritt Foucault erneut an die Öffentlichkeit – nun allerdings in einem ganz anderen Kontext. Am 8. Januar 1971 gründet er gemeinsam mit Daniel Defert, seinem Lebensgefährten, und dem befreundeten Philosophen Gilles Deleuze die »Groupe d'Information sur les Prisons« (G.I.P.). Nicht zuletzt ausgelöst von der großen Zahl an Inhaftierungen linker Aktivisten während der Proteste des Jahres 1968, rufen sie dazu auf, das Gefängnis als Instrument staatlicher Repression in den Blick zu nehmen (vgl. Eribon 1993). Das Programm, das er nur vier Wochen zuvor noch theoretisch und recht abstrakt entwickelt hatte, wird nun, so scheint es, praktisch und unmittelbar politisch. Die Gründer der Gruppe laden in der Folge Sachkundige und Expertinnen aller Art – Anwältinnen und Richter, Sozialarbeiterinnen und Aufseher, Betroffene und ihre Angehörigen – dazu ein, ihr Wissen zusammenzutragen, um auf diese Weise das Beschweigen des Gefängnisses durchbrechen zu können und dieses als eine Institution zu untersuchen, die diszipliniert und normalisiert. Er ziehe diese »effektive Arbeit dem universitären Geschwätz und dem Büchergekritzel« vor, lässt er in jener Zeit verlauten (zit. nach Sarasin 2005: 125).

Und doch ist es genau jene Studie, die aus der gemeinsamen Arbeit zum Gefängnis hervorgeht, die Foucault international bekannt macht und vielleicht bis heute die stärkste Resonanz erfahren hat. Obwohl er sich in dieser Gruppe leidenschaftlich engagiert, findet er die Zeit für die Arbeit an einem Manuskript, das Ende 1973 abgeschlossen ist und zu Beginn des Jahres 1975 unter dem Titel *Surveiller et punir* erscheint. Hatte sich Foucault in der G.I.P. noch dafür stark gemacht, das Regime des Schweigens zu durchbrechen und den Betroffenen Gehör zu verschaffen, legt er seine Studie nun doch historisch an: Nachdem er zunächst die *Geburt der Klinik* untersucht hatte, wendet er sich jetzt der »Geburt des Gefängnisses« zu. Aber auch diese Forschungsarbeit ist motiviert von aktuellen politischen Auseinandersetzungen. Foucault untersucht in *Überwachen und Strafen* zwar die Reform der Strafjustiz im 18. und 19. Jahrhundert, aber dies eben als Versuch, etwas zur Aufklärung zeitgenössischer Herrschaftsverhältnisse beizutragen. Seine Geschichte des Gefängnisses, die den Körper des Inhaftierten in das Zentrum rückt und dabei auch drastische Schilderungen nicht scheut, entspringt der Absicht, »die Geschichte der Gegenwart zu schreiben« (Foucault 1992: 43).

Bildungstheoretisch ist diese materialreiche Studie deshalb brisant, weil sie die Kritik am Subjekt, die in jener Zeit etwa auch von Vertretern der Philosophie und der Ethnologie vorgetragen wird, noch einmal verschärft. Das Subjekt erweist sich nicht als ein vorgängiges Phänomen, als eine Entität eigener Art, sondern erscheint nun als das Ergebnis von Praktiken der Disziplinierung. Gleichsam idealtypisch komme das in dem Entwurf des Panopticons zum Ausdruck, der von dem englischen Aufklärer und

Sozialreformer Jeremy Bentham Ende des 18. Jahrhunderts entwickelt wurde. In diesem Modell eines Gefängnisses werden Wände und Blickachsen, Verglasungen und Verspiegelungen auf eine Weise miteinander kombiniert, dass sich der Häftling permanent beobachtet wähnt – und dies eben auch in solchen Fällen, in denen der zentrale Überwachungsturm nicht besetzt ist. Weil dieser verspiegelt ist und von den Gefangenen nicht eingesehen werden kann, werden sie dazu genötigt, die kontrollierenden Blicke des Überwachungspersonals zu antizipieren – und machen sich diese schließlich zu eigen. Das »Disziplinarindividuum« geht aus dieser raffinierten Form der Überwachung hervor.

»Die schöne Totalität des Individuums wird von unserer Gesellschaftsordnung nicht verstümmelt, unterdrückt, entstellt; vielmehr wird das Individuum darin dank einer Taktik der Kräfte und der Körper sorgfältig fabriziert. Wir sind weit weniger Griechen, als wir glauben. Wir sind nicht auf der Bühne und nicht auf den Rängen. Sondern eingeschlossen in das Räderwerk der panoptistischen Maschine, das wir selbst in Gang halten – jeder ein Rädchen.« (Ebd.: 278 f.)

Das Anstößige von Foucaults Studie besteht nun darin, dass er das Panopticon nicht allein als Prototypen einer bestimmten Form der Gefängnisarchitektur interpretiert, sondern als Ausgeburt einer neuen Spielart der Macht, die hier exemplarisch studiert werden kann, die also längst auch ganz andere Bereiche der Gesellschaft prägt. Das Absehen von physischem Zwang und die Internalisierung von Machtverhältnissen lasse sich auch in Kliniken und Fabriken, in der Psychiatrie und in Schulen beobachten. Nicht allein bei den »Verurteilten« könne daher auf den Einsatz von Gewaltmitteln verzichtet werden, um ein regelkonformes Verhalten zu erzwingen; dies treffe auch für die »Wahnsinnigen«

und die »Arbeiter«, die »Kranken« und die »Schüler« zu. Sie alle, so Foucault, seien »zum Prinzip der eigenen Unterwerfung« geworden (ebd.: 260).

Er verabschiedet sich daher von dem alten Schema der Kritik, das an zentraler Stelle mit dem Begriff des Subjekts arbeitete, und wendet sich stattdessen solchen Verfahren zu, über die es erzeugt wird. Foucault erforscht somit jenes Geflecht aus sozialen Praktiken und Akteuren, durch das aus Individuen Subjekte werden. Er scheint sich dabei an einem Kräfteparallelogramm zu orientieren und an sich überkreuzenden Bewegungen und Linien. Statt also eine abstrakt-philosophische Kritik am Konzept des Subjekts zu formulieren, wendet er sich ungleich kleinteiligeren Fragestellungen zu, die sich empirisch erforschen lassen. Mit einer vergleichbaren Liebe zum Detail, die er schon in seinen Studien zum Wahnsinn und zur Klinik hatte erkennen lassen, wendet er sich nun dem Gefängnis zu – und studiert juristische Erlasse, architektonische Grundrisse und räumliche Arrangements; er interessiert sich für Praktiken der Rechtsprechung wie für solche der Bestrafung. Foucault geht also von dem Zusammenspiel der Hervorbringung juristischen Wissens, der Ausprägung machtförmiger Disziplinierungspraktiken und der Entstehung entsprechender Formen von Subjektivität aus. Wie diese Kräfte aufeinander wirken – ob sie sich blockieren, neutralisieren oder wechselseitig stimulieren –, lässt sich vorab nicht entscheiden; es muss gleichsam »vor Ort«, konfrontiert mit dem empirischen Material, untersucht werden.

So singulär diese Forschungspraxis und die damit verbundene Absage an das Subjekt zunächst erscheinen mögen, Foucault ist mit dieser Stoßrichtung seiner Arbeiten durchaus nicht allein; er weiß sich verbunden mit einer Vielzahl von Kollegen. Diese arbeiten zwar zumeist in anderen Disziplinen, aber sie alle eint doch der Impuls, nach der Verklärung des Subjekts ein neues

Kapitel aufzuschlagen. Und so erläutert er Ende der 1970er Jahre in einem ausführlichen Interview, was ihn mit dem Psychoanalytiker Jacques Lacan, dem Ethnologen Claude Lévi-Strauss, dem Marxisten Louis Althusser oder dem Zeichentheoretiker Roland Barthes verbindet:

> »Die Vorstellung, dass das Subjekt nicht die Grund- und Ursprungsform ist, sondern sich durch eine Reihe von Prozessen bildet, die selbst nicht der Subjektivität angehören, sondern einer Ebene, die offenbar sehr schwer zu bezeichnen und sichtbar zu machen ist, die aber fundamentaler und ursprünglicher als das Subjekt selbst ist, diese Vorstellung tauchte einfach nicht auf. Das Subjekt hat eine Genese, eine Bildung, eine Geschichte; es ist nicht ursprünglich.« (Foucault 2005a: 741)

Dieser Genese nachzuspüren, die Bildung des Subjekts zu rekonstruieren kann als ein Zentrum von Foucaults Arbeiten gelten. Dabei muss daran erinnert werden, dass es »das Subjekt« im Singular für ihn nicht gibt. An dessen Stelle tritt nun die Analyse von Praktiken der Subjektivierung, also die empirische Erforschung jener Verfahren, durch die Subjekte gebildet werden.

Dass sich Foucault schon früh auch für solche Subjektivierungspraktiken interessierte, die weniger repressiv sind, wurde hierzulande lange Zeit kaum zur Kenntnis genommen. Es ist wohl auch der Übersetzungspraxis und Veröffentlichungspolitik mancher Verlage geschuldet, dass er im deutschsprachigen Raum lange Zeit fast ausschließlich als Theoretiker der Disziplinierung gelesen wurde. Und dies, obwohl er schon Ende der 1960er Jahre einige Texte der Beobachtung gewidmet hatte, dass sich Ordnungen – seien es solche des Wissens oder auch solche der Gewalt – nie vollständig durchsetzen. Es müsse immer mit Orten des Widerstands, mit Nischen und Lücken, gerechnet werden. Diese Orte, die geeignet sind, herrschende Ordnungen zu destabilisieren und zu unterlaufen, nennt er »Heterotopien« (vgl. Foucault 2005b; Klass 2012). Sie gelten ihm als Widerlager aller Bemühungen um die Festschreibung der herrschenden Verhältnisse. Es ist daher unzulänglich, ein Gefängnis, eine Fabrik oder etwa eine Schule nur auf Praktiken der Disziplinierung hin zu beobachten; stattdessen wäre damit zu rechnen, dass die Versuche der Stillstellung immer wieder auch auf Widerstände treffen, dass sie Protest und Aufbegehren provozieren (vgl. Rieger-Ladich/Grabau 2015).

Wertet man diese kleineren Texte nicht als bloße Gelegenheitsarbeiten ab, lassen sich auch die späten Studien Foucaults leichter einordnen. Als er sich zu Beginn der 1980er Jahre der Antike zuwendet und griechische wie auch römische Schriften studiert – etwa zur Praxis des Tagebuchschreibens –, ist dies noch immer motiviert von der Suche nach Selbstverhältnissen, die weniger gewaltförmig sind (vgl. Foucault 1993). Auch in diesen Arbeiten geht es um die Genese des Subjekts, um die Ausarbeitung seiner selbst, um den Versuch, »nicht länger dermaßen regiert zu werden«. Die Arbeit an sich selbst, die lange Zeit in bildungstheoretischen Diskussionen prominent war, kehrt nun wieder – aber eben in veränderter Gestalt. Sie findet in einem Dickicht von Diskursen statt, sie wird betrieben innerhalb von sich überkreuzenden Machtverhältnissen und sie kennt kein souveränes Subjekt, das sich selbst zum Entwurf wird.

Judith Butler verknüpft Verletzbarkeit mit Widerständigkeit

Judith Butler – 1956 geboren und damit die jüngste derer, die hier diskutiert werden – wächst in Cleveland, Ohio, auf, in einer jüdischen Familie, die ihren Glauben praktiziert und sich auch politisch engagiert. Sie besucht eine jüdische Schule und befasst sich schon früh, noch als Jugendliche, mit Fragen jüdischer Ethik. An der Yale University studiert sie Philosophie und verbringt, ausgestattet mit einem Stipendium, Ende der 1970er Jahre ein akademisches Jahr an der Universität Heidelberg. In dieser Zeit setzt sie sich intensiv mit dem Deutschen Idealismus auseinander, nicht zuletzt mit Hegel, den sie auch in ihrer Dissertation behandelt. Nach ersten Beiträgen zur feministischen Theorie publiziert sie 1990 ihr Buch *Gender Trouble* und wird gleichsam über Nacht zu einer international diskutierten Intellektuellen. Ganz unabhängig davon, ob man ihre Kritik heteronormativer Ordnungen in jedem Detail nachvollzieht und teilt, scheint es mir unstrittig, dass in den vergangenen Jahrzehnten kein anderes Buch die Debatten der Geschlechterforschung so sehr geprägt hat wie ihre schmale, aber sehr anspruchsvolle Schrift.

Nur ein Jahr darauf lag bereits die Übersetzung vor und provozierte auch hierzulande erregte Debatten, in denen nicht eben selten Vertreterinnen unterschiedlicher Generationen der Frauenforschung und -bewegung aufeinandertrafen. Viele Konflikte entzündeten sich seinerzeit an der Frage, wie innerhalb des Feminismus auf die Herausforderungen des Poststrukturalismus zu reagieren sei: Was bleibt vom politischen Projekt des Feminismus, wenn die Kategorie des Subjekts auf grundlegende Weise problematisiert und Geschlechtsidentität als diskursiver Effekt betrachtet wird? Was kann noch als Grundlage des gemeinsamen Engagements betrachtet werden, wenn das Geschlechterverhältnis als kontingente, symbolische Ordnung in den Blick gerät? Von wo aus und mit welcher Legitimität kann einer patriarchalen, sexistischen und homophoben Gesellschaft noch der Kampf angesagt werden? Mit Fragen dieser Art sah sich Butler, die kurz nach Erscheinen von *Gender Trouble* nach Berkeley wechselte, konfrontiert (vgl. Hark 2005; Casale/Windheuser 2019).

Wirft man einen Blick auf ihre Entgegnungen, zeigt sich schnell, wie viel sie den Arbeiten Foucaults verdankt; zugleich wird aber auch deutlich, inwiefern sie dieses Theorieprojekt konzeptionell weiterentwickelt und ihm neue Möglichkeiten erschließt. Zunächst ist es aufschlussreich, wie Butler auf die Vorhaltungen reagiert, eine geteilte Identität sei zwingend notwendig, um gemeinsam politisch agieren zu können. Auf diese Annahme reagiert sie in dem Vorwort zu *Gender Trouble* und hält fest, dass es theoretisch wenig überzeugend sei, das weibliche Erleben als einen vordiskursiven Raum zu konzipieren. Allen Bestrebungen, mit der Kategorie des Authentischen zu operieren und diese für den Bereich des Weiblichen zu reservieren, tritt sie strikt entgegen:

»Die genealogische Kritik lehnt es ab, nach den Ursprüngen der Geschlechtsidentität, der inneren Wahrheit des weiblichen Geschlechts oder einer genuinen, authentischen Sexualität zu suchen, die durch die Repression der Sicht entzogen wurde. Vielmehr erforscht die Genealogie die politischen Einsätze, die auf dem Spiel stehen, wenn die Identitätskategorien als *Ursprung* und *Ursache* bezeichnet werden, obgleich es in Wirklichkeit *Effekte* von Institutionen, Verfahrensweisen und Diskursen mit vielfältigen und diffusen Ursprungsorten sind. Die Aufgabe der vorliegenden Untersuchung ist, sich auf solche definierenden Institutionen: den Phallogozentrismus und die Zwangsheterosexualität zu zentrieren – und sie zu dezentrieren.« (Butler 1991: 9)

Statt also identitätstheoretisch zu argumentieren, komme es darauf an, in der Analyse des Geschlechterverhältnisses strikt relational zu verfahren: So wenig es vordiskursive Erfahrungen des »Weiblichen« gebe, so wenig gebe es authentische Erfahrungen des »Männlichen«; beide Positionen seien stattdessen als Elemente einer symbolischen Geschlechterordnung zu betrachten, die Bedeutung einzig über Differenz stifte. Diese Ordnung ist nun insofern gewaltförmig, als sie reguliert, welche Formen geschlechtlichen Begehrens zu einer bestimmten Zeit und in einer bestimmten Gesellschaft als anerkennungsfähig gelten. Folgt man dieser Argumentation, ist es auch nicht länger überzeugend, mit der binären Unterscheidung von biologischem und sozialem Geschlecht (engl. *sex* und *gender*) zu operieren, weil auch die Biologie keinen vordiskursiven Bereich bezeichnet. Auch die Rede von primären und sekundären Geschlechtsmerkmalen ist durchaus nicht »unschuldig«, sondern verweist auf hegemoniale Diskurse. Butler reagiert daher auf die wissenschaftlichen Diskurse, die eine Naturalisierung kultureller Praktiken der Unterscheidung und Bezeichnung betreiben, indem sie diese machtkritisch rekonstruiert. Die Absicht ihres Buches bestehe darin, so Butler, »die Bahnen nachzuzeichnen, auf denen die Geschlechter-Fabeln (*gender fables*) die Fehlbenennung natürlicher Fakten etablieren und in Umlauf bringen« (ebd.: 12).

Nicht weniger interessant ist ihre Entgegnung auf die Behauptung, für politische Aktionen und soziale Bewegungen sei die Kategorie des Subjekts unverzichtbar. In einem Vortrag, den sie 1990 bei einem Kolloquium mit dem Titel »Feminism and Postmodernism« hält, wendet sie die Überlegungen Foucaults zur Subjektivierung reflexiv – und macht dabei nicht nur den feministischen Diskurs zum Gegenstand, sondern auch die eigene Sprecherposition: »Wer spricht, wenn ›ich‹ zu Ihnen spreche? Welches sind die institutionellen Geschichten von Unterwerfung (*subjection*) und Subjektivierung (*subjectivation*), die mich hier und jetzt in eine Position stellen?« (Butler 1993: 40) Das Ringen um Anerkennung finde nicht nur jenseits der feministischen Community statt, sondern auch innerhalb des wissenschaftlichen Feldes. Auch der feministische Diskurs müsse daher als eine Arena betrachtet werden, in der um Aufmerksamkeit, Wertschätzung und Zustimmung gerungen wird. Und auch hier gibt es keine souveränen Akteure, keine Subjekte, die jene sozialen Praktiken, denen sie sich verdanken, kontrollieren könnten: »Kein Subjekt ist sein eigener Ausgangspunkt.« (Ebd.: 41)[20]

Von besonderem bildungstheoretischen Interesse sind nun jene Arbeiten Butlers, in denen sie an späte Studien Foucaults anknüpft und diese konsequent weiterführt. Werde Macht nicht länger ausschließlich repressiv gedacht, sondern auch als ein produktives Vermögen, gerate sie als jenes Bündel von Kräften in den Blick, das Subjekte »allererst *bildet* oder *formt*« (Butler 2001: 7). Macht gilt dann nicht mehr als Synonym für Unterdrückung und Unterwerfung, sondern kann nun auch als ein Vermögen betrachtet werden, das gleichsam ins Leben ruft, das einer Existenz ihre besondere Gestalt verleiht.

Allerdings moniert Butler, dass Foucault dieses Geschehen nicht immer hinreichend kleinteilig untersucht habe; seine Analysen fielen bisweilen zu grobmaschig aus. Das komplizierte Ineinander von Unterwerfung und Ermächtigung müsse in seiner verwirrenden Widersprüchlichkeit sehr viel präziser herausgearbeitet und analysiert werden. Diesem anspruchsvollen Versuch ist ihr Buch *The Psychic Life of Power* gewidmet. Ungleich besser als die deutsche Übersetzung, die den Untertitel mit »Das Subjekt der Unterwerfung« wiedergibt, kennzeichnet das Original ihr Anliegen: »Theories in Subjection« zeigt an, dass sie sich hier mit unterschiedlichen Versuchen befasst, Subjektivierungspraktiken zu analysieren. In systematischer Hinsicht vielleicht noch wichtiger als die Lektüren von Hegel und Nietzsche, Freud und Lacan, die sie hier betreibt, ist ihre Auseinandersetzung mit Louis Althusser. Sie wendet sich dessen berühmtem Beitrag zur Debatte um den Ideologiebegriff zu und interpretiert diesen nun strikt subjekttheoretisch. Dabei ist ihre Absicht deutlich erkennbar, damit die Voraussetzungen dafür zu schaffen, Praktiken der Subjektivierung künftig genauer untersuchen zu können, als dies etwa Foucault praktizierte. Dieser habe, so Butlers Kritik, nicht allein die psychische Dimension der Subjektivierung vernachlässigt, sondern auch den Möglichkeiten, Widerstand zu leisten, nicht immer die notwendige Aufmerksamkeit gewidmet. Eben dies, die kritische Rückwendung auf jene Kräfte, welche die Subjektivierung betreiben, hatte sie auch schon in ihrer stilbildenden Studie zum Gegenstand gemacht und als »Resignifizierung« bezeichnet (vgl. Butler 1991).

Im Zentrum ihrer Althusser-Lektüre steht die Interpretation von dessen Theorie der Anrufung. Althusser schildert in einer viel zitierten Passage seines Textes eine Szene, in der ein Polizist einen Passanten, der dabei ist, die Straße zu überqueren, mit den Worten »He, Sie da!« anruft, worauf dieser sich umwendet und sich als Adressat dieser Anrufung zu erkennen gibt (oder sich dazu macht). Interpretiere man diese Anrufung nun gleichsam als die »Urszene« (Saar) der Subjektbildung, müsse, so Butler, das Augenmerk auch auf deren Voraussetzungen gelenkt werden. Es müsse geklärt werden, weshalb sich der Passant umdrehe und als Adressat erweise. Ohne über dessen Innenleben nachzudenken, lasse sich diese Frage kaum befriedigend beantworten. Wir müssen daher, so Butler, eine gewisse Empfänglichkeit für Anrufungen annehmen – und erst von nachrangingem Interesse sei es, ob wir nun ein »Gewissen« unterstellen oder das »Begehren«, von den Angehörigen der (staatlichen) Autorität gesehen zu werden (vgl. Butler 2001: 106). Aber, und hierauf legt sie besonderen Wert, mit der Unterstellung einer solchen Empfänglichkeit gehe eben nicht die Preisgabe von Kritikfähigkeit einher. Genauer formuliert: Ohne eine solche Adressierbarkeit vorauszusetzen, lassen sich Kritik und Widerstand überhaupt nicht denken:

»Die Möglichkeit einer kritischen Sicht auf das Gesetz wird somit beschränkt durch das, was man als ursprüngliches Verlangen nach dem Gesetz bezeichnen kann, als leidenschaftliche Komplizenschaft mit ihm, ohne welche kein Subjekt existieren kann. Denn damit das ›Ich‹ seine Kritik anbringen kann, muss es zunächst einmal verstehen, daß das ›Ich‹ selbst von seinem komplizenhaften Begehren des Gesetzes abhängt, das seine eigene Existenz erst ermöglicht.« (Ebd.: 103)

Damit wird deutlich, dass Butler sehr viel stärker an der psychischen Dimension des Subjekts interessiert ist als Foucault; und dies ist auch der Grund dafür, dass sie sich mit psychoanalytischen Ansätzen auseinandersetzt. Gleichwohl hält sie an der Kritikfähigkeit des Subjekts fest. Butler lässt keinen Zweifel aufkommen, dass sie daran interessiert ist, »eine andere Art von Wendung« zu denken, also das, was sie eine »kritische Desubjektivation« nennt (ebd.: 122).

Zugleich ist dies der systematische Ort, von dem aus die Bildung des Subjekts begrifflich neu gefasst werden kann: Auch wenn man eine grundsätzliche Empfänglichkeit für autoritäre Anrufungen zugesteht, kommt es eben nicht zu einer restlosen Unterwerfung, zur vollständigen Kapitulation; vielmehr wird, so Butler, gerade im Moment der Adressierung auch die Möglichkeit zur widerständigen Praxis freigesetzt. Machtverhältnisse sind daher nicht einfach repressiv, sondern erweisen sich bisweilen auch als ermächtigend. Obwohl sich das Subjekt als verletzbar erweist, wird es dadurch nicht einfach zum Opfer der herrschenden Verhältnisse (vgl. Janssen 2018); es kann sich gegen jene Bedingungen, denen es seine Existenz verdankt, wenden – und sich für veränderte Arrangements, für andere Praktiken der Anrufung einsetzen. Und dies, weil auch das Geschlechterverhältnis keinen Rückhalt in einer unumstößlichen Ordnung der Dinge besitzt: Als symbolische Ordnung ist es darauf angewiesen, wiederholt bestätigt, von den betroffenen Akteuren immer wieder neu aufgeführt und gleichsam ratifiziert zu werden. Genau darin besteht auch deren Macht: Sie können die symbolische Ordnung verändern, indem sie Verschiebungen vornehmen, die Bestätigung verweigern und sich für neue Formen dessen einsetzen, was als anerkennbar gilt; sie können sich die performative Verfasstheit symbolischer Ordnungen zunutze machen, neue Formen der Intelligibilität erzeugen und dergestalt das Register dessen, was als »vernünftig« und »normal« gilt, verändern und erweitern.

Zugleich wird mit dieser subjektivierungstheoretischen Reformulierung von Fragen der Bildung einmal mehr deutlich, dass diese eminent politisch sind. Butler erinnert eben nicht allein daran, dass die elementare Verletzbarkeit zur *conditio humana* gezählt werden muss; sie weist auch nach, dass Gewaltrisiken und Verletzbarkeiten im globalen Maßstab höchst ungleich verteilt sind – also nicht allein zwischen Männern und Frauen, Heterosexuellen und Homosexuellen, sondern auch zwischen Weißen und Schwarzen sowie zwischen jenen, die in den Ländern des Globalen Nordens und denen des Globalen Südens leben. Butler plädiert also nachdrücklich dafür, die Frage der Anerkennbarkeit von Lebensentwürfen nicht nur mit Blick auf das einzelne Individuum zu diskutieren, sondern auch auf soziale Gruppen. Es gelte, so die Ausgangsthese ihrer Studie *Frames of War*, den Fokus von der wechselseitigen Anerkennung durch Individuen ganz gezielt auf deren strukturelle Voraussetzungen zu verschieben. Im Wissen um die vielfältigen Abhängigkeitsbeziehungen, die Menschen einzugehen gar nicht umhinkönnen, seien jene machtförmigen Diskurse zu untersuchen, welche diese organisieren und regulieren. Und so fragt sie in ihrem Buch auch danach, wie sich die Bedingungen für ein »lebbares Leben auf egalitärer Basis« sichern lassen (Butler 2010: 28). Anders formuliert: Wie lässt sich auch politisch auf die Beobachtung reagieren, dass der »geteilte Gefährdungszustand« augenscheinlich nicht zwingend zu einer Kultur wechselseitiger Anerkennung führt, sondern zur Ausbeutung solcher sozialer Gruppen, die innerhalb der hegemonialen Ordnung »nicht ganz als Leben zählen und als ›zerstörbar‹ und ›unbetrauerbar‹ gelten« (ebd.: 36)?

Es ist offensichtlich, dass die Arbeiten Foucaults und Butlers dem bildungstheoretischen Diskurs neues Terrain erschlossen haben. Indem sie das Subjekt in ihren Studien immer weiter »dezentrierten« und sich den sozialen Praktiken zuwandten, über die Subjekte erzeugt werden, eröffnen sie der Reflexion von Bildung neue theoretische, methodische wie auch forschungspraktische Optionen. Wird Bildung als Geschehen der Subjektivierung reformuliert, wie beide dies – eher implizit als explizit – betreiben, gerät diese auf eine veränderte Weise in den Blick. Im Fokus steht dann nicht länger ein opakes, geheimnisvolles inneres Geschehen, das Außenstehenden kaum zugänglich ist. Indem Bildung prozessförmig gedacht wird, rückt sie als ein sozial situiertes Geschehen in den Blick, das über Beobachtungen systematisch erschlossen werden kann. Subjektivierung, die sich im Medium sozialer Praktiken vollzieht, besitzt somit immer eine räumliche und zeitliche, eine materielle und soziale Dimension (vgl. Rieger-Ladich 2020b). Wird Bildung daher als ein Geschehen der Subjektivierung gefasst, kann sie systematisch beobachtet, empirisch erforscht und historisch rekonstruiert werden. Sie wird damit als ein komplexes und hybrides Geschehen konzipiert, in das vielfältige Akteure involviert sind: Dazu zählen durchaus Personen und Individuen, aber eben auch Organisationen und Institutionen, Dinge und Artefakte sowie technische Arrangements und symbolische Ordnungen.

Noch stärker als Foucault, der zunächst Subjektivierung als Disziplinierung interpretierte, hat Butler in ihren Beiträgen auf widerständige Kräfte hingewiesen. Dabei ist zu berücksichtigen, dass sie – im Unterschied zu Althusser, der in seiner Theorie der Anrufung Subjektivierung als einmaligen Akt zu denken scheint – stets das Augenmerk auf die Prozesshaftigkeit von Praktiken der Subjektivierung lenkt. Die Bildung des Subjekts vollzieht sich über Rituale und Übungen, über Konventionen und Habitualisierungen; aber so prägend diese Praktiken auch sind, sie führen doch nie dazu, dass sich hegemoniale Diskurse und dominante Dispositive auf identische Weise reproduzieren. Indem Butler, gestützt auf sprachphilosophische Überlegungen und ihre Auseinandersetzung mit dem Werk Jacques Derridas, das Ringen um die Erweiterung der eigenen Handlungsmöglichkeiten herausstellt, regt sie zugleich auch Forschung zu jenen Formen an, in denen das pädagogische Personal und Einrichtungen des Bildungssystems in Subjektivierungspraktiken involviert sind (vgl. Ricken/Balzer 2012; Simons/Masschelein 2016).

Es wird künftig zu beobachten sein, ob sich hier ein Muster wiederholt, das sich bei den jüngeren Vertretern der *Cultural Studies* beobachten lässt: Als Reaktion auf die Dominanz ökonomischer Theoreme in den Anfängen des CCCS neigen sie bisweilen dazu, diese Dimension nun fast vollständig auszublenden und nur noch den Eigensinn des widerständigen Subjekts zu feiern. Eine ähnliche Gefahr besteht, wenn die Erforschung von Praktiken der Subjektivierung ein besonderes Interesse am Phänomen der Widerständigkeit erkennen lässt. Dass dies durchaus kein Automatismus sein muss, zeigen die Arbeiten des Graduiertenkollegs »Selbst-Bildungen«, das seit 2010 an der Universität Oldenburg angesiedelt ist. Hier werden von Wissenschaftlerinnen und Wissenschaftlern unterschiedlicher Disziplinen Praktiken der Subjektivierung erforscht – zeitgenössische wie auch historische. In der Skizze des leitenden Forschungsinteresses wird das erklärte Interesse daran deutlich, Praktiken der Subjektivierung in ihrer ganzen Ambiguität in den Blick zu nehmen:

»Wenn wir von Subjektivierung sprechen, interessieren wir uns dafür, wie Individuen durch ihr Engagement in sozialen Praktiken Welt- und Selbstverhältnisse eingehen, die es ihnen ermöglichen, nicht nur reproduzierend, sondern auch transformierend oder subversiv in der sozialen Welt tätig zu werden: Praktiken und ihre Subjekte konstituieren sich, so unsere These, gegenseitig und verändern somit auch ihre Gestalt.« (Alkemeyer 2013: 33 f.)

Bildungstheoretisch von besonderem Interesse wird überdies sein, auch den möglichen Verlust dieser Reformulierung zu bilanzieren. Dafür hat sich unlängst Norbert Ricken (2019) in einem Band ausgesprochen, der aus bildungsphilosophischer Perspektive das Verhältnis von Bildung und Subjektivierung diskutiert und problematisiert. Zu fragen ist daher auch, wie sich die Studien zu Subjektivierungspraktiken im Hinblick auf normative Fragestellungen verhalten. Bleiben die Autoren indifferent zu jenen Fragen, die um Kritikfähigkeit, Widerständigkeit und Handlungsspielräume kreisen, oder positionieren sie sich auf erkennbare Weise?

9. Schluss

An diesem Punkt angekommen, wird deutlich, dass die Thematisierung dessen, was wir heute Bildung nennen, eine Vielzahl verschiedener Spielarten kennt. Auch wenn im Chor derer, die sich mit Bildung befassen, wichtige Stimmen fehlen – Hegel wurde hier nur gestreift, Nietzsche konnte gar nicht berücksichtigt werden, um nur zwei Beispiele zu nennen –, ließ sich doch zeigen, dass die Kontexte, von denen aus diese zum Gegenstand gemacht wird, sehr unterschiedlich sind. Ob das antike Athen, eine mittelalterliche Feudalgesellschaft, eine bürgerliche Salonkultur oder ein globalisierter Kapitalismus den Hintergrund bilden, ist für die Ausprägung der Rede von Bildung in jedem Fall hoch bedeutsam.

Dabei zeigt sich, dass der Diskurs der Bildungstheorie, der – wie eingangs erwähnt – von Vertreterinnen und Vertretern ganz unterschiedlicher Disziplinen gespeist wird, keiner Logik der Akkumulation folgt. Wichtige Einsichten gehen verloren, manche geraten in Vergessenheit, anderen wächst eine neue Bedeutung zu. Die Rede von Bildung wird daher nicht einfach immer anspruchsvoller, differenzierter und komplexer; auch hier gilt vielmehr, dass die Wissensbestände und Traditionslinien mit Blick auf zeitgenössische Problemstellungen immer wieder neu befragt werden. Erinnern und Vergessen, Neuerfinden und Verdrängen überlagern sich; die Arbeit an den Archiven der Bildungstheorie kann daher nie als abgeschlossen gelten (vgl. Rieger-Ladich/Rohstock/Amos 2019). Und so kennt auch der bildungstheoretische Diskurs die Konjunktur von Theorien und Schulen, Phasen der Politisierung und Zeiten, in denen er in der Öffentlichkeit auf weniger große Resonanz trifft als derzeit.

Drei Herausforderungen

Mit Blick auf dieses notorisch unsichere disziplinäre Gedächtnis will ich nun drei Herausforderungen skizzieren, vor denen Entwürfe zeitgenössischer Bildungstheorien stehen. Keines der Themen ist völlig neu; sie alle wurden in der Vergangenheit bereits von prominenten Vertreterinnen aus Philosophie, Soziologie, Literaturtheorie oder Erziehungswissenschaft zum Gegenstand gemacht. Allerdings geriet dabei zumeist nur eine Seite jener Begriffspaare in den Blick, die ich nun kurz vorstellen will. Es handelt sich um das Spannungsverhältnis von Aktivität und Passivität, von Ereignis und Struktur sowie von Individualität und Kollektivität.

Aktivität/Passivität

Bildung ist in der Vergangenheit – insbesondere in der Moderne – fast durchgängig als ein aktives Geschehen beschrieben worden: Es lässt sich hier ein personaler Akteur ausmachen, der sich selbst zum Gegenstand zu machen versucht und Autorschaft reklamiert. Er identifiziert Defizite, erkennt Unzulänglichkeiten oder unternimmt es, ein besonderes Vermögen noch weiter zu verfeinern. So sehr sich diese Fälle im Detail voneinander unterscheiden, gemeinsam ist ihnen die Unterstellung eines aktiven Bildungssubjekts, das alle Kräfte bündelt und sämtliche Energien darauf richtet, das vorgestellte Ziel zu erreichen. Bildung erscheint dabei als das Ziel eines planbaren Vorhabens, das dann von Erfolg gekrönt ist, wenn der Einsatz der richtigen Mittel und der Zugriff auf die notwendigen Ressourcen gewährleistet sind. Aus dem Blick gerät dabei, dass es auch Bildungsprozesse gibt, die über eine solche Logik der Herstellung nicht erfasst werden können. An diesen Umstand zu erinnern ist deshalb besonders dringlich, weil zeitgenössische Regierungspraktiken häufig genau jene Vorstellungen bedienen, die auch in der Rede von Bildung bemüht werden. Die »Kontrollgesellschaft« (Deleuze) prämiert die »Eigeninitiative«; sie zeichnet »proaktives Verhalten« aus und kennt »Potenziale«, die es auszuschöpfen gilt. Statt also noch länger mit dem Einsatz physischer Zwangsmittel zu drohen, setzt sie auf pastorale Machttechniken, die das Verhalten des Einzelnen auf ungleich raffiniertere Weisen führen und lenken, als das in der Vergangenheit der Fall war (vgl. Bröckling 2017).

In der Folge besteht nicht allein die Gefahr, dass der Bildungsdiskurs ein Teil dessen wird, was Foucault »Menschenregierungskünste« nannte; es wird auch schwierig, gegenläufige Erfahrungen begrifflich einzuholen. Bildung kann, das wurde in der Tradition bisweilen herausgestellt, auch die Gestalt eines Widerfahrnisses annehmen (vgl. Meyer-Drawe 2018; Casale 2020): Etwas stößt uns zu, markiert die Grenzen unserer Selbstmächtigkeit und nötigt uns dazu, das Selbstbild auf den Prüfstand zu stellen. Dabei kann es sich um eine ästhetische Erfahrung handeln, ein politisches Ereignis oder um eine körperlich-leibliche Begebenheit – etwa eine schwere Krankheit. In diesen Fällen wird die Logik der Erzeugung gesprengt und stattdessen an die Zerbrechlichkeit der menschlichen Angelegenheiten erinnert. Theodor W. Adorno hat, mit Blick auf seine Erfahrungen in den USA, das Hypertrophe der Idee des Selbstentwurfs eindrücklich herausgestellt: »Wir werden nicht dadurch freie Menschen, daß wir uns selbst, nach einer scheußlichen Phrase, als je Einzelne verwirklichen, sondern dadurch dass wir aus uns herausgehen, zu anderen in Beziehung treten und in gewissem Sinn an sie uns aufgeben. Dadurch erst bestimmen wir uns als Individuen, nicht indem wir uns wie Pflänzchen mit Wasser begießen, um allseitig gebildete Persönlichkeiten zu werden.« (Adorno 1997: 735 f.)

Ereignis/Struktur

Kaum weniger anspruchsvoll, als Aktivität und Passivität in ihrer Verschränkung zu denken, erweist es sich, bei der Reflexion von Bildungsprozessen das Verhältnis von Ereignis und Struktur zu bestimmen. Auch hier ist die Gefahr groß, eine der beiden Seiten deutlich stärker zu akzentuieren, wenn nicht gar zu verabsolutieren. So dominierten bis in die Mitte des 20. Jahrhunderts hinein solche Narrative, die Bildung – meist in Absehung von psychoanalytischen, marxistischen und soziologischen Befunden (vgl. Bernfeld 2000) – als ein Geschehen beschrieben, welches sich jenseits der Strukturgesetze des sozialen Raumes zu vollziehen schien. Erst sehr spät, einsetzend in den 1970er Jahren, wuchs das Interesse an der Identifizierung gesellschaftlicher Kräfte, die an der Überwindung des *status quo* kein Interesse erkennen lassen und die emanzipatorische Dimension von Bildungsprozessen zu neutralisieren versuchen. Als Jacques Rancière den Vertretern der Bildungssoziologie – namentlich Pierre Bourdieu – vorwarf, den Eigensinn der Individuen zu unterschätzen und die determinierenden Effekte der Gesellschaftsstruktur zu überschätzen, läutete er damit gleichsam eine neue Runde ein. Sein emphatisches Eintreten für die Kreativität und Widerständigkeit des Einzelnen ist allerdings mit genau jener Vernachlässigung der gesellschaftlichen Beharrungskräfte erkauft, die auch schon für die meisten Vertreter des deutschen Neuhumanismus charakteristisch war.

So kehrt die bekannte Herausforderung wieder: Statt Bildung als gleichsam voraussetzungsloses Ereignis zu feiern oder aber – spiegelbildlich – die Bildungseinrichtungen als Komplizen der herrschenden Verhältnisse zu begreifen, käme es darauf an, die beiden widerstreitenden Kräfte gleichzeitig in den Blick zu nehmen. Die Einrichtungen des Bildungssystems sind durchaus nicht das unschuldige Gegenüber eines globalisierten Kapitalismus – und dennoch setzen die pädagogischen Subjektivierungspraktiken immer wieder Möglichkeiten zum Widerstand frei, unterbrechen den Lauf der Dinge. Statt also Rancière und Bourdieu gegeneinander auszuspielen, scheint es ungleich ratsamer, diese Positionen als zwei Elemente einer Problemkonstellation zu denken, die keine einfachen Antworten kennt (vgl. Kastner/Sonderegger 2014; Jaquet 2018).[21]

Individualität/Kollektivität

Ähnlich ausgeprägt wie die Betonung der Aktivität und des Ereignishaften war innerhalb der westlichen Tradition lange Zeit jene des Individuums. Die dominanten Theorietraditionen rückten, bis auf wenige Ausnahmen, die Individualität des Einzelnen ins Zentrum und fokussierten sich in der Folge auf Persönlichkeitsmerkmale. Und dies, obwohl es in der Literatur durchaus sehr eindrucksvolle Beispiele kollektiver Bildungsprozesse gibt: Ich hatte in diesem Zusammenhang bereits an Peter Weiss' *Ästhetik des Widerstands* erinnert, die mit einer Zusammenkunft von Arbeitern einsetzt, welche sich, nach einem langen Arbeitstag, gemeinsam über Kunstbände beugen und das Bildungsprivileg zu brechen unternehmen. Gleichwohl wurde diese Dimension innerhalb der Bildungstheorie lange Zeit sträflich vernachlässigt. Bildung wurde meist reflexiv gedacht: Ein Individuum sucht die eigene Persönlichkeit zu entwickeln. Dass dabei ein personales Gegenüber eine bedeutsame Rolle spielen kann, war keineswegs ausgeschlossen – aber es wurde eben nur selten aus dieser Position, dem Ich gegenüberstehend, herausgelöst (Stojanov 2018).

Schleiermachers Erfahrung des Salons, der Differenz freisetzt, mit Alterität konfrontiert und einen Raum eröffnet, in dem es zu Bildungsprozessen kommt, die sich nicht mit einzelnen Individuen verrechnen lassen, war nie auch nur annähernd so wirkmächtig und traditionsstiftend wie Humboldts Apotheose eines Subjekts, das sich um die »proportionierliche Ausbildung« seiner Kräfte bemüht. Dieses Missverhältnis kehrte, etwa 150 Jahre später, auch bei den Vertretern der Kritischen Bildungstheorie wieder: Heydorn akzentuierte kollektive Bildungsprozesse ungleich stärker, als dies etwa Horkheimer und Adorno taten; ihm galt neben dem Individuum und sozialen Gruppen auch die Menschheit als Subjekt von Bildungsprozessen. Diese harre immer noch ihrer Befreiung und sei daher auf eine Vorstellung von Bildung angewiesen, die nicht an den Grenzen des Individuums oder des Nationalstaats haltmache.

Nicht immer wird dabei jedoch in Rechnung gestellt, dass sich die stärkere Berücksichtigung der kollektiven Dimension von Bildungsprozessen auch als problematisch erweisen kann. Es ist das Verdienst Hannah Arendts, diese Gefahr in hinreichender Deutlichkeit formuliert zu haben: So sehr sie es begrüßte, als in den 1960er Jahren in immer mehr Bundesstaaten der USA die High School für schwarze Schülerinnen und Schüler geöffnet wurde, so sehr warnte sie – mit Blick auf die rassistischen Anfeindungen, denen diese an der High School Little Rock ausgesetzt waren – vor der Gefahr, die körperliche und seelische

Unversehrtheit eines Kindes für ein pädagogisches Experiment oder den gesellschaftlichen Fortschritt zu opfern (vgl. Arendt 2000).[22]

Somit besteht eine der größten Herausforderungen der Bildungstheorie gegenwärtig darin, dem verführerischen Glanz binärer Unterscheidungen zu widerstehen – und mit der Gleichzeitigkeit von Phänomenen zu rechnen, die im abendländischen Denken meist einander gegenübergestellt wurden (vgl. Rieger-Ladich 2002; Gelhard 2018b). Es wird mithin künftig darum gehen, solche Formen der Reflexion zu entwickeln, die es erlauben, das Zugleich widerstreitender Kräfte zu denken. Um hier nur einige Stichworte zu nennen: Bildungseinrichtungen müssen als Elemente einer globalisierten, kapitalistischen Weltgesellschaft gelten, die an der Produktion und Reproduktion von Ungleichheit und Ungerechtigkeit beteiligt sind (El-Mafaalani 2020). Aber sie sind eben auch mehr als Kollaborateure; sie können auch zum Auslöser von individuellen und kollektiven Emanzipationsprozessen werden, zum Ort der Überschreitung und der Kritik. Hier können gegenhegemoniale Erzählungen ihren Anfang nehmen und soziale Praktiken erprobt werden, die sich der Strategie der Individualisierung und Vereinzelung entgegenstellen. Dabei zeigt sich auch, dass Widerständigkeit ganz unterschiedliche Gesichter kennt: Zumeist verbinden wir damit solche Bildungsprozesse, für die ein hoher Grad an Aktivität und Einsatz typisch ist. Aber bisweilen nehmen sie auch die Form eines stummen Protests an, artikulieren sich im lautlosen Widerspruch. Sie erinnern dann an jenen störrischen Büroangestellten, den Herman Melville (2012) in einer berühmten Erzählung schildert: Bartleby, der Schreiber, zieht es vor, die Anweisungen seines Vorgesetzten nicht zu befolgen; er verweigert sich, unterbricht die Routinen des Büroalltags – und bringt damit die Kontingenz des Sozialen in Erinnerung (vgl. Grabau 2017).

Neue Forschungsstile

Diese Herausforderungen werden längst von vielen Vertreterinnen der Bildungstheorie erkannt. Und so will ich meine Überlegungen mit einem Ausblick auf einige jener Projekte beschließen, die sich als Reaktionsversuch auf die geschilderten Probleme und Dilemmata interpretieren lassen. Typisch für sie ist das Bemühen, neue Forschungsstile zu entwickeln, bislang übersehene Quellen zu erschließen und Bildungsprozesse nun auch empirisch zu erforschen. Die Bildungstheorie erneuert sich also derzeit und sie wird – so scheint es – wieder politischer (vgl. Gelhard 2018a). Ihre Vertreter intensivieren nicht allein die Kontaktaufnahme zu den Nachbardisziplinen, sondern auch die Auseinandersetzung mit solchen Debatten, die innerhalb der Sozialtheorie, der Sozial- und Kulturwissenschaften um deren konzeptionelle Weiterentwicklung geführt werden.

Eng verwandt der Erforschung pädagogischer Subjektivierungspraktiken, die ich am Ende meiner Ausführungen zu Foucault und Butler kurz vorgestellt habe, ist die *Praxeologische Bildungsforschung*. Sie verdankt sich einem ähnlichen theoretischen Anliegen und lässt sich auch nicht in jedem Fall trennscharf von den Forschungen zu Subjektivierungspraktiken unterscheiden. Inspiriert von jenen Arbeiten, die »Praxistheorien« genannt werden und aus unterschiedlichen Disziplinen stammen (vgl. Schmidt 2012), betreibt sie eine konsequente Dekomposition dessen, was wir als Bildung zu bezeichnen gewohnt sind. So lenkt die praxeologische Bildungsforschung das Augenmerk auf eine Vielzahl von Phänomenen, die in der Vergangenheit häufig vernachlässigt wurden. Bildung wird hier nicht länger als ein individuelles, vornehmlich kognitives Geschehen gefasst, sondern als eine facettenreiche soziale Praxis, die eine leiblich-körperliche Dimension besitzt, eine räumlich-materielle wie auch eine zeitliche. Sie ist daher auch kein privates Anliegen einer Einzelperson, sondern – wie dies für alle sozialen Praktiken gilt – öffentlich und beobachtbar.

Bildungseinrichtungen geraten dann nicht mehr als abstrakte Organisationen in den Blick, die etwa über Curricula, Leitbilder und Personenschlüssel gesteuert werden, sondern als komplexe Arrangements, die ihre Klientel auf vielfältige Weise adressieren und involvieren. Wie ein Schulgebäude eine architektonische Gestalt besitzt, von der Signale unterschiedlicher Art ausgehen, erscheint nun auch das Klassenzimmer als ein Raum, der haptische, visuelle, akustische wie auch olfaktorische Qualitäten aufweist; hier existiert überdies eine zeitliche Ordnung, die sich in der Ausprägung charakteristischer Rhythmen zeigt. Im Zentrum dieses Kräftefeldes steht der Körper des Bildungssubjekts (Casale/Rieger-Ladich/Thompson 2020): Er wird fortwährend, über seine Empfänglichkeit für sinnliche Reize, affiziert und stimuliert, er wird geformt und trainiert. Dabei ist er freilich nie einfach das Objekt von Handlungen, dem etwas zustößt; er wird hier auch als eigenständiger und eigenwilliger Akteur gedacht. Ein Bildungssubjekt ist daher auf ganz unterschiedliche Weise beteiligt an der schulischen Performance; es kann als Element einer pädagogischen Inszenierung gelten, die viele Rollen und Skripte kennt. Bei aller Routine, die von den beteiligten Akteuren bisweilen beklagt wird – von Schülerinnen wie von Lehrern –, kommt es auch hier zu Veränderungen und Überraschungen. Daher gleicht das Bildungssubjekt aus praxistheoretischer Perspektive auch weniger einem Disziplinarindividuum; eher schon erscheint es als Element eines dynamischen sozialen Geschehens, das von ganz unterschiedlichen Akteuren getragen wird – Individuen und Gruppen, Dingen und Artefakten, Gebäuden und Räumen, Vorschriften und Normen (vgl. Alkemeyer/Kalthoff/Rieger-Ladich 2015; Budde/Bittner/Bossen/Rißler 2017).

Welche Form die Erforschung von Bildungspraktiken annehmen kann, zeigt eine Studie Loïc Wacquants (2003). Ende der 1990er Jahre wurde der französische Soziologie, der damals in Chicago lebte und an Kontakten zu schwarzen Jugendlichen interessiert war, Mitglied eines Box-Clubs, der in einem von Armut und Verwahrlosung geprägten Stadtteil lag. In seiner Autoethnografie hält Wacquant fest, wie er sich sukzessive den Habitus eines Boxers aneignet – wie er seine Ernährung umstellt, sich komplexe Bewegungsabläufe erschließt und die Grenzen seiner physischen Belastbarkeit erkundet, wie er ein untrügliches Zeitgefühl ausprägt und ein Ethos der Fairness ausbildet. Wacquant führt hier Protokoll über einen sich über einen längeren Zeitraum erstreckenden Prozess der Umbildung bzw. der Transformation, an dessen Ende er nicht nur einen professionellen Boxkampf bestreitet, sondern auch – als einziger Weißer – zum geachteten Mitglied des »Woodlawn Boys Club« wird.

Solche Prozesse, die von einer ganzen Person Besitz ergreifen und elementare Formen des Erlebens betreffen, stehen auch im Fokus der *Transformatorischen Bildungstheorie*, die innerhalb der Allgemeinen Erziehungswissenschaft entwickelt wurde. Deren Vertreter suchen die Auseinandersetzung mit klassischen Positionen der Bildungstheorie, um von hier aus Antworten auf zeitgenössische Herausforderungen zu finden. Hatten Schleiermacher und Hegel den Bildungsprozess bereits »als Transformation des Welt- und Selbstverhältnisses« interpretiert, komme es nun darauf an – so einer der Protagonisten –, diese Vorstellung weiterzuentwickeln und eine »individualistische Auslegung zu vermeiden« (Kokemohr 1989: 332 f.). Transformation bezieht sich dabei zunächst auf zwei Ebenen: Auf der Ebene der Gesellschaft wird damit die Überwindung von Krisenphänomenen und Problemlagen bezeichnet – etwa die krasse Ungleichverteilung von Ressourcen, Teilhabechancen und Entwicklungsmöglichkeiten. Auf der Ebene des Individuums bezeichnet sie hingegen die Neustrukturierung jener Muster, welche das Verhältnis des Bildungssubjekts zu sich, zu seinem Gegenüber und zur Welt insgesamt organisieren. Das Augenmerk wird damit auf Wandlungsprozesse gelenkt, die von ganz grundlegender Bedeutung sind und hier – in einer frühen Fassung – das Individuum wie die Gesellschaft gleichermaßen betreffen. Bildung dient zunächst also nicht als Platzhalter für isolierte individuelle Prozesse, sondern verweist auf die Verschränkung individueller und gesellschaftlicher Transformationen (Koller 2018).

Nimmt man nun die Bemühungen um die Weiterentwicklung dieses Zugangs in den Blick, stechen drei Anliegen ins Auge. Zunächst wurde die Suche nach solchen Theorien betrieben, welche begriffliche Instrumente zur Verfügung stellen, die es ermöglichen, individuelle Transformationsprozesse präzise fassen und analysieren zu können. Auf großes Interesse stieß dabei der Vorschlag, im Rückgriff auf Arbeiten Pierre Bourdieus Bildung als ein Geschehen der Habitustransformation zu fassen (vgl. Koller 2011). Diese Variante ist augenscheinlich auch deshalb attraktiv, weil sie es erlaubt, Bildungsprozesse empirisch zu erforschen: Methoden der qualitativen Sozialforschung kommen seither zum Einsatz, um das, was von den Vertretern des Neuhumanismus philosophisch hergeleitet und meist recht abstrakt formuliert wurde, zum Gegenstand empirischer Forschungsprojekte zu machen. Nicht weniger wichtig ist das Unternehmen, die Auslöser von Bildungsprozessen genauer in den Blick zu nehmen: Was lässt sich über jene Widerfahrnisse in Erfahrung bringen, die ein Bildungssubjekt dazu nötigen, sich von den vertrauten Mustern des Erlebens, Handelns und Beurteilens zu lösen – oder diese zunächst mindestens infrage zu stellen? Damit wird zugleich eine Frage thematisch, die schon im US-amerikanischen Pragmatismus intensiv diskutiert wurde: Wie lassen sich Veränderungen erklären? Kurz: Wie kommt das Neue in die Welt (vgl. Nohl 2006)?

Diese Beiträge haben fraglos die Professionalisierung der Bildungsforschung weiter befördert. Noch nicht befriedigend beantwortet ist allerdings die Frage danach, ob die Transformationsprozesse, von denen hier die Rede ist, nicht näher qualifiziert werden müssen: Zu diskutieren ist, ob tatsächlich jede Transformation von Selbst- und Weltverhältnissen mit dem Prädikat »Bildung« zu versehen ist. Müssen diese nicht in einer Weise bestimmt werden, dass sie auch normativen Ansprüchen genügen (vgl. Fuchs 2015)? Eng verknüpft ist damit auch die Frage, wie sich der Gefahr der Engführung auf das Individuum, auf die Rainer Kokemohr (1989) schon früh hingewiesen hatte, begegnen lässt.

Weitgehend parallel zu diesen beiden Zugängen hat sich im deutschsprachigen Raum eine *kulturwissenschaftlich inspirierte Bildungstheorie* etabliert. Nachdem Klaus Mollenhauer in seinem einflussreichen Buch *Vergessene Zusammenhänge* (1983) ästhetische Zeugnisse als Quellen erziehungswissenschaftlicher Reflexion erschlossen hatte, zeigte sich bald, dass in der Folge auch bildungstheoretische Fragen auf neue Weise diskutiert werden können. Neben begriffliche Reflexionen und historische Studien trat nun die Zuwendung zu kulturellen Artefakten: Literarische Texte und Werke der Malerei wurden zum Gegenstand bildungstheoretischer Arbeiten, mit einer gewissen Verzögerung Fotografien und Kino-Filme, schließlich auch Serien des Neo-TV (vgl. Koller/Rieger-Ladich 2005; Thompson/Jergus/Breidenstein 2014; Laner 2018).

Interessant für die bildungstheoretische Reflexion sind ästhetische Zeugnisse in zweierlei Hinsicht: Zum einen wird ihnen genau das zugetraut, was innerhalb der transformatorischen Bildungstheorie realen Ereignissen vorbehalten scheint – nämlich die nachhaltige Irritation jener Muster der Erfahrungsverarbeitung, die für unser Selbst-, Sozial- und Weltverhältnis verantwortlich sind. Die Konfrontation mit fremden Selbstentwürfen, mit abweichenden Existenzweisen und unvertrauten Lebenswelten ist nicht auf die Beglaubigung durch reale Akteure angewiesen; sie kann auch im Reich des Imaginären geschehen und verliert dabei nichts von ihrer Wucht (vgl. Rieger-Ladich 2014b). Begegnungen dieser Art können sich sogar als noch folgenreicher erweisen, weil sie unter den Bedingungen der Handlungsentlastetheit stattfinden: Temporär freigesetzt von den Zwängen und Verpflichtungen des Alltags, wird es möglich, zu jenen Dispositionen, Routinen und Konventionen in Distanz zu treten, welche die eigenen Spielräume einschränken. Wenn man ästhetische Erfahrungen von anderen Erfahrungen folglich dadurch unterscheidet, dass wir hier dazu befähigt werden, zu diesen in ein reflexives Verhältnis einzutreten (vgl. Seel 1997), dann zeigt sich, inwiefern die Auseinandersetzung mit ästhetischen Zeugnissen zu einer bildenden Erfahrung werden kann: Mit der Distanzierung und Einklammerung des Vertrauten eröffnen sie einen »Zwischenraum von Eigenem und Fremdem« (Dörpinghaus 2013: 126), der zu Probehandlungen und dem Experimentieren mit alternativen Lebensentwürfen einlädt.

Von hier kann eine Bewegung der Dezentrierung ihren Anfang nehmen. Die Begegnung mit fiktionalen Figuren kann somit nicht nur unser Empfindungsvermögen verfeinern und die Urteilsbildung trainieren, sondern auch unsere Überzeugung korrigieren, dass wir den Mittelpunkt der Welt bilden. Romane, Theaterstücke und Gemälde können daher zum Gegengift unseres Narzissmus werden: Sie können dazu beitragen, dass wir dünnhäutiger werden – empfänglicher für das Leid und das Unglück anderer, für den Schmerz und die Ungerechtigkeiten, die ihnen widerfahren (Rorty 2003).

Zum anderen, und das ist nicht weniger aufschlussreich, wird Bildung in ästhetischen Zeugnissen auch direkt zum Gegenstand gemacht – etwa im Bildungsroman. Dabei fällt auf, dass dieser Gattung, die über eine lange Tradition verfügt und nicht eben selten das Bildungssubjekt verklärte (vgl. Griem 2015), derzeit eine neue an die Seite tritt. Immer häufiger greifen Bildungsaufsteiger zur Feder, machen ihren gesellschaftlichen Aufstieg zum Gegenstand und stoßen dabei auf gewaltige öffentliche Resonanz. Diese »Autosoziobiografien« (Spoerhase 2017) konterkarieren die Heldengeschichten des klassischen Bildungsromans bisweilen: Obwohl ihre Verfasser den Einrichtungen des Bildungssystems viel verdanken, neigen sie nicht zu deren Überhöhung.

So unterschiedlich die Bücher von Didier Eribon, Édouard Louis und J. D. Vance sind, um hier nur drei derzeit besonders intensiv diskutierte und von Carlos Spoerhase behandelte Titel zu nennen, ihnen ist gemeinsam, dass der Scham eine besondere Bedeutung zukommt. Obwohl die Verfasser durchaus keine schlechten Schüler waren, haben sie die Einrichtungen des Bildungswesens doch als Orte der Demütigung und Beschämung erlebt. Genau jene Institutionen, von denen sie sich erhofften, dass sie ihnen erlauben würden, der Armut und Enge des Herkunftsmilieus zu entfliehen, geben ihnen zu verstehen, dass sie den besonderen Ansprüchen nicht genügen. Sie berichten unisono von einer Scham, die sich auf ihre soziale Herkunft bezieht und von der ganzen Person Besitz ergreift. Es sind also nicht schwache Leistungen, welche die Beschämung provozieren. Es sind habituelle Dispositionen – es ist die Art zu sprechen, sich zu bewegen und sich zu kleiden; es sind mithin jene Zeichen, die ihre Klassenzugehörigkeit verraten (vgl. Rieger-Ladich 2020a).

Bildung wird auch von Bildungsaufsteigern kaum einmal als jenes Mittel erfahren, das einer möglichst großen Gruppe von Personen möglichst große Entwicklungsräume eröffnet und die

Angleichung der Lebensverhältnisse zu befördern sucht (Spiegler 2015). Stattdessen machen sie die Erfahrung, dass Bildung erneut zu einer Ressource in den sich verschärfenden gesellschaftlichen Auseinandersetzungen wird (vgl. Reckwitz 2017). Im Streben nach Bildung kommt daher nicht nur der Wunsch zum Ausdruck, sich für bestimme Berufsfelder zu qualifizieren, sondern es wird hier eben auch die Weitergabe von Privilegien betrieben und der soziale Abstand markiert. Das geschieht freilich kaum noch offen und direkt; meist wird es verdeckt und eher *en passant* betrieben (vgl. Rieger-Ladich 2018a). Diese Lektion ist auch von Didier Eribon zu lernen, dessen sehr persönliche und zugleich eminent politische Reflexion über den eigenen Bildungsgang nicht nur hierzulande zu einem veritablen Verkaufsschlager wurde. Sein Buch *Rückkehr nach Reims* zeigt die ganze Ambivalenz von Bildungseinrichtungen und es illustriert auf eindrückliche Weise, dass sich im Bildungsbegriff noch immer Hoffnungen und Ängste durchkreuzen, individuelle Lebenswege und Auseinandersetzungen sozialer Klassen überlagern. Aus diesem Grund soll ein Zitat aus der eindringlichen Selbstreflexion Eribons diese Einführung in Bildungstheorien beschließen:

»Wie oft konnte ich in meinem späteren Leben als ›kultivierte Person‹ die Selbstzufriedenheit besichtigen, die Ausstellungen, Konzerte und Opern vielen ihrer Besucher bereiten. Dieses Überlegenheitsgefühl, das aus ihrem ewigen diskreten Lächeln ebenso spricht wie aus ihrer Körperhaltung, dem kennerhaften Jargon, dem ostentativen Wohlgefühl. Dieses Gehabe hat mich seit je eingeschüchtert, und doch tat ich alles dafür, so zu werden wie diese Leute, in kulturellen Kontexten dieselbe Lockerheit an den Tag zu legen und den Eindruck zu vermitteln, ich sei ebenfalls so geboren worden.« (Eribon 2016: 98)

Dank

Beim Schreiben dieses Buches bin ich auf vielfältige Weise unterstützt worden. Als sehr hilfreich erwies es sich, das Konzept zunächst im Rahmen unseres Tübinger Forschungskolloquiums Allgemeine Pädagogik zu diskutieren. Dankbar bin ich auch Linnéa Hoffmann, Stefanie Ulmer, Laura Wetzel und Jule Janczyk, die eifrig recherchiert, formatiert und Literatur beschafft haben. Die Letztgenannte war überdies Mitglied einer studentischen Lektüregruppe, mit der ich ausgewählte Kapitel auf ihre Lesbarkeit geprüft habe. Zu dieser zählten ebenfalls: Steven Keßler, Linus Möls und Mirjam Seits. Auch bei ihnen bedanke ich mich. Lehrreich waren auch die Rückmeldungen zu einzelnen Kapiteln durch: Patrick Bühler, Angela Janssen, Iris Laner, Arnd-Michael Nohl, Kai Wortmann sowie Christian Grabau, der den gesamten Text kommentiert hat. Ihm gilt ein besonderer Dank. Ferner bedanke ich mich bei Dieter Thomä, der eine frühe Version des Entwurfs auf konstruktive Weise kommentiert hat, sowie bei Steffen Herrmann: Mit ihm war nicht nur die Zusammenarbeit überaus angenehm; auch der Text hat von seinem präzisen Lektorat sehr profitiert. Ein besonderer Dank gebührt schließlich auch Karen van den Berg – meiner Frau. Sie war immer da, wenn ich unbedingt von einer neuen Idee erzählen musste oder das Buch eine überraschende Wendung nahm. Und sie schreckte nicht davor zurück, mich auf Unzulänglichkeiten und Schwächen des Manuskripts hinzuweisen.

Gewidmet sei das Buch meinen Eltern, Dieter und Reinhilde Rieger. Ihnen war es nicht vergönnt, eine Universität zu besuchen. Aber sie sicherten meiner Schwester und mir sofort ihre Unterstützung zu, als wir diesen Weg einschlugen. Bald schon fieberten sie mit, erkundigten sich nach unseren Referaten, lasen bisweilen auch eine Hausarbeit. Und in den Jahren meines ausgedehnten Philosophiestudiums fragten sie nicht ein einziges Mal, wann es denn zu Ende gehe. Auch dafür: Herzlichen Dank!

Nachwort zur 2. Auflage

Dass nach nur einem Jahr die 1. Auflage der »Bildungstheorien zur Einführung« ausverkauft ist, verweist auf ein lebhaftes Interesse nicht allein an der Debatte um Bildungsfragen, sondern auch an den Theorien, die dabei in Anspruch genommen werden. Wenn das vorliegende Buch etwas dazu beiträgt, dass der Kreis derer größer wird, die sich daran beteiligen, würde mich das sehr freuen. Und das nicht zuletzt deshalb, weil noch immer viel auf dem Spiel steht, wenn von Bildung die Rede ist. Sie kann zu einer Pathosformel verkommen, zu einer hohlen Phrase; sie kann aber auch zu einem Stichwort in gesellschaftlichen Auseinandersetzungen werden, die sich an ungerechten Verhältnissen, institutioneller Diskriminierung und verdeckten Formen der Ausgrenzung entzünden.

Mit dem vorliegende Buch verfolge ich unterschiedliche Zwecke: Zunächst will ich ausgewählte Bildungstheorien knapp und doch möglichst präzise vorstellen; dabei habe ich mich um Verständlichkeit bemüht und darum, Simplifizierungen zu vermeiden. Auf diese Weise soll es insbesondere jene, die sich nicht professionell mit Bildungstheorien befassen, dabei unterstützen, den Respekt vor den mitunter doch recht anspruchsvollen Theorien zu überwinden und die hier behandelten Bücher selbst in die Hand zu nehmen. Im Idealfall führt diese Form der Lektüre dazu, dass Sie – liebe Leserin, lieber Leser – sich ein eigenes Urteil bilden und in die Lage versetzt werden zu prüfen, welche der hier vorgestellten Entwürfe sie argumentativ überzeugen (und welche nicht).

Zwischenzeitlich sind zahlreiche Rezensionen erschienen. Besonders gefreut habe ich mich darüber, dass mir nicht nur die gute Lesbarkeit des Textes attestiert wurde, sondern auch Fairness in der Darstellung und Erörterung der unterschiedlichen Positionen. Manche Rezensenten vermissten einige »klassische Positionen« oder etwa solche der analytischen Bildungsphilosophie. Andere begrüßten hingegen die vorgenommenen Akzentsetzungen und hätten sich eine noch intensivere Behandlung bislang vernachlässigter Stimmen – etwa solcher aus dem Globalen Süden – gewünscht. Ich kann diese unterschiedlichen, bisweilen einander widerstreitenden Einschätzungen durchaus nachvollziehen, will ihnen an dieser Stelle daher auch nicht widersprechen. Das Dilemma lässt sich nicht lösen; es ist der Gattung geschuldet. Ein Einführungsband muss eine Auswahl treffen, diese begründen – und ich zeichne dafür verantwortlich.

Das gilt auch für kleinere Fehler, die ich im Text der 1. Auflage übersehen hatte. Diese sind nun korrigiert. Überdies habe ich neuere Forschungsliteratur nachgetragen und das Register aktualisiert. Mein Dank gilt den Kolleginnen und Kollegen, die mich auf diese Versäumnisse hingewiesen haben, sowie Milena Feldmann für ihre Unterstützung bei der Überarbeitung.

Markus Rieger-Ladich Tübingen, im Mai 2020

Anhang

Anmerkungen

1 Diese programmatische Dethematisierung des Erkenntnissubjekts ist unlängst in ein sehr treffendes Bild übersetzt worden. In der Einleitung zu einem Band, der dem »Einfall des Lebens« in das Theorietreiben nachgeht, heißt es mit Blick auf prominente Denkerinnen und Denker des 20. Jahrhunderts: »Die meisten, die Theorie treiben, fassen das eigene Leben mit spitzen Fingern an und tun sich mit dem Reden und Schreiben darüber schwer. Viele Theoretiker reden gern über die Welt, wie sie ist, oder über das, was der Fall ist, aber ungern über sich. Sie sind wortgewaltig und wortkarg zugleich. Sie sehen ihre Aufgabe darin, Allgemeingültiges zu sagen und Persönliches auszublenden. Sie spannen ein engmaschiges Begriffsnetz und ziehen sich aus ihm zurück wie eine Spinne, die im Versteck auf Beute lauert. Sie wollen sich nicht selbst in der Sprache verfangen, die Beute, die ihnen ins Netz gehen soll, ist die Welt.« (Thomä/Kaufmann/Schmid 2015: 7)

2 An dieser Stelle sei nur auf einige ausgewählte Studien zur Begriffsgeschichte von Bildung hingewiesen: Ernst Lichtenstein (1966), Egbert Witte (2010), Rebekka Horlacher (2011), Andreas Dörpinghaus/Andreas Poenitsch/Lothar Wigger (2013) wählen jeweils andere Ausschnitte und kommentieren die einzelnen Etappen der Thematisierung von Bildung durchweg sehr kenntnisreich.

3 Das ließ auch Siegfried Kracauer erkennen, als er beim Schreiben seiner *Theorie des Films* das Material zu sichten unternahm. Er musste vor dessen Fülle kapitulieren und nahm schließlich von dem Projekt Abstand, eine erschöpfende Darstellung des Films zu liefern. So war es auch ein Akt der Befreiung, als er im Vorwort festhielt: »In der Tat, seit wann wäre es nötig, alles und jedes zur selben Zeit zu sagen?« (Kracauer 2005: 10)

4 Dass Lesbarkeit durchaus kein Gegenbegriff zu Komplexität darstellt, hat jüngst Dietmar Dath in Erinnerung gerufen. In seiner Einführung zu Hegel nimmt er dessen Stil gegen Kritiker in Schutz, die

nur »Schachtelsätze« zu erkennen vermochten: »Eine Hypotaxe mit Fugen, die sitzen, ordnet Gedanken aber eher, als sie zu beschädigen, *schafft* also zusätzlich Sinn über die bloße Wortansammlung hinaus. Der gelungene Bau reichert den Informationsgehalt der Zeichenkette an. Wo die Satzspannung das Energieniveau der Gedankenarbeit hält, statt sie wie bei dumpfen Aufzählungen, Ketten und Reihen erschlaffen und in sich zusammensinken zu lassen, gibt es mehr zu loben und zu lernen als zu bemängeln.« (Dath 2020: 26)

5 Peter Kauder (2001) und Roland Reichenbach (2007) erläutern in ihren Arbeiten die *paideia* sowie die unterschiedlichen Auslegungen des Höhlengleichnisses und diskutieren darüber hinaus auch eine Reihe wichtiger Forschungsfragen.

6 Ernst Lichtenstein verweist in seiner gelehrten Studie zu den Anfängen des Bildungsbegriffs auf die besondere Bedeutung, die hier Meister Eckhart zukommt: »Der philosophisch-geistige Begriff des ›Bildens‹ ist wahrscheinlich eine Begriffsneuschöpfung Meister Eckharts aus der Verbindung der Imago-Dei-Theologie und der neuplatonischen Emanations- und Reintegrationslehre. In der sprachlichen Matrix des Wortes (ahd. Bilidon, bildunga) ist bereits eine doppelte Bedeutung vorgegeben, beidemal aber körperlich-sinnlich gemeint und auf Materielles bezogen: ›Abbilden, Bildnis‹ und ›Gebilde, Gestalt‹. Mit diesen Bedeutungen sind zugleich die Momente des schaffenden Herstellens (Produzieren) und der Ähnlichkeitsbeziehung zwischen Bild und Abbild (Nachahmung) gegeben, also der Bezug ebenso zu imago wie zu forma, ebenso zu imitatio wie zu formatio.« (Lichtenstein 1966: 4 f.)

7 Martin Seel verhandelt dieses Thema in seiner Studie *Aktive Passivität*. So heißt es in einem Kapitel, das sich ästhetischen Fragestellungen widmet: »Kein Selbstgewinn ohne eine Verausgabung in Praktiken sei es der Arbeit, der Bildung, der Liebe, des Spiels, der Wissenschaft oder anderer Künste [...]. Kein Selbstgewinn ohne Selbstverlust. Jedoch sollte nicht vergessen werden, dass sich Selbstverlust durchaus ohne Selbstgewinn ereignen kann« (Seel 2014: 241).

8 Jürgen Trabant hat die politische Dimension der vergleichenden Sprachstudien überzeugend ausbuchstabiert. Er schreibt über Humboldt, den er als einen Kulturwissenschaftler *avant la lettre* betrachtet: »Wichtig ist aber, dass bei seiner anthropologischen Reise die be-

suchten Anderen gerade keine ›Wilden‹ mehr sind, sondern Brüder, Freunde, Weltmitbürger. In der synchronischen Erforschung der Sprachen und Völker löst sich also die Figur des Wilden auf, um der Figur des Mitbürgers Platz zu machen, der des Kantschen ›Weltbürgers‹, welcher mit mir gleichzeitig in diesem Raum lebt.« (Trabant 2012: 196)

9 Thomas Nipperdey zeigt eindrücklich, dass für das bürgerliche Lebensmodell der Wille zur Distinktion konstitutiv ist: »Genauso wichtig wie die objektiven Vorgegebenheiten und gewiß einer der Hauptgründe für die eigenständige Lebensführung war der subjektive Wille der Angestellten, ›bürgerlich‹ zu sein und sich von den Arbeitern abzugrenzen, war das unterschiedliche Selbstgefühl. Der Aufstieg der Angestellten als Gruppe war individuell nicht selten ja auch ein Abstieg – jedenfalls von der Selbständigkeit zur Abhängigkeit. Angestellte wurden und waren Arbeitnehmer. Aber sie sollten einen andern Status haben oder erhalten. Dahinter steckte gewiß eine Furcht vor Nivellierung und Proletarisierung [...], vor dem Absinken in die Masse der Unterschicht, dem Statusverlust. Das verstärkte den Anspruch auf Sonderstatus, auf Bürgerlichkeit. [...]. Man kann sagen, daß es gerade der Abgrenzungswille nach unten war, mehr als die gleichartige Lage, der das Gemeinsame der neuen Schicht konstituierte.« (Nipperdey 1990: 377 f.)

10 Eine packende Schilderung der Lebensverhältnisse im Chicago um 1900 liefert der Roman *Der Dschungel* von Upton Sinclair (2000). Der mitleidlose Blick auf die Arbeit in den Schlachthöfen kann mit großem Gewinn als ergänzender Kommentar zu den Arbeiten John Deweys gelesen werden.

11 Dies gilt auch für seine pädagogischen Experimente. Seine Schule wurde von Kindern weißer, privilegierter Familien besucht: »Die Dewey-School war eine weiße paradiesische Insel, inmitten extremer schwarzer Bildungsungerechtigkeit.« (Retter 2018b: 119) Die einzige Ausnahme wird zum Gegenstand in der Studie *Schools of To-Morrow*, die John Dewey gemeinsam mit seiner Tochter Evelyn Dewey verfasst. Die fraglichen Passagen zur Public School 26 in Indianapolis, die im von Armut geprägten Stadtzentrum lag und von Kindern schwarzer Familien besucht wurde, stammen von seiner Tochter.

12 Dass diese Schilderung des Halbgebildeten selbst nicht ganz frei von Ressentiment ist, scheint mir unstrittig. Etwa in Formulierungen wie dieser: »Der Halbgebildete betreibt Selbsterhaltung ohne Selbst.« (Adorno 1990: 115) Das ist zwar pointiert formuliert, spricht aber den solcherart Klassifizierten ab, sich doch noch auf einen Bildungsprozess einlassen zu können.

13 Ganz in diesem Sinne hat unlängst Dietmar Dath in seiner luziden Marx-Einführung festgehalten, dass es unzulässig ist, aus Erfahrungen der Vergangenheit auf künftige zu schließen: »Aus dem Umstand, dass die Raupe kein Schmetterling ist, folgt nicht, dass sie keiner werden kann, und aus dem Umstand, dass Hegel sich irrte, als er schrieb, die menschliche Geschichte richte sich nach Ideen wie etwa dem Bewusstsein der Freiheit, während sie das in Wirklichkeit nicht tut, weil sie viel eher Goethes ›Mischmasch von Irrtum und Gewalt ist‹, folgt eben nicht, dass die menschliche Geschichte sich niemals dahin verändern könnte, dass sie sich plötzlich doch nach Ideen richtet – indem es nämlich in fortschrittlichen Epochen die Menschen selbst sind, die ihre Geschichte geleitet von Ideen neu einrichten könnten.« (Dath 2018: 47)

14 Deutlich wird die Nähe zu Walter Benjamins messianischem Geschichtsbegriff in einer Passage, in der dieser ausführt, dass die geschichtliche Analyse zeige, »daß wir uns selbst in einem Zusammenhang begreifen müssen, den wir nicht geschaffen haben und den wir nicht nach Belieben aufheben können, wir aber Fortsetzer einer aufsteigenden Menschheitsgeschichte sind. Gedächtnis und Zukunft meinen in diesem Sinne das gleiche.« (Heydorn 1970: 279)

15 Theodor W. Adorno blieb, so Werner Sesink, der die differenten biografischen Kontexte auf erhellende Weise herangezogen hat, »auch im Exil ein Opfer des Nationalsozialismus« und konnte sich nur in der intellektuellen Arbeit »die Erfahrung von Autonomie und so einer Macht der Subjektivität bewahren« (Sesink 2016: 101).

16 Pierre Bourdieus Bildungssoziologie habe ich unlängst in einem Nachwort zu einer Textsammlung ausführlicher erläutert und kommentiert (vgl. Rieger-Ladich 2018b). Auf diese Darstellung beziehe ich mich in den folgenden Ausführungen bisweilen.

17 Gayatri Chakravorty Spivak wiederholt damit in gewisser Hinsicht die Geste, mit welcher der französische Philosoph etwa zehn Jahre zu-

vor die Bühne betreten hatte: Derrida hatte Mitte der 1960er in kurzer Folge eine Reihe bedeutender Werke übersetzt, diese mit sehr umfangreichen, überaus scharfsinnigen Kommentaren versehen – und galt seither als eine der maßgeblichen Stimmen der westlichen Philosophie (vgl. Peeters 2013).

18 Diese schmerzhafte Botschaft richtet sich erklärtermaßen auch an Kollegen und Aktivistinnen, die das Phantasma der »high Western culture« tatkräftig bekämpfen, die aber nicht davor gefeit sind, nun ihrerseits neue Stereotype zu erzeugen wie etwa jenes eines »neuen Orientalismus« (vgl. Spivak 1993: 62).

19 Aus der wachsenden Zahl wichtiger Beiträge seien hier die Sammelbände von Thomas Alkemeyer, Gunilla Budde und Dagmar Freist (2013), Andreas Gelhard, Thomas Alkemeyer und Norbert Ricken (2013) sowie von Norbert Ricken, Rita Casale und Christiane Thompson (2019) nachdrücklich empfohlen.

20 Stellt man diese Überlegungen in Rechnung, muss es nicht länger verwundern, dass die französische Schriftstellerin Annie Ernaux in ihrem Buch *Die Jahre* (2017) ihre Kindheit und Jugend rekonstruiert, ohne dabei die erste Person Singular zu bemühen.

21 Schon Karl Marx hatte diese Herausforderung gesehen. In einer berühmten Wendung des *Achtzehnten Brumaire des Louis Bonaparte* führt er aus: »Die Menschen machen ihre eigene Geschichte, aber sie machen sie nicht aus freien Stücken, nicht unter selbstgewählten, sondern unter unmittelbar vorgefundenen, gegebenen und überlieferten Umständen.« (Marx/Engels 1973: 115)

22 Genau diese Herausforderung kehrt wieder, wenn nun Bildungsverhältnisse konsequent im globalen Maßstab betrachtet werden. Fraglos ist die Umverteilung von Privilegien, von der Spivak spricht, dringend geboten; und doch muss zugleich auch jedes einzelne Bildungssubjekt als unvertretbar gelten.

Literatur

Adorno, Theodor W. (1971): Erziehung zur Mündigkeit. Vorträge und Gespräche mit Hellmut Becker 1959–1969, Frankfurt/Main: Suhrkamp.

Adorno, Theodor W. (1975): Negative Dialektik, Frankfurt/Main: Suhrkamp.

Adorno, Theodor W. (1990): »Theorie der Halbbildung«, in: Gesammelte Schriften 8: Soziologische Schriften, hrsg. von Rolf Tiedemann und Gretel Adorno, Frankfurt/Main: Suhrkamp, S. 93–121.

Adorno, Theodor W. (1997): »Wissenschaftliche Erfahrungen in Amerika. 1968«, in: Gesammelte Schriften 10.2, hrsg. von Rolf Tiedemann, Frankfurt/Main: Suhrkamp, S. 702–740.

Alkemeyer, Thomas (2013): »Subjektivierung in sozialen Praktiken. Umrisse einer praxeologischen Analytik«, in: Selbst-Bildungen. Soziale und kulturelle Praktiken der Subjektivierung, hrsg. von Thomas Alkemeyer, Gunilla Budde und Dagmar Freist, Bielefeld: transcript 2013, S. 33–68.

Alkemeyer, Thomas/Budde, Gunilla/Freist, Dagmar (2013): Selbst-Bildungen. Soziale und kulturelle Praktiken der Subjektivierung, Bielefeld: transcript.

Alkemeyer, Thomas/Kalthoff, Herbert/Rieger-Ladich, Markus (2015): Bildungspraxis. Körper, Räume, Objekte, Weilerswist: Velbrück.

Althusser, Louis (2016): Ideologie und ideologische Staatsapparate, Hamburg: VSA-Verlag.

Arendt, Hannah (2000): »Little Rock«, in: In der Gegenwart. Übungen im politischen Denken II, hrsg. von Ursula Ludz, München/Zürich: Piper, S. 258–280.

Arndt, Andreas (1997): »Geselligkeit und Gesellschaft. Die Geburt der Dialektik aus dem Geist der Konversation in Schleiermachers ›Versuch einer Theorie des geselligen Betragens‹«, in: Salons der Romantik, hrsg. von Hartwig Schultz, Berlin-New York: de Gruyter, S. 45–61.

Assmann, Aleida (1993): Arbeit am nationalen Gedächtnis. Eine kurze Geschichte der deutschen Bildungsidee, Frankfurt/Main: Campus.
Baldwin, James (2017): Von dieser Welt, München: dtv.
Barthes, Roland (1981): Das Reich der Zeichen, Frankfurt/Main: Suhrkamp.
Baudelot, Christian (2005): »Das Bildungswesen, ein neues wissenschaftliches Objekt, ein Feld neuer Kämpfe«, in: Pierre Bourdieu: deutsch-französische Perspektiven, hrsg. von Catherine Colliot-Thélène, Frankfurt/Main: Suhrkamp, S. 165–178.
Bechthold-Hengelhaupt, Tilman (1990): »Bildung als Erkenntnis des Unaussprechbaren. Über Sprache und Wahrheit bei Meister Eckhart«, in: Vierteljahrsschrift für wissenschaftliche Pädagogik 66, S. 478–497.
Bellmann, Johannes (2007): John Deweys naturalistische Pädagogik. Argumentationskontexte, Traditionslinien, Paderborn: Schöningh.
Bellmann, Johannes (2013): »John Dewey und die Sehnsucht nach Erlösung vom deutschen Bildungsdenken«, in: Zur Inszenierungsgeschichte pädagogischer Erlöserfiguren, hrsg. von Patrick Bühler, Thomas Bühler und Fritz Osterwalder, Bern: Haupt, S. 37–52.
Benjamin, Walter (1991): »Über den Begriff der Geschichte«, in: Gesammelte Werke, hrsg. von Hermann Schweppenhäuser und Rolf Tiedemann, Bd. 1/2, Frankfurt/Main: Suhrkamp, S. 690–708.
Benner, Dietrich/Brüggen, Friedhelm/Göstemeyer, Karl-Franz (1982): »Heydorns Bildungstheorie«, in: Zeitschrift für Pädagogik 1, 28, S. 73–92.
Bernfeld, Siegfried (2000): Sisyphos oder die Grenzen der Erziehung. Frankfurt/Main: Suhrkamp.
Bloom, Harold (1995): Einflussangst. Eine Theorie der Dichtung, Basel: Stroemfeld.
Blumenberg, Hans (1988): Die Legitimität der Neuzeit, Frankfurt/Main: Suhrkamp.
Blumenberg, Hans (1989): Höhlenausgänge, Frankfurt/Main: Suhrkamp.
Blumenberg, Hans (2001): »Anthropologische Annäherung an die Aktualität der Rhetorik«, in: Ästhetische und metaphorologische Schriften, Frankfurt/Main: Suhrkamp, S. 406–431.
Böhme, Gernot (1991): Der Typ Sokrates, Frankfurt/Main: Suhrkamp.
Boltanski, Luc (2010): Soziologie und Sozialkritik, Berlin: Suhrkamp.
Boltanski, Luc/Chiapello, Ève (2003): Der neue Geist des Kapitalismus, Konstanz: Universitätsverlag.

Bosse, Heinrich (2012): Bildungsrevolution 1770–1830, hrsg. mit einem Gespräch von Nacim Ghanbari, Heidelberg: Winter.
Bourdieu, Pierre (1992): Die feinen Unterschiede. Kritik der gesellschaftlichen Urteilskraft, Frankfurt/Main: Suhrkamp.
Bourdieu, Pierre (1993a): »Narzißtische und wissenschaftliche Reflexivität«, in: Kultur, soziale Praxis, Text: Die Krise der ethnographischen Repräsentation, hrsg. von Martin Fuchs und Eberhard Berg, Frankfurt/Main: Suhrkamp, S. 365–373.
Bourdieu, Pierre (1993b): Sozialer Sinn. Kritik der theoretischen Vernunft, Frankfurt/Main: Suhrkamp.
Bourdieu, Pierre (1995): Sozialer Raum und »Klassen«. Leçon sur la leçon, Frankfurt/Main: Suhrkamp.
Bourdieu, Pierre (1997): »Position und Perspektive«, in: Das Elend der Welt. Zeugnisse und Diagnosen des alltäglichen Leidens an der Gesellschaft, hrsg. von Pierre Bourdieu et al., Konstanz: Universitätsverlag, S. 17–20.
Bourdieu, Pierre (2010): Algerische Skizzen, Berlin: Suhrkamp.
Bourdieu, Pierre (2018): Bildung. Studien zur Kultursoziologie 2, hrsg. von Franz Schultheis und Stephan Egger, Berlin: Suhrkamp.
Bourdieu, Pierre/Passeron, Jean-Claude (1971): Die Illusion der Chancengleichheit: Untersuchungen zur Soziologie des Bildungswesens am Beispiel Frankreichs, Stuttgart: Klett.
Bourdieu, Pierre/Passeron, Jean-Claude (2007): Die Erben. Studenten, Bildung und Kultur, Konstanz: Universitätsverlag.
Bourdieu, Pierre/Wacquant, Loïc (1996): Reflexive Anthropologie, Frankfurt/Main: Suhrkamp.
Brinkmann, Malte (1999): Das Verblassen des Subjekts bei Foucault. Anthropologische und bildungstheoretische Studien, Weinheim: Beltz.
Bröckling, Ulrich (2017): Gute Hirten führen sanft. Über Menschenregierungskünste, Berlin: Suhrkamp.
Bromley, Roger (1991): Cultural Studies: Grundlagentexte zur Einführung, Lüneburg: zu Klampen.
Brumlik, Micha (2018): Demokratie als Lebensform: John Dewey. Unveröffentlichtes Manuskript, Berlin.
Brunner, Otto (1956): »Das ganze Haus«, in: Neue Wege der Sozialgeschichte: Vorträge und Aufsätze, Göttingen: Vandenhoeck & Ruprecht, S. 33–61.
Buck, August (1960): »Die Rangstellung des Menschen in der Renaissance: dignitas et miseria hominis«, in: Archiv für Kulturgeschichte 42, S. 61–75.

Buck, Günther (1984): Rückwege aus der Entfremdung. Studien zur Entwicklung der deutschen humanistischen Bildungsphilosophie, Paderborn-München: Schöningh-Fink.

Budde, Jürgen/Bittner, Martin/Bossen, Andrea/Rißler, Georg (2017): Konturen praxistheoretischer Erziehungswissenschaft, Weinheim: Beltz Juventa.

Bühler, Patrick (2012): Negative Pädagogik. Sokrates und die Geschichte des Lernens, Paderborn u.a.: Schöningh.

Bünger, Carsten/Mayer, Ralf (2009): »Erfahrung – Wachstum – Demokratie? Bildungstheoretische Anfragen an Deweys Demokratiebegriff und dessen programmatische Rezeption«, in: Zeitschrift für Pädagogik 55, S. 837–848.

Bünger, Carsten/Trautmann, Felix (2012): »›Demokratie der Sinne‹. Judith Butlers Kritik der Gewalt als politische Bildung der Empfänglichkeit«, in: Judith Butler: Pädagogische Lektüren, hrsg. von Norbert Ricken und Nicole Balzer, Wiesbaden: VS, S. 399–413.

Bünger, Carsten/Sanders, Olaf/Schenk, Sabrina (2018): Bildung und Politik nach dem Spätkapitalismus, Hamburg: Argument.

Butler, Judith (1991): Das Unbehagen der Geschlechter, Frankfurt/Main: Suhrkamp.

Butler, Judith (1993): »Kontingente Grundlagen: Der Feminismus und die Frage der ›Postmoderne‹«, in: Der Streit um Differenz: Feminismus und Postmoderne in der Gegenwart, hrsg. von Seyla Benhabib, Judith Butler, Drucilla Cornell und Nancy Fraser, Frankurt/Main: Fischer, S. 31–58.

Butler, Judith (2001): Psyche der Macht. Das Subjekt der Unterwerfung, Frankfurt/Main: Suhrkamp.

Butler, Judith (2006): Hass spricht. Zur Politik des Performativen, Berlin: Suhrkamp.

Butler, Judith (2010): Raster des Krieges. Warum wir nicht jedes Leid beklagen, Frankfurt/Main: Campus.

Casale, Rita (1988): »Heterotopien statt Utopien: M. Foucault als Kritiker der Utopie«, in: Forum für Interdisziplinäre Forschung 18, S. 59–72.

Casale, Rita/Windheuser, Jeanette (2019): »Feminismus nach 1945«, in: Erinnern, Umschreiben, Vergessen. Die Stiftung des disziplinären Gedächtnisses als soziale Praxis, hrsg. von Markus Rieger-Ladich, Anne Rohstock und Karin Amos, Weilerswist: Velbrück, S. 158–186.

Casale, Rita (2020): »Verkörperte Bildung: Leidenschaft, Krankheit und Geschlechtlichkeit«, in: Verkörperte Bildung. Körper und Leib in geschichtlichen und gesellschaftlichen Transformationen, hrsg. von Rita Casale/Markus Rieger-Ladich/Christiane Thompson, Weinheim/Basel: Beltz Juventa, S. 10–21.

Casale, Rita/Rieger-Ladich, Markus/Thompson, Christiane (2020): Verkörperte Bildung. Körper und Leib in geschichtlichen und gesellschaftlichen Transformationen, Weinheim/Basel: Beltz Juventa.

Castro Varela, María do Mar (2007): »Verlernen und die Strategie des unsichtbaren Ausbesserns – Bildung und Postkoloniale Kritik«, in: Bildpunkt. Zeitschrift der IG Bildende Kunst 8, 3, S. 4–7.

Castro Varela, María do Mar/Dhawan, Nikita (2015): Postkoloniale Theorie. Eine kritische Einführung, Bielefeld: transcript.

Dath, Dietmar (2018): Karl Marx. 100 Seiten, Ditzingen: Reclam.

Dath, Dietmar (2020): Hegel. 100 Seiten, Ditzingen: Reclam.

Davis, Oliver (2014): Jacques Rancière. Eine Einführung, Wien: turia + kant.

Demirović, Alex (2000): Der nonkonformistische Intellektuelle. Die Entwicklung der Kritischen Theorie zur Frankfurter Schule, Frankfurt/Main: Suhrkamp.

Dewey, John (1986): »The Need for a Philosophy of Education«, in: The later works, 1925–1953, Vol. 9: 1933–1934, hrsg. von Jo Ann Boydston, Carbondale and Edwardsville: Southern Illinois University Press, S. 194–204.

Dewey, John (1998): Die Suche nach Gewißheit. Eine Untersuchung des Verhältnisses von Erkenntnis und Handeln, Frankfurt/Main: Suhrkamp.

Dewey, John (2000): Demokratie und Erziehung. Eine Einleitung in die philosophische Pädagogik, Weinheim: Beltz.

Dewey, John (2002): Pädagogische Aufsätze und Abhandlungen (1900–1944), hrsg. von Rebekka Horlacher und Jürgen Oelkers, Zürich: Verlag Pestalozzianum.

Dewey, John/Dewey, Evelyn (1915): Schools of To-Morrow, New York: E.P. Dutton.

Dörpinghaus, Andreas (2013): »Zum begrifflichen Gehalt von Bildung«, in: Bildung – Empirischer Zugang und theoretischer Widerstreit, hrsg. von Katharina Müller-Roselius und Uwe Hericks, Opladen u.a.: Barbara Budrich, S. 119–132.

Dörpinghaus, Andreas/Poenitsch, Andreas/Wigger, Lothar (2013): Einführung in die Theorie der Bildung, Darmstadt: Wissenschaftliche Buchgesellschaft.

Du Bois, William E. B. (2003): Die Seelen der Schwarzen, Freiburg: Orange Press.

Eckhart, Meister (2007): Das Buch der göttlichen Tröstung. Übersetzt von Kurt Flasch, München: Beck.

Ellison, Ralph (1998): Der unsichtbare Mann, Reinbek: Rowohlt.

El-Mafaalani, Aladin (2020): Mythos Bildung. Die ungerechte Gesellschaft, ihr Bildungssystem und seine Zukunft, Köln: Kiepenheuer & Witsch.

Eribon, Didier (1993): Michel Foucault. Eine Biographie, Frankfurt/Main: Suhrkamp.

Eribon, Didier (2016): Rückkehr nach Reims, Berlin: Suhrkamp.

Ernaux, Annie (2017): Die Jahre, Berlin: Suhrkamp.

Esser, Andrea Marlen (2009): »Vernunft in der Entwicklung. Kants Konzept der Erziehung und Bildung«, in: Bildung als Mittel und Selbstzweck. Korrektive Erinnerung wider die Verengung des Bildungsbegriffs, hrsg. von Axel Hutter und Markus Kartheiniger, Freiburg/München: Alber, S. 16-41.

Etzemüller, Thomas (2019): Der Auftritt. Performanz in der Wissenschaft, Bielefeld: transcript.

Feilchenfeldt, Konrad (1984): »›Berliner Salon‹ und die Briefkultur um 1800«, in: Der Deutschunterricht: Beiträge zu seiner Praxis und wissenschaftlichen Grundlegung 36, S. 77–99.

Flasch, Kurt (1995): Das philosophische Denken im Mittelalter, Stuttgart: Reclam.

Flasch, Kurt (2006): Meister Eckhart. Die Geburt der ›Deutschen Mystik‹ aus dem Geist der arabischen Philosophie, München: Beck.

Flasch, Kurt (2008): Kampfplätze der Philosophie. Große Kontroversen von Augustin bis Voltaire, Frankfurt/Main: Vittorio Klostermann.

Fleck, Ludwik (1980): Entstehung und Entwicklung einer wissenschaftlichen Tatsache. Einführung in die Lehre vom Denkstil und Denkkollektiv, Frankfurt/Main: Suhrkamp.

Foucault, Michel (1989): Die Sorge um sich. Sexualität und Wahrheit 3, Frankfurt/Main: Suhrkamp.

Foucault, Michel (1991a): Die Geburt der Klinik. Eine Archäologie des ärztlichen Blicks, Frankfurt/Main: S. Fischer.

Foucault, Michel (1991b): Die Ordnung des Diskurses, Frankfurt/Main: S. Fischer.

Foucault, Michel (1995): Überwachen und Strafen: Die Geburt des Gefängnisses, Frankfurt/Main: Suhrkamp.

Foucault, Michel (2005a): Dits et Ecrits. Schriften in vier Bänden. Band IV. 1980–1988, Frankfurt/Main: Suhrkamp.

Foucault, Michel (2005b): Die Heterotopien, Frankfurt/Main: Suhrkamp.

Freyenhagen, Fabian (2017): »Was ist orthodoxe Kritische Theorie?«, in: Deutsche Zeitschrift für Philosophie 65, S. 456–469.

Friedrich, Hugo (1993): Montaigne. Mit einem Nachwort von Frank-Rutger Hausmann, Tübingen/Basel: Francke.

Fuchs, Thorsten (2015): »›Hauptsache anders‹, ›Hauptsache neu‹? Über Normativität in der Theorie transformatorischer Bildungsprozesse«, in: Vierteljahrsschrift für wissenschaftliche Pädagogik 91, 1, S. 14–37.

Gaus, Detlef (1998): Geselligkeit und Gesellige. Bildung, Bürgertum und bildungsbürgerliche Kultur um 1800, Stuttgart-Weimar: Metzler.

Gehring, Petra (2004): Foucault – Die Philosophie im Archiv, Frankfurt/Main: Campus.

Gelhard, Andreas/Alkemeyer, Thomas/Ricken, Norbert (2013): Techniken der Subjektivierung, Fink: München.

Gelhard, Andreas (2018a): »Bildungsphilosophie und politische Theorie. Neuere Literatur zur Politizität der Bildung«, in: Philosophische Rundschau 65, 2, S. 85–115.

Gelhard, Andreas (2018b): Skeptische Bildung. Prüfungsprozesse als philosophisches Problem, Zürich/Berlin: diaphanes.

Gilcher-Holtey, Ingrid (2015): 1968 – vom Ereignis zum Mythos, Frankfurt/Main: Suhrkamp.

Grabau, Christian (2016): »›... die pädagogische Idylle verbirgt die Aussicht auf eine verwüstete Landschaft‹. Heydorns Kritik der Reformpädagogik«, in: Menschlichkeit der Bildung. Heydorns Bildungsphilosophie im Spannungsfeld von Subjekt, Arbeit und Beruf, hrsg. von Frank Ragutt und Franz Kaiser, Paderborn: Schöningh, S. 145–161.

Grabau, Christian (2017): »Bildung als Kunst, sich zu entziehen. Vom Verweigern, Desertieren, Abfallen und Aussteigen«, in: Bildung und Teilhabe. Zwischen Inklusionsforderung und Exklusionsdrohung, hrsg. von Ingried Miethe, Anja Tervooren und Norbert Ricken, Wiesbaden: VS, S. 157–177.

Gramsci, Antonio (1997): Gedanken zur Kultur, Leipzig: Reclam.
Griem, Julika (2015): »Lichtgestalt im Modernisierungsdunkel. William Stoner als Projektionsfläche für nostalgische Bildungskritik«, in: WestEnd. Neue Zeitschrift für Sozialforschung 12, 2, S. 111–123.
Groppe, Carola (2008): »Erziehung, Sozialisation und Selbstsozialisation als epochale Leitbegriffe und Deutungsmuster«, in: Erziehungsdiskurse, hrsg. von Wolfgang Marotzki und Lothar Wigger, Bad Heilbrunn: Klinkhardt, S. 75–93.
Grossberg, Lawrence (1997): Bringing it all back home. Essays on cultural studies, Durham, NC: Duke University Press.
Grossberg, Lawrence (1999): »Was sind Cultural Studies?«, in: Widerspenstige Kulturen. Cultural Studies als Herausforderung, hrsg. von Karl H. Hörning und Rainer Winter, Frankfurt/Main: Suhrkamp, S. 43–82.
Habermas, Jürgen (1990): Strukturwandel der Öffentlichkeit. Untersuchung zu einer Kategorie der bürgerlichen Gesellschaft, Frankfurt/Main: Suhrkamp.
Habermas, Rebekka (2016): Skandal in Togo. Ein Kapitel deutscher Kolonialherrschaft, Frankfurt/Main: S. Fischer.
Hall, Stuart (2000a): »Das theoretische Vermächtnis der Cultural Studies«, in: Cultural Studies. Ein politisches Theorieprojekt, hrsg. von Nora Räthzel, Hamburg: Argument, S. 34–51.
Hall, Stuart (2000b): »Die Formierung eines Diaspora-Intellektuellen«, in: Cultural Studies. Ein politisches Theorieprojekt, hrsg. von Nora Räthzel, Hamburg: Argument, S. 8–33.
Hall, Stuart (2012a): »Das ›Politische‹ und das ›Ökonomische‹ in der marxschen Klassentheorie«, in: Ideologie, Kultur, Medien, Neue Rechte, Rassismus, hrsg. von Nora Räthzel, Hamburg: Argument, S. 11–55.
Hall, Stuart (2012b): »Gramscis Erneuerung des Marxismus und ihre Bedeutung für die Erforschung von ›Rasse‹ und Ethnizität«, in: Ideologie, Kultur, Medien, Neue Rechte, Rassismus, hrsg. von Nora Räthzel, Hamburg: Argument, S. 56–91.
Hall, Stuart (2013): »Wann gab es ›das Postkoloniale‹? Denken an der Grenze«, in: Jenseits des Eurozentrismus. Postkoloniale Perspektiven in den Geschichts- und Kulturwissenschaften, hrsg. von Sebastian Conrad, Shalini Randeria und Regina Römhild, Frankfurt/Main u.a.: Campus, S. 197–223.

Hall, Stuart (2020): Vertrauter Fremder. Ein Leben zwischen zwei Inseln, Berlin: Argument-InkriT.

Hampe, Michael (2006): Erkenntnis und Praxis. Zur Philosophie des Pragmatismus, Frankfurt/Main: Suhrkamp.

Hampe, Michael (2016): Die Lehren der Philosophie. Eine Kritik, Berlin: Suhrkamp.

Haraway, Donna (1995): »Situiertes Wissen. Die Wissenschaftsfrage im Feminismus und das Privileg einer partialen Perspektive«, in: Die Neuerfindung der Natur: Primaten, Cyborgs und Frauen, Frankfurt/Main u.a.: Campus, S. 73–97.

Hark, Sabine (2005): Dissidente Partizipation: Eine Diskursgeschichte des Feminismus, Frankfurt/Main: Suhrkamp.

Hausen, Karin (1978): »Die Polarisierung der ›Geschlechtscharaktere‹. Eine Spiegelung der Dissoziation von Erwerbs- und Familienleben«, in: Seminar: Familie und Gesellschaftsstruktur. Materialien zu den sozioökonomischen Bedingungen von Familienformen, hrsg. von Heidi Rosenbaum, Frankfurt/Main: Suhrkamp, S. 161–191.

Hegel, Georg Wilhelm Friedrich (2006): Nürnberger Gymnasialkurse und Gymnasialreden (1808–1816), hrsg. von Klaus Grotsch, Hamburg: Meiner.

Henrich, Dieter (1992): Konstellationen. Probleme und Debatten am Ursprung der idealistischen Philosophie (1789–1795), Stuttgart: Klett-Cotta.

Heydorn, Heinz-Joachim (1970): Über den Widerspruch von Bildung und Herrschaft, Frankfurt/Main: Europäische Verlagsanstalt.

Heydorn, Heinz-Joachim (1995a): »Die Welt in die Hand des Menschen. Ein Vorkämpfer der klassenlosen Gesellschaft: Jan Amos Comenius«, in: Werke 2. Bildungstheoretische und pädagogische Schriften 1967–1970, hrsg. von Irmgard Heydorn, Vaduz/Liechtenstein: Topos Verlag, S. 281–286.

Heydorn, Heinz-Joachim (1995b): »Einige Anmerkungen zum Bildungsproblem«, in: Werke 2. Bildungstheoretische und pädagogische Schriften 1967–1970, hrsg. von Irmgard Heydorn, Vaduz/Liechtenstein: Topos Verlag, S. 323–337.

Heydorn, Heinz-Joachim (1995c): »Wilhelm von Humboldt. Abstand und Nähe«, in: Werke 2. Bildungstheoretische und pädagogische Schriften 1967–1970, hrsg. von Irmgard Heydorn, Vaduz/Liechtenstein: Topos Verlag, S. 117–141.

Heydorn, Heinz-Joachim (1995d): »Zum Bildungsproblem in der gegenwärtigen Situation«, in: Werke 2. Bildungstheoretische und pädagogische Schriften 1967–1970, hrsg. von Irmgard Heydorn, Vaduz/Liechtenstein: Topos Verlag, S. 39–112.

Heydorn, Heinz-Joachim (1995e): »Zum Verhältnis von Bildung und Politik«, in: Werke 2. Bildungstheoretische und pädagogische Schriften 1967–1970, hrsg. von Irmgard Heydorn, Vaduz/Liechtenstein: Topos Verlag, S. 199–261.

Horkheimer, Max (1968a): »Die gesellschaftliche Funktion der Philosophie«, in: Kritische Theorie. Eine Dokumentation. Bd. 1, hrsg. von Alfred Schmidt, Frankfurt/Main: S. Fischer, S. 292–312.

Horkheimer, Max (1968b): »Zum Problem der Wahrheit«, in: Kritische Theorie. Eine Dokumentation. Bd. 2, hrsg. von Alfred Schmidt, Frankfurt/Main: S. Fischer, S. 228–276.

Horkheimer, Max (1972): Sozialphilosophische Studien: Aufsätze, Reden und Vorträge 1930–1972, mit einem Anhang über Universität und Studium, hrsg. von Werner Brede, Frankfurt/Main: S. Fischer.

Horkheimer, Max (1992): Traditionelle und kritische Theorie, in: Traditionelle und kritische Theorie. Fünf Aufsätze, Frankfurt/Main: S. Fischer, S. 205–260.

Horkheimer, Max/Adorno, Theodor W. (1988): Dialektik der Aufklärung. Philosophische Fragmente, Frankfurt/Main: S. Fischer.

Horlacher, Rebekka (2011): Bildung, Bern: Haupt.

Humboldt, Wilhelm von (1960): Ideen über Staatsverfassung, durch die französische Konstitution veranlasst (1791), in: ders.: Werke in 5 Bänden. Band 1. Schriften zur Anthropologie und Geschichte, hrsg. von Andreas Flitner und Klaus Giel, Darmstadt: Wissenschaftliche Buchgesellschaft, S. 33–42.

Humboldt, Wilhelm von (1997): Bildung und Sprache, besorgt von Clemens Menze, Paderborn: Schöningh.

Humboldt, Wilhelm von (2002a): »Der Königsberger und der Litauische Schulplan«, in: Werke – 4: Schriften zur Politik und zum Bildungswesen, hrsg. von Andreas Flitner und Klaus Giel, Darmstadt: Wissenschaftliche Buchgesellschaft, S. 168–195.

Humboldt, Wilhelm von (2002b): Schriften zur Sprachphilosophie, Werke, Bd. 3, hrsg. von Andreas Flitner, Darmstadt: Wissenschaftliche Buchgesellschaft.

Humboldt, Wilhelm von (2015): Ideen zu einem Versuch, die Grenzen der Wirksamkeit des Staats zu bestimmen. Mit einem Nachwort von Robert Haerdter, Stuttgart: Reclam.

Humboldt, Wilhelm von (2017): Schriften zur Bildung, hrsg. von Gerhard Lauer, Stuttgart: Reclam.

Jaquet, Chantal (2018): Zwischen den Klassen. Über die Nicht-Reproduktion sozialer Macht. Mit einem Nachwort von Carlos Spoerhase, Konstanz: Konstanz University Press.

Janssen, Angela (2018): Verletzbare Subjekte. Grundlagentheoretische Überlegungen zur conditio humana, Opladen: Barbara Budrich.

Joas, Hans (2000): Philosophie der Demokratie. Beiträge zum Werk von John Dewey, Frankfurt/Main: Suhrkamp.

Kant, Immanuel (1983): »Über Pädagogik«, in: Werke in zehn Bänden, hrsg. von Wilhelm Weischedel, Darmstadt: Wissenschaftliche Buchgesellschaft, S. 695–761.

Kastner, Jens/Sonderegger, Ruth (2014): Pierre Bourdieu und Jacques Rancière. Emanzipatorische Praxis denken, Wien: turia + kant.

Kauder, Peter (2001): Der Gedanke der Bildung in Platons Höhlengleichnis: Eine kommentierende Studie aus pädagogischer Sicht, Hohengehren: Schneider.

Kerner, Ina (2013): Postkoloniale Theorien zur Einführung, Hamburg: Junius.

Kittsteiner, Heinz Dieter (2006): Wir werden gelebt. Formprobleme der Moderne, Hamburg: Philo.

Klass, Tobias (2012): »Politiken der Entortung: Rancière und Foucault«, in: Nicht nur Paris. Metropolitane und urbane Räume in der französischsprachigen Literatur der Gegenwart, hrsg. von Ursula Hennigfeld, Bielefeld: transcript, S. 15–33.

Klass, Tobias (2014): »Heterotopie«, in: Foucault-Handbuch, hrsg. von Clemens Kammler et al., Stuttgart: Metzler, S. 263–266.

Kocka, Jürgen (2009): »Bildung und Bildungsbürgertum«, in: Bildung? Bildung! 26 Thesen zur Bildung als Herausforderung im 21. Jahrhundert, hrsg. von Andreas Schlüter und Peter Strohschneider, Berlin: Berlin Verlag, S. 132–142.

Kögler, Hans-Herbert (1999): »Kritische Hermeneutik des Subjekts. Cultural Studies als Erbe der kritischen Theorie«, in: Widerspenstige Kulturen. Cultural Studies als Herausforderung, hrsg. von Klaus Hörning und Rainer Winter, Frankfurt/Main: Suhrkamp.

Kokemohr, Rainer (1989): »Bildung als Begegnung? Logische und kommunikationstheoretische Aspekte der Bildungstheorie E. Wenigers und ihre Bedeutung für biographische Bildungsprozesse in der Gegenwart«, in: Diskurs Bildungstheorie II: Problemgeschichtliche Orientierungen, hrsg. von Otto Hansmann und Winfried Marotzki, Weinheim/Basel: Deutscher Studien Verlag, S. 327–373.

Koller, Hans-Christoph (2011): »Anders werden. Zur Erforschung transformatorischer Bildungsprozesse«, in: Orte des Empirischen in der Bildungstheorie. Einsätze theoretischer Erziehungswissenschaft, hrsg. von Ines Maria Breinbauer und Gabriele Weiß, Würzburg: Königshausen & Neumann, S. 108–123.

Koller, Hans-Christoph (2018): Bildung anders denken. Einführung in die Theorie transformatorischer Bildungsprozesse, Stuttgart: Kohlhammer.

Koller, Hans-Christoph/Rieger-Ladich, Markus (2005): Grenzgänge. Pädagogische Lektüren zeitgenössischer Romane, Bielefeld: transcript.

Konrad, Franz-Michael/Knoll, Michael (2018): John Dewey als Pädagoge. Erziehung – Schule – Unterricht, Bad Heilbrunn: Klinkhardt.

Korthals, Michael (1985): »Die kritische Gesellschaftstheorie des frühen Horkheimer«, in: Zeitschrift für Soziologie 14, 4, S. 315–329.

Koselleck, Reinhart (1990): Einleitung – Zur anthropologischen und semantischen Struktur der Bildung, in: Bildungsbürgertum im 19. Jahrhundert, Bd. 2: Bildungsgüter und Bildungswissen, Stuttgart: Klett-Cotta, S. 11–46.

Kracauer, Siegfried (2005): Theorie des Films. Die Errettung der äußeren Wirklichkeit, Frankfurt/Main: Suhrkamp.

Krais, Beate/Gunter Gebauer (2000): Habitus, Bielefeld: transcript.

Kristeller, Paul Oskar (1981): Studien zur Geschichte der Rhetorik und zum Begriff des Menschen in der Renaissance, Göttingen: Gratia.

Kristeller, Paul Oskar (1986): Acht Philosophen der italienischen Renaissance. Petrarca, Valla, Ficino, Pico, Pomponazzi, Telesio, Patrizi, Bruno, Weinheim: VCH.

Kuhn, Thomas S. (2006): Die Struktur wissenschaftlicher Revolutionen, Frankfurt/Main: Suhrkamp.

Laner, Iris (2018): Ästhetische Bildung zur Einführung, Hamburg: Junius.

Lichtenstein, Ernst (1966): Zur Entwicklung des Bildungsbegriffs von Meister Eckhart bis Hegel. Pädagogische Forschungen, Heidelberg: Veröffentlichungen des Comenius-Instituts, Band 34.
Lindner, Rolf (2000): Die Stunde der Cultural Studies, Wien: WUV.
Lyotard, Jean-François (2005): Das postmoderne Wissen. Ein Bericht, Wien: Passagen.
Manetti, Giannozzo (1990): Über die Würde und Erhabenheit des Menschen, Hamburg: Meiner.
Marchart, Oliver (2008): Cultural Studies, Konstanz: Universitätsverlag.
Marx, Karl (1971): Die Frühschriften, hrsg. von Siegfried Landshut, Stuttgart: Kröner.
Marx, Karl/Engels, Friedrich (1973): Werke. Band 8, Berlin: Dietz.
Mayer, Ralf/Schäfer, Alfred/Wittig, Steffen (2019): Jacques Rancière: Pädagogische Lektüren, Wiesbaden: SpringerVS.
Masschelein, Jan (2003): »Trivialisierung von Kritik. Kritische Erziehungswissenschaft weiterdenken«, in: Zeitschrift für Pädagogik 46, S. 124–141.
Mecheril, Paul/Witsch, Monika (2006): Cultural Studies und Pädagogik. Kritische Artikulationen, Bielefeld: transcript.
Melville, Herman (2012): Bartleby, der Schreiber: Eine Geschichte aus der Wall Street, Frankfurt/Main, Leipzig: Insel Verlag.
Menze, Clemens (1978): »Sprechen, Denken, Bilden. Eine Erörterung zu Grundaspekten der Sprachtheorie Wilhelm von Humboldts«, in: Pädagogische Rundschau 32, 11, S. 829–844.
Menze, Clemens (1987): »Wilhelm von Humboldt und die Französische Revolution«, in: Jahrbuch des deutschen Hochstifts, hrsg. von Christoph Perels, Tübingen: Niemeyer, S. 158–192.
Menze, Clemens (1993): »Das Menschenbild Wilhelm von Humboldts«, in: Menschenbilder. Festschrift für Rudolf Lassahn, hrsg. von Clemens Menze, Frankfurt/Main: Lang, S. 137–158.
Meyer-Drawe, Käte (1990): Illusionen von Autonomie. Diesseits von Ohnmacht und Allmacht des Ich, München: Kirchheim.
Meyer-Drawe, Käte (1999): »Zum metaphorischen Gehalt von ›Bildung‹ und ›Erziehung‹«, in: Zeitschrift für Pädagogik 45, 2, S. 161–175.
Meyer-Drawe, Käte (2008): »Höhlenqualen. Bildungstheoretische Provokationen durch Sokrates und Platon«, in: Bildungsphilosophie. Grundlagen, Methoden, Perspektiven, hrsg. von Rudolf Rehn und Christina Schües, Freiburg/Breisgau: Alber, S. 73–84.

Meyer-Drawe, Käte (2015): »Lernen und Bildung als Erfahrung: Zur Rolle der Herkunft in Subjektivationsvollzügen«, in: Bildung und Macht: Eine kritische Bestandsaufnahme, hrsg. von Eveline Christof, Wien: Löcker, S. 115–132.
Meyer-Drawe, Käte (2018): Die Welt als Kulisse. Übertreibungen in Richtung Wahrheit, Paderborn: Schöningh.
Mollenhauer, Klaus (1983): Vergessene Zusammenhänge. Über Kultur und Erziehung, München: Juventa.
Mollenhauer, Klaus (1985): »Zwischen Geselligkeit, Scham und Zweifel. Bildungstheoretische Notizen zum frühromantischen Schleiermacher«, in: Neue Sammlung 25, 1, S. 16–32.
Montaigne, Michel de (1991): Essais. Auswahl und Übersetzung von Herbert Lüthy, Zürich: Manesse.
Moser, Christian (2006): Buchgestützte Subjektivität. Literarische Formen der Selbstsorge und der Selbsthermeneutik von Platon bis Montaigne, Tübingen: Max Niemeyer.
Müller-Rolli, Sebastian (1987): Das Bildungswesen der Zukunft, Stuttgart: Klett-Cotta.
Nipperdey, Thomas (1990): Deutsche Geschichte 1866–1918. Erster Band. Arbeitswelt und Bürgergeist, München: Beck.
Nohl, Arnd-Michael (2006): Bildung und Spontaneität – Phasen von Wandlungsprozessen in drei Lebensaltern, Opladen: Barbara Budrich.
Oelkers, Jürgen (2000a): »John Deweys Philosophie der Erziehung: Eine theoriegeschichtliche Analyse«, in: Philosophie der Demokratie. Beiträge zum Werk von John Dewey, hrsg. von Hans Joas, Frankfurt/Main: Suhrkamp, S. 280–315.
Oelkers, Jürgen (2000b): »Demokratie und Bildung: Über die Zukunft eines Problems«, in: Zeitschrift für Pädagogik 46, 3, S. 333–347.
Oelkers, Jürgen (2009): John Dewey und die Pädagogik, Weinheim: Beltz.
Peeters, Benoît (2013): Derrida. Eine Biographie, Berlin: Suhrkamp.
Pennac, Daniel (2009): Schulkummer, Köln: Kiepenheuer & Witsch.
Peter, Emanuel (1999): Geselligkeiten. Literatur, Gruppenbildung und kultureller Wandel im 18. Jahrhundert, Tübingen: Max Niemeyer.
Peukert, Helmut (2000): »Reflexionen über die Zukunft von Bildung«, in: Zeitschrift für Pädagogik 46, S. 507–524.
Pico della Mirandola, Giovanni (1990): Über die Würde des Menschen, Hamburg: Meiner.

Prange, Klaus (2005): Die Zeigestruktur der Erziehung. Grundriss der operativen Pädagogik, Paderborn u.a.: Ferdinand Schöningh.

Putnam, Hilary (1995): Pragmatismus. Eine offene Frage, Frankfurt/Main: Campus.

Rancière, Jacques (2009): Der unwissende Lehrmeister. Fünf Lektionen über die intellektuelle Emanzipation, Wien: Passagen.

Rancière, Jacques (2010): Der Philosoph und seine Armen, Wien: Passagen.

Rancière, Jacques (2013): Die Nacht der Proletarier. Archive des Arbeitertraums, Wien/Berlin: turia + kant.

Raulff, Ulrich (2014): Wiedersehen mit den Siebzigern. Die wilden Jahre des Lesens, Stuttgart: Klett-Cotta.

Reckwitz, Andreas (2017): Die Gesellschaft der Singularitäten. Zum Strukturwandel der Moderne, Berlin: Suhrkamp.

Rehn, Rudolf (2005): Platons Höhlengleichnis. Das siebte Buch der Politeia, griechisch – deutsch, Mainz: Dieterich.

Reichenbach, Roland (2007): Philosophie der Bildung und Erziehung, Stuttgart: Kohlhammer.

Retter, Hein (2018a): »Ambivalenzen der Progressive Education. Deweys Verdrängung des Afroamerikanischen Bildungselends«, in: John Dewey als Pädagoge. Erziehung – Schule – Unterricht, hrsg. von Franz-Michael Konrad und Michael Knoll, Bad Heilbrunn: Klinkhardt, S. 91–121.

Retter, Hein (2018b): »›Nun aber bleiben Glauben, Hoffnung, Demokratie – diese drei‹. Faszination und Schwierigkeiten der Sozialphilosophie Deweys«, in: John Dewey als Pädagoge. Erziehung – Schule – Unterricht, hrsg. von Franz-Michael Konrad und Michael Knoll, Bad Heilbrunn: Klinkhardt, S. 61–90.

Rheinberger, Hans-Jörg (2006): Epistemologie des Konkreten. Studien zur Geschichte der modernen Biologie, Frankfurt/Main: Suhrkamp.

Ricken, Norbert (2006): Die Ordnung der Bildung. Beiträge zu einer Genealogie der Bildung, Wiesbaden: VS.

Ricken, Norbert (2019): »Bildung und Subjektivierung. Bemerkungen zum Verhältnis zweier Theorieperspektiven«, in: Subjektivierung. Erziehungswissenschaftliche Theorieperspektiven, hrsg. von Norbert Ricken, Rita Casale und Christiane Thompson, Weinheim: Beltz-Juventa, S. 95–118.

Ricken, Norbert/Balzer, Nicole (2012): Judith Butler: Pädagogische Lektüren, Wiesbaden: VS.

Ricken, Norbert/Casale, Rita/Thompson, Christiane (2019): Subjektivierung. Erziehungswissenschaftliche Theorieperspektiven, Weinheim: Beltz Juventa.
Rieger-Ladich, Markus (2002): Mündigkeit als Pathosformel. Beobachtungen zur pädagogischen Semantik, Konstanz: Universitätsverlag.
Rieger-Ladich, Markus (2014a): »Pädagogik als kritische Theorie? Intellektuelle Stellungskämpfe nach 1945«, in: Zeitschrift für Pädagogik, Beiheft, 60, S. 66–84.
Rieger-Ladich, Markus (2014b): »Erkenntnisquellen eigener Art? Literarische Texte als Stimulanzien erziehungswissenschaftlicher Reflexion«, in: Zeitschrift für Pädagogik 60, S. 350–367.
Rieger-Ladich, Markus (2016): »›Gegen-Schicksalsgeschichten‹ erzählen. Konturen einer Politischen Ästhetik nach Jacques Rancière und Alexander Kluge«, in: Das Pädagogische und das Politische, hrsg. von Rita Casale, Hans-Christoph Koller und Norbert Ricken, Paderborn: Schöningh, S. 143–164.
Rieger-Ladich, Markus (2017a): »Emanzipation als soziale Praxis. Pierre Bourdieu in der Kritik – und ein Versuch, ihn weiterzudenken, in: Pierre Bourdieu: Pädagogische Lektüren, hrsg. von Markus Rieger-Ladich und Christian Grabau, Wiesbaden: VS, S. 335–362.
Rieger-Ladich, Markus (2017b): »Situierte Subjekte. Wissenschaft als soziale Praxis«, in: Biografie. Lebenslauf. Generation, hrsg. von Olaf Dörner, Julia Franz, Carola Iller et al., Opladen, Berlin & Toronto: Barbara Budrich, S. 21–35.
Rieger-Ladich, Markus (2018a): »Cooling out. Warum Schule mehr ausgrenzt als inkludiert«, in: Kursbuch 193, S. 100–114.
Rieger-Ladich, Markus (2018b): »Klassenkampf. Pierre Bourdieu über Bildung«, in: Pierre Bourdieu. Bildung, hrsg. von Franz Schultheis und Stephan Egger, Berlin: Suhrkamp, S. 386–414.
Rieger-Ladich, Markus (2020a): »Bildung und Beschämung. Eine Lektüre von Annie Ernaux' ›Der Platz‹«, in: Literatur und Bildung, Mitteilungen des Deutschen Germanistenverbandes: Heft 1, S. 70–78.
Rieger-Ladich, Markus (2020b): »Subjektivierungspraktiken analysieren und Übergänge erforschen. Grundlagentheoretische Überlegungen«, in: Reflexive Übergangsforschung: Theoretische Grundlagen und methodologische Herausforderungen, hrsg. von Andreas Walther, Barbara Stauber,

Markus Rieger-Ladich und Anna Wanka, Opladen: Barbara Budrich, S. 207–229.

Rieger-Ladich, Markus/Grabau, Christian (2015): »Raum der Disziplinierung und Ort des Widerstands. Schule als Heterotopie«, in: Grenzgänge. Phänomenologie und Anthropologie pädagogischer Räume, hrsg. von Malte Brinkmann und Kristin Westphal, Weinheim/Basel: Beltz Juventa, S. 87–110.

Rieger-Ladich, Markus/Grabau, Christian (2017): Pierre Bourdieu: Pädagogische Lektüren, Wiesbaden: VS.

Rieger-Ladich, Markus/Rohstock, Anne/Amos, Karin (2019): Erinnern, Umschreiben, Vergessen. Die Stiftung des disziplinären Gedächtnisses als soziale Praxis, Weilerswist: Velbrück.

Röhr, Henning (2002): Stellvertretung: Überlegungen zu ihrer Bedeutung in pädagogischen Kontexten, in: Vierteljahrsschrift für wissenschaftliche Pädagogik 78, S. 393–416.

Rölli, Marc (2012): »Pragmatismus – moderate und radikale Versionen«, in: Philosophische Rundschau 59, 1, S. 26–49.

Rorty, Richard (2003): »Der Roman als Mittel zur Erlösung aus der Selbstbezogenheit«, in: Dimensionen ästhetischer Erfahrung, hrsg. von Joachim Küpper und Christoph Menke, Frankfurt/Main: Suhrkamp, S. 49–66.

Rousseau, Jean-Jacques (1983): Schriften zur Kulturkritik, Hamburg: Meiner.

Ruhloff, Jörg (1993): »Vom Gottesknecht zum Selbstliebhaber. Ausblicke auf Individualität, Subjektivität, Autonomie in Interpretationen des Menschen zwischen Renaissance und Aufklärung«, in: Bildung und Erziehung 46, S. 167–182.

Rustemeyer, Dirk (1997): Erzählungen. Bildungsdiskurse im Horizont von Theorien der Narration, Stuttgart: Steiner.

Said, Edward W. (2001): »Kultur, Identität und Geschichte«, in: Kulturtheorien der Gegenwart: Ansätze und Positionen, hrsg. von Gerhart Schröder und Helga Breuninger, Frankfurt/Main: Campus, S. 39–58.

Said, Edward W. (2017): Orientalismus, Frankfurt/Main: S. Fischer.

Sarasin, Philipp (2005): Michel Foucault zur Einführung, Hamburg: Junius.

Schäfer, Alfred (2011): Das Versprechen der Bildung, Paderborn: Schöningh.

Schelsky, Helmut (1977): Schule und Erziehung in der industriellen Gesellschaft, Würzburg: Werkbund.

Schiller, Friedrich (1984): Über das Schöne und die Kunst. Schriften zur Ästhetik. München: dtv.
Schlegel, Friedrich von (2007): Schriften zur kritischen Philosophie. 1795–1805, hrsg. von Andreas Arndt, Hamburg: Meiner.
Schleiermacher, Friedrich (2000a): »Versuch einer Theorie des geselligen Betragens«, in: Friedrich Schleiermacher. Texte zur Pädagogik, Band 1, hrsg. von Michael Winkler und Jens Brachmann, Frankfurt/Main: Suhrkamp, S. 15–35.
Schleiermacher, Friedrich (2000b): »Grundzüge der Erziehungskunst (Vorlesung 1826)«, in: Friedrich Schleiermacher. Texte zur Pädagogik, Band 2, hrsg. von Michael Winkler und Jens Brachmann, Frankfurt/Main: Suhrkamp, S. 7–405.
Schmid, Pia (1986): »Das Allgemeine, die Bildung und das Weib. Zur verborgenen Konzipierung von Allgemeinbildung als allgemeiner Bildung für Männer«, in: Allgemeine Bildung. Analysen zu ihrer Wirklichkeit, Versuche über ihre Zukunft, hrsg. von Heinz-Elmar Tenorth, Weinheim/München: Juventa, S. 202–214.
Schmidt, Robert (2012): Soziologie der Praktiken. Konzeptionelle Studien und empirische Analysen, Berlin: Suhrkamp.
Schultheis, Franz (2007): Bourdieus Wege in die Soziologie. Genese und Dynamik einer reflexiven Sozialwissenschaft, Konstanz: Universitätsverlag.
Seel, Martin (1997): Die Kunst der Entzweiung, Frankfurt/Main: Suhrkamp.
Seel, Martin (2014): Aktive Passivität: Über den Spielraum des Denkens, Handelns und anderer Künste, Frankfurt/Main: S. Fischer.
Sesink, Werner (2016): »Heydorn versus Adorno. Macht und/oder Ohnmacht der Bildung. Eine fiktive Kontroverse zwischen Kritischer Bildungstheorie und Kritischer Theorie«, in: Menschlichkeit der Bildung. Heydorns Bildungsphilosophie im Spannungsfeld von Subjekt, Arbeit und Beruf, hrsg. von Frank Ragutt und Franz Kaiser, Paderborn: Schöningh, S. 89–108.
Simmel, Georg (1910): »Soziologie der Geselligkeit«, in: Verhandlungen des 1. Deutschen Soziologentages vom 19. bis 22. Oktober 1910 in Frankfurt am Main, hrsg. von der Deutschen Gesellschaft für Soziologie, Frankfurt/Main: Sauer und Auvermann, S. 1–16.
Simons, Maarten/Masschelein, Jan (2016): »Gouvernementale, politische und pädagogische Subjektivierung: Foucault mit Rancière«, in: Das Pädagogische und das Politische. Zu einem Topos der Erziehungs- und Bil-

dungsphilosophie, hrsg. von Rita Casale, Hans-Christoph Koller und Norbert Ricken, Paderborn: Schöningh, S. 165–188.
Sinclair, Upton (2000): Der Dschungel, Reinbek: Rowohlt.
Sonderegger, Ruth (2016): »Die Herausforderung, (nicht) für andere zu sprechen. Was Jacques Rancière von Gayatri Spivak lernen könnte«, in: Österreichische Zeitschrift für Geschichte 27, 1, S. 22–45.
Später, Jörg (2016): Siegfried Kracauer. Eine Biographie, Berlin: Suhrkamp.
Spiegler, Thomas (2015): Erfolgreiche Bildungsaufstiege. Ressourcen und Bedingungen, Weinheim/Basel: Beltz Juventa.
Spivak, Gayatri Chakravorty (1993): Outside in The Teaching Machine, New York: Routledge.
Spivak, Gayatri Chakravorty (2008a): Righting Wrongs: Unrecht richten, Zürich/Berlin: Diaphanes.
Spivak, Gayatri Chakravorty (2008b): Can the Subaltern Speak? Postkolonialität und subalterne Artikulation, Wien/Berlin: turia + kant.
Spivak, Gayatri Chakravorty (2012): Aesthetic Education in the Era of Globalization, Cambridge: Harvard University Press.
Spoerhase, Carlos (2017): »Politik der Form. Autosoziobiografie als Gesellschaftsanalyse«, in: Merkur 71, 818, S. 27–37.
Stallmann, Martin (1964): »Die Gottesebenbildlichkeit als pädagogisches Motiv«, in: Zeit und Geschichte, hrsg. von Erich Dinkler, Tübingen: Mohr, S. 729–746.
Steilen, Felix (2014): Jacques Rancière: Die Nacht der Proletarier, in: Zeitschrift für philosophische Literatur 2, 2, S. 17–26.
Stichweh, Rudolf (1994): Wissenschaft, Universität, Professionen. Soziologische Analysen, Frankfurt/Main: Suhrkamp.
Stierle, Karlheinz (1987): »Montaigne und die Erfahrung der Vielheit«, in: Die Pluralität der Welten. Aspekte der Renaissance in der Romania, hrsg. von Wolf-Dieter Stempel und Karlheinz Stierle, München: Wilhelm Fink, S. 417–448.
Stojanov, Krassimir (2018): Education, Self-Consciousness and Social Action. Bildung as a Neo-Hegelian Concept, London/New York: Routledge.
Sturlese, Loris (2007): Homo divinus. Philosophische Projekte in Deutschland zwischen Meister Eckhart und Heinrich Seuse, Stuttgart: Kohlhammer.
Sturlese, Loris (2008): »Meister Eckhart und die ›cura monialium‹. Kritische Anmerkungen zu einem forschungsgeschichtlichen Mythos«, in:

Meister Eckharts Straßburger Jahrzehnt, hrsg. von Dagmar Gottschall und Andrés Quero-Sanchéz, Stuttgart: Kohlhammer, S. 1–16.
Tenorth, Heinz-Elmar (1992): »Laute Klage, stiller Sieg. Über die Unaufhaltsamkeit der Pädagogik in der Moderne«, in: 29. Beiheft der Zeitschrift für Pädagogik, S. 129–139.
Thomä, Dieter/Schmid, Ulrich/Kaufmann, Vincent (2015): Der Einfall des Lebens. Theorie als geheime Autobiographie, München: Hanser.
Thompson, Christiane (2004): »Diesseits von Authentizität und Emanzipation. Verschiebungen kritischer Erziehungswissenschaft zu einer ›kritischen Ontologie der Gegenwart‹«, in: Michel Foucault: Pädagogische Lektüren, hrsg. von Norbert Ricken und Markus Rieger-Ladich, Wiesbaden: VS, S. 39–56.
Thompson, Christiane/Jergus, Kerstin/Breidenstein, Georg (2014): Interferenzen. Perspektiven kulturwissenschaftlicher Bildungsforschung, Weilerswist: Velbrück.
Thumfahrt, Alexander (2004): »Die Würde des Menschen. Giannozzo Manetti, Giovanni Pico della Mirandola, Albrecht Dürer und Avishai Margalit«, in: Zeitschrift für Politik 51, S. 434–455.
Trabant, Jürgen (2010): Wilhelm von Humboldt. Das große Lesebuch, Frankfurt/Main: S. Fischer.
Trabant, Jürgen (2012): Weltansichten. Wilhelm von Humboldts Sprachprojekt, München: Beck.
Wacquant, Loïc (2003): Leben für den Ring. Boxen im amerikanischen Ghetto, Konstanz: UVK.
Waldenfels, Bernhard (1991): »Ordnung im Potentialis. Zur Krisis der europäischen Moderne«, in: Der Stachel des Fremden, hrsg. von ders., Frankfurt/Main: Suhrkamp, S. 15–27.
Waldenfels, Bernhard (2017): Platon. Zwischen Logos und Pathos, Berlin: Suhrkamp.
Weiss, Peter (2016): Die Ästhetik des Widerstands, Berlin: Suhrkamp.
Westbrook, Robert B. (1998): John Dewey and American Democracy, Ithaca: Cornell University Press.
Wiedemann, Conrad (2002): »Ideale Geselligkeit und ideale Akademie. Schleiermachers Geselligkeits-Utopie 1799 und heute«, in: Ideale Akademie. Vergangene Zukunft oder konkrete Utopie?, hrsg. von Wilhelm Voßkamp, Berlin: Akademie Verlag, S. 61–80.

Williams, Raymond (1958): Culture and Society: 1780–1950, London: Chatto & Windus.

Williams, Raymond (1989): »Culture is ordinary«, in: Resources of Hope: Culture, Democracy, Socialism, London: Verso, S. 3–14.

Willis, Paul (1990): Spaß am Widerstand. Gegenkultur in der Arbeiterschule, Bodenheim: Athenäum.

Winter, Rainer (2004): »Cultural Studies und kritische Pädagogik«, in: MedienPädagogik. Zeitschrift für Theorie und Praxis der Medienbildung, 8, S. 1–16.

Witte, Egbert (2010): Zur Geschichte der Bildung. Eine philosophische Kritik, Freiburg: Alber.

Personenregister

Sachregister

Markus Rieger-Ladich studierte Philosophie, Germanistik und Erziehungswissenschaft an den Universitäten Marburg und Bonn. Er lehrt Allgemeine Erziehungswissenschaft an der Eberhard Karls Universität Tübingen und ist Mitglied des Graduiertenkollegs »Doing Transitions«. Zu seinen jüngsten Buchpublikationen zählen: *Erinnern, Umschreiben, Vergessen. Die Stiftung des disziplinären Gedächtnisses als soziale Praxis*, hrsg. mit Anne Rohstock und Karin Amos, Weilerswist 2019; *Reflexive Übergangsforschung: Theoretische Grundlagen und methodologische Herausforderungen*, hrsg. mit Andreas Walter, Barbara Stauber und Anna Wanka, Opladen 2020; *Un-/Zugehörigkeit. Bildungsphilosophische Reflexionen und machttheoretische Studien*, hrsg. mit Rita Casale und Christiane Thompson, Weinheim-Basel 2020.